全国高等学校外语教师丛书·

英语听力教学与研究

Teaching and Researching English Listening

王 艳 著

外语教学与研究出版社
FOREIGN LANGUAGE TEACHING AND RESEARCH PRESS
北京 BEIJING

图书在版编目（CIP）数据

英语听力教学与研究 ／ 王艳著． —— 北京：外语教学与研究出版社，
2012.9（2022.11 重印）
（全国高等学校外语教师丛书．教学研究系列）
ISBN 978-7-5135-2454-4

I．①英… II．①王… III．①英语－听说教学－教学研究－高等
学校 IV．①H319.9

中国版本图书馆 CIP 数据核字（2012）第 229041 号

出 版 人　王　芳
项目负责　段长城
责任编辑　毕　争
责任校对　郑丹妮　丁　雪
装帧设计　覃一彪　天泽润
出版发行　外语教学与研究出版社
社　　址　北京市西三环北路 19 号（100089）
网　　址　http://www.fltrp.com
印　　刷　北京九州迅驰传媒文化有限公司
开　　本　650×980　1/16
印　　张　17.5
版　　次　2012 年 10 月第 1 版　2022 年 11 月第 10 次印刷
书　　号　ISBN 978-7-5135-2454-4
定　　价　64.90 元

购书咨询：（010）88819926　电子邮箱：club@fltrp.com
外研书店：https://waiyants.tmall.com
凡印刷、装订质量问题，请联系我社印制部
联系电话：（010）61207896　电子邮箱：zhijian@fltrp.com
凡侵权、盗版书籍线索，请联系我社法律事务部
举报电话：（010）88817519　电子邮箱：banquan@fltrp.com
物料号：224540101

记载人类文明
沟通世界文化
www.fltrp.com

致　谢

　　本书为 2011 年江苏省教育厅哲学与社会科学项目"大学生二语听力能力的现状、问题与对策研究"（项目编号：2011SJD740029）的成果，谨致谢忱。

目　录

总　序 ·· 文秋芳 viii
前　言 ·· xi

第一部分　英语听力教学 ······································· 1
第一章　语音能力 ··· 3
　第一节　音的听辨 ··· 5
　　一、教学目标 ·· 5
　　二、教学精要 ·· 5
　　三、课前准备 ·· 9
　　四、课堂活动 ··· 14
　　五、教学小贴士 ·· 16
　　六、课后作业 ··· 17
　第二节　重音、语调与节奏 ································ 18
　　一、教学目标 ··· 18
　　二、教学精要 ··· 18
　　三、课前准备 ··· 22
　　四、课堂活动 ··· 24
　　五、教学小贴士 ·· 25
　　六、课后作业 ··· 25
　第三节　教学实例 ·· 26
　　一、背景介绍 ··· 26
　　二、教学步骤及说明 ······································· 27

第二章　词汇能力 ··· 31
　第一节　听力词汇量 ··· 32
　　一、教学目标 ··· 32

二、教学精要···33

三、课前准备···35

四、课堂活动···40

五、教学小贴士··41

六、课后作业···42

第二节　通过听力训练习得生词·····················42

一、教学目标···43

二、教学精要···43

三、课前准备···47

四、课堂活动···48

五、教学小贴士··49

六、课后作业···50

第三节　教学实例···51

一、背景介绍···51

二、教学步骤及说明··52

第三章　语法能力···57

第一节　如何辨别语法线索·························59

一、教学目标···59

二、教学精要···59

三、课前准备···67

四、课堂活动···69

五、教学小贴士··70

六、课后作业···71

第二节　如何理解长句··71

一、教学目标···71

二、教学精要···71

三、课前准备···76

四、课堂活动···79

　　五、教学小贴士 ·· 80

　　六、课后作业 ·· 80

　第三节　教学实例 ·· 81

　　一、背景介绍 ·· 81

　　二、教学步骤及说明 ·· 81

第四章　语篇能力 ·· 85

　第一节　语篇的衔接 ·· 87

　　一、教学目标 ·· 87

　　二、教学精要 ·· 87

　　三、课前准备 ·· 89

　　四、课堂活动 ·· 93

　　五、教学小贴士 ·· 95

　　六、课后作业 ··· 95

　第二节　不同体裁语篇的不同特征 ································ 95

　　一、教学目标 ·· 95

　　二、教学精要 ·· 96

　　三、课前准备 ·· 102

　　四、课堂活动 ·· 107

　　五、教学小贴士 ··· 107

　　六、课后作业 ·· 108

　第三节　教学实例 ··· 108

　　一、背景介绍 ·· 108

　　二、教学步骤及说明 ··· 109

第五章　策略能力 ··· 113

　第一节　元认知策略 ··· 115

　　一、教学目标 ·· 115

　　二、教学精要 ·· 115

三、课前准备 ·· 120

四、课堂活动 ·· 122

五、教学小贴士 ·· 123

六、课后作业 ·· 123

第二节 认知策略和社会—情感策略 ·················· 123

一、教学目标 ·· 123

二、教学精要 ·· 124

三、课前准备 ·· 129

四、课堂活动 ·· 133

五、教学小贴士 ·· 134

六、课后作业 ·· 135

第三节 教学实例 ·· 135

一、背景介绍 ·· 135

二、教学步骤及说明 ·· 136

第二部分 英语听力研究 ···························· 141

第六章 听力理解过程 ································ 143

第一节 口头语言与书面语言的区别 ················ 143

第二节 听力理解的过程 ································· 146

第三节 听力理解过程的研究热点 ··················· 152

第四节 听力理解过程的研究方法 ··················· 159

第五节 研究案例 ·· 166

第七章 听力学习者 ····································· 171

第一节 听力学习者的个体差异 ······················ 171

第二节 听力学习者因素的研究热点 ················ 172

第三节 听力学习者因素的研究方法 ················ 184

第四节 研究案例 ·· 190

第八章　听力教学···196

　　第一节　听力教学法的历史回顾·······································196

　　第二节　行动研究···203

　　第三节　行动研究实例··209

　　第四节　听力教学的原则···218

参考文献··220

附　录··241

总　序

"全国高等学校外语教师丛书"是外语教学与研究出版社高等英语教育出版分社近期精心策划、隆重推出的系列丛书，包含理论指导、科研方法和教学研究三个子系列。本套丛书既包括学界专家精心挑选的国外引进著作，又有特邀国内学者执笔完成的"命题作文"。作为开放的系列丛书，本丛书还将根据外语教学与科研的发展不断增加新的专题，以便教师研修与提高。

笔者有幸参与了这套系列丛书的策划工作。在策划过程中，我们分析了高校英语教师面临的困难与挑战，考察了一线教师的需求，最终确立这套丛书选题的指导思想为：想外语教师所想，急外语教师所急，顺应广大教师的发展需求；确立这套丛书的写作特色为：突出科学性、可读性和操作性，做到举重若轻，条理清晰，例证丰富，深入浅出。

第一个子系列是"理论指导"。本系列力图为教师提供某学科或某领域的研究概貌，期盼读者能用较短的时间了解某领域的核心知识点与前沿研究课题。以《二语习得重点问题研究》一书为例，该书不求面面俱到，只求抓住二语习得研究领域中的热点、要点和富有争议的问题，动态展开叙述。每一章的写作以不同意见的争辩为出发点，对取向相左的理论、实证研究结果差异进行分析、梳理和评述，最后介绍或者展望国内外的最新发展趋势。全书阐述清晰，深入浅出，易读易懂。再比如《认知语言学与二语教学》一书，全书分为理论篇、教学篇与研究篇三个部分。理论篇阐述认知语言学视角下的语言观、教学观与学习观，以及与二语教学相关的认知语言学中的主要概念与理论；教学篇选用认知语言学领域比较成熟的理论，探讨其应用到中国英语教学实践的可能性；研究篇包括国内外将认知语言学理论应用到教学实践中的研究综述、研究方法介绍以及对未来研究的展望。

　　第二个子系列是"科研方法"。本系列介绍了多种研究方法，通常是一本书介绍一种方法，例如问卷调查、个案研究、行动研究、有声思维、语料库研究、微变化研究和启动研究等。也有的书涉及多种方法，综合描述量化研究或者质化研究，例如：《应用语言学中的质性研究与分析》、《应用语言学中的量化研究与分析》和《第二语言研究中的数据收集方法》等。凡入选本系列丛书的著作人，无论是国外著者还是国内著者，均有高度的读者意识，乐于为一线教师开展教学科研服务，力求做到帮助读者"排忧解难"。例如，澳大利亚安妮·伯恩斯教授撰写的《英语教学中的行动研究方法》一书，从一线教师的视角，讨论行动研究的各个环节，每章均有"反思时刻"、"行动时刻"等新颖形式设计。同时，全书运用了丰富例证来解释理论概念，便于读者理解、思考和消化所读内容。凡是应邀撰写研究方法系列的中国著作人均有博士学位，并对自己阐述的研究方法有着丰富的实践经验。他们有的运用了书中的研究方法完成了硕士、博士论文，有的是采用书中的研究方法从事过重大科研项目。以秦晓晴教授撰写的《外语教学问卷调查法》一书为例，该书著者将系统性与实用性有机结合，根据实施问卷调查法的流程，系统地介绍了问卷调查研究中问题的提出、问卷项目设计、问卷试测、问卷实施、问卷整理及数据准备、问卷评价，以及问卷数据汇总和统计分析方法选择等环节。书中各个环节的描述都配有易于理解的研究实例。

　　第三个子系列是"教学研究"。本系列与前两个系列相比，有两点显著不同：第一，本系列侧重同步培养教师的教学能力与教学研究能力；第二，本系列所有著作的撰稿人主要为中国学者。有些著者虽然目前在海外工作和生活，但他们出国前曾在国内高校任教，也经常回国参与国内的教学与研究工作。本系列包括《英语听力教学与研究》、《英语写作教学与研究》、《阅读教学与研究》、《口语教学与研究》、《翻译教学与研究》等。以《英语听力教学与研究》一书为例，著者王艳博士拥有十多年的听力教学经验，同时听力教学研究又是她博士论文的选题领域。《英语听力教学与研究》一书，浓缩了她多年来听力教学与听力教学研究的宝贵经验。全书分为两部分：教学篇与研究篇。教学篇中涉及了听力教学的各个重要环节以及学生在听力学习中可能碰到的困难与应对的办法，所选用的案例均来自著者课堂教学的真实活动。研究篇中既有著者的听力教学研究案例，也有著者从国内外文献中筛选出的符合中国国情的听力教学研究案例，综合在一起加以分析阐述。

　　教育大计，教师为本。"全国高等学校外语教师丛书"内容全面，出版及时，必将成为高校教师提升自我教学能力、研究能力与合作能力的良师益友。笔者相信本套丛书的出版对高校外语教师个人专业能力的提高，对教师队伍整体素质的提高，必将起到积极的推动作用。

文秋芳

北京外国语大学中国外语教育研究中心

2011 年 7 月 3 日

前　言

一、为什么要重视听力理解？

在人类交流过程中，听力理解占据非常重要的地位。在日常生活中，人们听的时间是说的两倍，是读写活动的四到五倍（Rivers，1981）。在第二语言习得过程中，听力也是至关重要的。语言的习得离不开语言环境。而语言环境从哪里来？通过听，学习者就可以将自己置身于第二语言环境中。Long（1985）曾指出，不少有关二语习得的理论，如信息加工模型（McLaughlin，Rossman & McLeod，1983）、吸收模型（Chaudron，1985）、交互模型（Hatch，1983）、输入假设（Krashen，1982）等，都强调听力的关键作用。Postovsky（1981）发现，在二语学习的开始阶段重视听力训练比重视口语训练更能促进学习者第二语言的发展（转引自 Berne，1998）。Powers（1985）认为，即使对于较高水平的学习者来说，听力技能仍然十分重要。而且，听力技能的发展对说、读、写等其他技能的发展都有好处（Dunkel，1991；Rost，2002；Vandergrift，2007）。

尽管听力理解如此重要，可是对语言学习者来说，听力水平的提高却不是一件容易的事情。笔者做学生的时候，第一门外语是英语。记得上中学时天天看电视教学片《跟我学》，不知不觉掌握了听说能力，没有觉得有多费劲，倒是后来二外法语的听力学习，给笔者留下了深刻印象。记得有一次要参加一场重要的法语考试。考前两个月才忽然得到通知，说考试中将增加听力理解测试，占20%的分数。这一消息可把笔者吓坏了，因为笔者的法语大致停留在只能够朗读课文、阅读理解简单文章、翻译简单句子的水平上，听力的训练比较少。短短两个月的时间，怎样才能提高听力水平呢？笔者赶紧买来录音磁带，反复练听。开始时，遇到的困难可真不少。印象最深刻的是法语句子中的连读多，一个词结尾的辅音连着下一个词的开头，原来熟悉的单词听起来也变了样。有时候一句话里的单词听起来好像全都连在一起，没有停顿。笔者并没有气馁。凭着学习英语的经验，笔者边听边对照原文。听了多次后，慢慢地，对句子熟悉起来，也渐渐有了信心。不过，到了考试那天，笔者心里仍旧非常紧张。记得刚开始播放听力考试第一题的时候，笔者紧张得脑子里一片空白，什么也没听懂。好在笔者快速调整策略，集中全部精力开始准备第二题。全部考完后走出考场，笔者还仍旧能记得大部分听力考试的录音内容，甚至还复述了出来。

毕业后笔者成为了教师。每次学生跟笔者谈到他们听力理解困难的时候，笔者都常常回忆起自己的这段经历。笔者能够理解他们，因为曾经有过跟他们颇为相似的感受。然而，与自己提高听力水平相比，要帮助他人提高听力水平，似乎是一件更难的事情。虽然学生们都坐在同一间教室里，可是他们各不一样。学习动机、态度、信念、风格等不尽相同，语言水平也各有差别。他们遇到的困难也不相同。怎样才能准确诊断他们的问题，帮助他们取得进步呢？

在别人看来，做听力教师颇为轻松，只要坐在语音室里放放录音就是上课。不过，在笔者看来，上好听力课真不容易，需要花费大量心思准备。如果只是让学生听听录音、对对答案，那实在是枯燥乏味，这样的过程根本不大需要教师，学生自学就足够了。在当今网络时代，听力资源极为丰富，随时听、随身听都是容易实现的事情，学生需要的已经不只是教师在课堂上播放听力材料、检查题目是否做对。那么，学生到底需要听力教师教给他们什么内容、给予他们什么样的帮助呢？众所周知，要想提高听力水平，需要多听。问题是，应该给学生听什么样的材料、怎样教他们去听？他们为什么会遇到某些困难？怎样去解决这些困难？这些问题的答案却未必人人知晓。为了帮助学生有效地提高听力能力，并学会提高听力能力的方法，教师在课堂上应该讲些什么、做些什么呢？

本书的目的就是就这些问题和读者分享笔者自己的看法。多年来，语言学、心理学、社会学等领域的研究一直在为外语教学的课堂输送着源源不断的新认识、新方法和新思考。随着对"听"这一人类基本交流活动的认识不断加深，我们的教学方法也在不断改进。本书所介绍的一些教学方法和研究心得是基于目前该领域的研究成果、限于作者的经验而总结的，期望能起到抛砖引玉的作用。

本书围绕三个主题展开，它们是搞好听力教学和做好听力研究都离不开的三个基本主题。实际上，它们是在回答三个问题：一是，我们所教与所研究的是什么？二是，教给谁？谁在学？三是，我们该怎么教？首先，我们教学和研究的目标是第二语言听力理解，因此，我们首先需要了解听力理解到底是一个怎样的过程；其次，我们要了解学习者，了解学习者有怎样的共同点和差异；第三，我们要研究教学，研究该采取什么行动才能有效地帮助学习者。

对这三个问题的思考与回答贯穿在整本书中。本节开篇首先简要介绍这三个问题的意义。在后面的教学篇中，每章将就不同的主题回答这三个问题，例如在语音能力一章中，将谈到语音感知能力是什么、学习者在这方面有什么困难、在听力课堂上如何提高语音感知能力等。在研究篇里，笔者将分三章分别探讨如何研究听力理解过程、听力学习者和听力教学。

二、为什么要关注这三个问题？

1. 听力理解的过程

第二语言听力理解是一个复杂的过程。从对语音信息的接受到意义的构建，听者需要接受声音信号并进行加工，切分语音流、识别词汇、运用语法规则构建句子的意义，还要通过句子之间的逻辑关系，理解语篇的整体含义，甚至还要根据语境听出说话者的真正意图。因此，我们的大脑十分忙碌。那么，大脑是以什么样的过程来完成这么复杂的任务的呢？

迄今为止，试图解释大脑语言理解过程的理论和模型多种多样，但是，对于在理解语言时，大脑里究竟进行着怎样的过程，我们仍然在探索。例如，根据被学界广为接受的交互模型，语言理解既包含"自下而上"的过程，也包括"自上而下"的过程，语言处理是在不同层面上同时进行的（Rumelhart，1975）。然而，对于在这种并行处理的过程中，音位、句法、语义和语用知识究竟如何相互作用，目前还不十分清楚（Flowerdew & Miller，2005）。

尽管如此，了解现有的理论模型仍旧非常有帮助，在教学上有积极的意义。这些年来，我们似乎有一种习惯性做法，即在课堂上让学生听一篇材料，然后做题，如果做对了，我们就认为他们理解了，就接下去听别的材料。听力被看成是一种活动而不是一种复杂的技能（Field，2008）。结果，听力教学形同听力测试。至于学习者是否真的理解了该听力材料的内容以及是如何理解该内容的，并不被关心。如此教学，我们无法真正了解学习者遇到了哪些困难、为什么会遇到这些困难，也无法知道应该怎样解决这些困难。只有充分了解听力理解的过程，才能知道学习者需要具备哪些知识、采用哪些策略、经过哪些训练才能熟练地理解第二语言，从而在教学上采用相应的方法，有效地提高学习者的听力水平。

人脑如何处理语言是一个引人入胜的话题。我们越是了解人脑理解口头语言的活动机理，越是能够从中找到提高语言能力的秘笈。对二语听力理解过程的研究将在第六章介绍。

2. 听力学习者

近年来，以学习者为中心的教学法（Nunan，1996）使人们逐渐把眼光转向学习者，无论是教材的编写还是大纲的设计都提倡学习者的参与（Spraat，1999）。作为听力教师，要教好这门课，当然也要了解听力学习者。学习者的需求、偏好，以及他们对语言的本质、对语言学习的看法都在其列。事实上，很多教师有可能真的不够了解自己的学生。下面列出的是一些学者对听力学习者调查的结果。这些学习者的看法与你学生的看法是否类似？

（1）听力学习者普遍认为，听力是最难的课程。（Graham，2002）

（2）听力学习者普遍认为，听力是最重要的课程。（Elisha-Primo, Sandler, Goldfrad, Ferenz & Perpignan, 2010）

（3）听力学习者的焦虑感很强。（Arnold，2000）

（4）听力学习者的主要困难有：

　　a) 觉得语速快；

　　b) 无法在一长串语音中准确地区分出单词来；

　　c) 听过的内容很快忘掉；

　　d) 能看懂的词却听不懂；

　　e) 明白单词的字面意义但是不知它在文中到底是什么含义；

　　f) 前面有听不懂的地方，结果影响了后面的理解。

　　（Goh，2000；Graham，2006a）

（5）听力学习者将困难的产生归因于自己的技能低下，或者是听力材料难、听力任务难。很少有人把听力成功的原因归结为策略的使用。学习者的反应大多是被动且无助的，甚至认为听力的好坏是与生俱来的，无法改变。因为不知道怎样改变，许多学习者学习动机不强，听得虽然很多，却变得越来越低效。（Graham，2006a）

对教师组织的课堂活动，学生也有自己的看法。Spraat（1999）的一项研究非常有趣。Spraat 使用问卷调查了 997 名大学生和 50 名教师，涉及 48 个课堂活动。结果发现，学生喜欢的课堂活动和老师认为学生喜欢的课堂活动有不小的区别。在 48 个活动中，有 26 个活动师生的看法显著不同（$p < .05$），这其中又有 19 个活动，学生评价甚高而教师却不以为然。在听、说、读、写、测试、反馈等不同活动中，听力活动有 9 项，其中有 4 项师生看法不一。对中国大学生和教师关于课堂教学活动看法的一项调查也显示，两者对教学活动有效性的看法有差异。教师重视与交际法有关的课堂教学活动，而学生偏爱传统的活动。教师注重运用教学理论和完成教学任务，而学生注重自身的学习风格偏好和学习效果，两者的观念并不一致（王艳，2004）。教师的意图和学习者的理解之间的差距越小，获得所要的学习成果的机会就越大（Kumaradivelu，1991）。如果师生看法不一，一方面，学生无法最大化地参与课堂活动并从中获益；另一方面，教师事倍功半，教学效率也下降了。

对学习者的了解是开展教学的前提。只有对学习者充分了解，才能发现问题的症结，采取相应对策。例如，我们可以关注学生的二语总体水平。这一水平和听力水平关系密切，能帮助我们预测听力水平。我们还可了解学生的学习动机和态度，看如何能激发他们的学习动力。学习者采用什么学习方法也是因人而异。有的人方法得当，进步很快，有的人不得要领，·进步很慢。充分了解学习者使教师能够有的放矢，大大提高教学效果。

二语学习者之间既有差异，又有共同点。文秋芳和 Johnson (1997) 曾总结了影响语言学习成果的一系列因素，其中智力、学能、性别、年龄、学习经历、学习目的、信念、努力程度、管理策略和语言学习策略等都是学习者因素，而社会、经济、文化、语言环境、家庭背景、学校资源、教学质量和测试方法等被视为环境和制度因素。从这些因素看听力学习者，他们的共同点来自相似的社会文化背景、学习经历、语言环境等，而差异可能源于信念、努力程度、策略、学校资源等。这些内外部因素交织着，影响学生的听力发展。对这些因素的研究将在第七章介绍。

3. 听力教学

听力教学没有一个固定的模式。然而，在不同时期，由于受到不同外语教学理念的影响，听力教学也呈现出不同的阶段特点。在使用语法—翻译法教授外语的年代，并没有专门的听力课，人们听到的外语主要来源于教师对句子、篇章的朗读。当时，听力并没有被赋予重要的地位。而后听说法流行，教师注重让学习者聆听发音和语法结构，通过操练来模仿这些语音形式和语法形式。听的机会变多了，对语音语调的感知训练增多了，不过理解仍然不是重点。是交际法的盛行真正使听力教学的重要性凸显出来。那时的听力教学着重培养学生准确理解说话者的意图和进行语言交际的能力，因为如果无法听懂，则根本无法达成有效的交流 (Goh，2008：189)。上个世纪 80 年代，Krashen (1982) 的输入假设也对听力教学产生了持久的影响 (Rost，2002：108)。由于它强调了可理解输入在二语习得中的巨大作用，人们对听力教学的关注很快多了起来，许多教学法应运而生。例如基于交际法的听力教学法

（Nunan，1991），其中详细列举了整体听写（dictogloss）的步骤。20世纪90年代末，任务教学法在我国外语课堂上开始活跃起来。听力课堂上也引入了这种方法。

近二十年来，听力研究领域的成果不断为教学法带来新的启示，例如Field（2008）提出的基于过程而非基于结果的教学法，Vandergrift（2004，2010）提出的元认知法等等。教师和研究者们还对改善听力学习者表现的具体活动和教学手段提出了很多建议，例如听前练习、激活背景知识、关注话语标记、重复播放、使用多媒体等等。

然而，依赖一种教学法解决所有问题，是不切实际的。课堂教学上遇到的问题多种多样，涉及到很多环节，还受到具体情境的制约，通常并没有现成的答案，而是要靠教师自己去探索合适的解决办法。研究篇最后一章讨论如何研究听力教学，并将聚焦于听力教师的行动研究。

三、什么是听力理解能力？

什么是第二语言听力理解能力？第二语言听力理解能力是一个构念。它是抽象的、不能直接观察到，但是可以根据我们目前对它的了解把它具体化，并找到合适的指标来测量。听力理解能力含有不同的组成部分，有某种结构，在各组成部分之间存在某种相互作用和相互关联（Bachman，1990；Canale & Swain，1980）。某些组成部分也是读、说、写等能力所共有的，比如语言知识和话题知识（Bachman & Palmer，1996）。

根据Bachman和Palmer（1996）关于语言使用的模型，听力理解技能是听力理解能力在某个（些）特定的语言使用场合，为完成某项语言使用任务时的表现。这种表现跟语言使用者的语言知识、话题知识、个人特征、策略知识、情感特征以及语言使用环境的特征和任务特征都有关系。语言使用就是上述诸多方面的复杂因素的相互作用。因此，听力理解能力的背后有一系列因素在共同起着作用。提高听力理解能力要通过优化这些组成部分来实现。图1是Bachman和Palmer（1996）关于语言使用和语言测试表现的构成图。

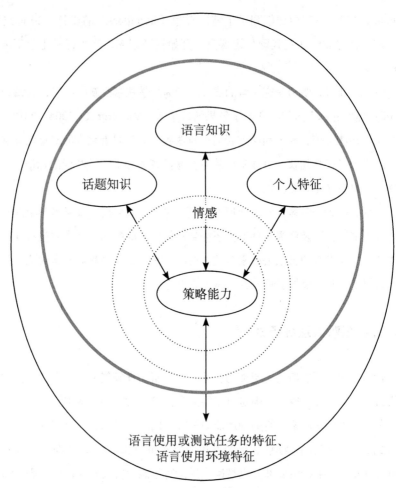

图 1 语言使用和语言测试表现的构成（Bachman & Palmer，1996）

  粗体里圈中的是与语言使用者个人有关的特点，例如话题知识、语言知识、个人特征、策略能力和情感，而外圈指任务特征或语言使用者与之互动的语言使用环境。双箭头表示互动关系。策略能力与其他个人因素相连，也为语言使用任务特征与语言使用环境提供认知连接（Bachman & Palmer，1996）。

  在 Bachman 和 Palmer（1996）的模型中，话题知识是指储存在学习者大脑长时记忆里面的世界知识或图式知识。这些知识可以在生活中和母语学习环境中获得，不是必须在二语学习环境中获得。个人特征是指年龄、性别、母语等个人属性，它们不是语言能力的一部分，但是会影响学习者的语言表现。情感图式和话题知识是相关的，它和某项任务的特征结合起来，在很大程度上决定语言使用者对任务的情感反应，可能促进也可能限制其对语境反应的灵活性。语言知识是指大脑中专门负责语言生成和理解的信息区域，包括语言组织能力和语用能力，其中语言组织能力包括语音、词汇、语法、语篇知识等。策略能力是指一系列元认知策略，帮助将语言知识、话题知识和情感图式整合在一起，例如确定目标、评估、计划等等（Bachman & Palmer，1996）。

　　本书聚焦的是可以通过课堂教学加以提高的语言组织能力和策略能力。教学篇第一章至第五章分别探讨如何帮助学习者提高语音能力、词汇能力、语法能力、语篇能力和策略能力。

四、怎样使用这本书？

　　本书分为教学篇和研究篇两部分。教学篇有五章，分别讨论如何从语音、词汇、语法、语篇、策略能力等五个方面提高听力能力。研究篇有三章，包括如何研究听力理解过程、如何研究听力学习者和如何研究听力教学。

　　在教学篇里，笔者的听力教学理念是以提高听力能力为目标，教会学生提高能力的方法，提倡课堂授课和课外自主学习相结合，培养学生成为听力学习的主人。

　　教学篇的编排遵循下面的步骤：

（1）发现问题，进行分析；

（2）针对问题，确定教学重点，设立教学目标，选择听力材料，设计教学活动；

（3）通过课堂上引导练习，传授知识点，教会学生发现问题并解决问题；

（4）学生课后自主练习，完成作业，写学习日志；

（5）教师反馈，为学生答疑解惑；

（6）阶段评估。

这些步骤环环相扣，形成听力教学的循环，如图2所示：

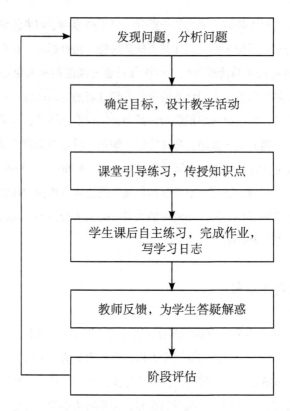

图 2 听力教学循环

步骤（1）很重要，在教学中，教师通过对学生和教学过程的观察、了解、分析和反思，可以知道问题所在，也可以从一定程度上发现问题的成因。

其次，步骤（2）和（3）是教师的课前准备和课堂教学，是主体部分。笔者认为，教师应该本着"授人以渔"而非"授人以鱼"的理念，将重点放在教会学习者掌握提高某项语言能力的方法，而不是放在只提供听力的课堂练习机会上。一直以来，听力课上教师都会给学生听很多材料、做练习、对答案、了解学生理解的情况、讲解听力材料的内容。然而，即使将课堂时间塞满，教师在课上能带领学生们做的练习仍然是有限的，课后学生仍需要大量的练习；而且，随着网络和电脑的普及，学生自己获取各类听力材料已经变得越来越方便。对他们来说，重要的是学会怎样提高听力能力。课堂上讲解相关知识点，目的是传授学生有关听力的元认知知识，使他们了解听力的认知过程。同时，教师通过课堂上的活动进行引导，能逐步教会学生如何发现问题并解决问题，让他们成为自己听力学习的主人。

步骤（4）也是必不可少的，是学生提高听力能力的关键一环。语言技能重在练习。教师通过布置作业，一方面起到引导和督促的作用，另一方面保证量的积累。学生写日志有几大好处：既能够让学生通过跟踪记录自己的学习内容，有意识地管理自己的学习，又能够让他们保持对自己学习过程的一种反思，另外，还可以用来和教师沟通，得到反馈。

步骤（5）是指教师在课上、课下或是批改作业、阅读日志之时，回答学生的问题，解决他们的困惑。步骤（6）是指教师在授课一个阶段之后就某个教学目标进行评估，和初期进行比较、总结，并对下一阶段工作作出决策。上述六个步骤实际上是不断循环的。当阶段评估结果显示已达到既定目标，即可开始下一个内容的教学循环，例如语音的内容讲完后，可以接下来讲词汇。如果没有达到既定目标，可适当重复加强其中的某些步骤，如重复课堂讲解、补充更多练习等。如果在阶段评估中发现新的问题，教师则需要对它加以分析，确定新的目标，设计新的教学活动和练习等，在合适的时候进行一个新的循环。因此，这样的教学步骤也是动态的和开放的。

遵循上面的思路，教学篇的每一章以一个小案例开头，将教学中常见的问题提出来。每章主体部分分三个小节，前两个小节是主体内容，第三个小节是教学实例。前两个小节都包括教学精要、课前准备、课堂活动、教学小贴士和课后作业等环节。"教学精要"可作为课堂讲解的重要知识点。"课前准备"为教师在课前如何选择听力材料、如何设计课堂活动等准备工作提供了建议，还提供了一些课堂活动的素材，这些素材由笔者自编或选编自他人著作。"课堂活动"提供了多种课堂活动的具体描述。"教学小贴士"则提供了一些经验和窍门。笔者还设计了课后作业，供读者参考。第三小节是笔者的教学实例，有详细的教学步骤和过程说明等等。

研究篇每章包括四大部分：相关研究成果回顾、研究的热点问题、研究方法和研究实例。研究篇首先围绕主题，就近三十年的研究成果进行回顾。然后，对研究热点一一进行梳理，提出潜在的研究问题。接下来，笔者结合实例讨论适用的研究方法。最后，笔者选择一个研究案例，仔细剖析，并进行评价。例如，在"听力理解过程"一章，笔者先回顾了学界就听力理解过程提出的各种模型，使读者对此有较为广泛的了解。接下来，笔者一一列举了有关这一研究主题的热点问题，如选择注意、语音记忆、语言知识等。对这些问题，读者可将其作为研究兴趣点加以关注和培养。在研究方法部分，介绍的是研究听力理解过程常用的方法。最后，以一个具体研究为例，为读者分析它的研究内容和方法。

在研究篇最后一章"听力教学"中，笔者还讨论了教师的行动研究。自从行动研究之父 Kurt Lewin（1946）提出了最初的模型之后，对行动研究的过程有各种不同的解释版本（Burns，2010）。Kemmis 和 McTaggart（1988）认为行动研究的步骤包括计划、行动、观察和反思。Burns（1999）总结了探究、确定、计划、收集数据、分析、假设、干预、观察、汇报、写作、展现等一系列步骤。本文采用的是文秋芳和韩少杰（2011）提出的行动研究模型，它的四个环节"聚焦问题、提出方案、实施方案、评价成效"不断循环往复，三种活动"向人请教、向书学习、自我反思"不断渗透其间，整个流程合理、清晰，而且是动态的、开放的。本书第八章将详细讨论如何利用这一模型在听力教学中开展行动研究，并介绍笔者的行动研究实例。

本书具有以下特点：

1）可以和多种听力教材配合使用

本书从听力理解能力的组成部分入手，以提高各项语言能力为目标，因此，本书的使用不局限于具体的听力主题内容，它可以与多种听力教材配合使用。目前大多数听力教材都是以话题来安排章节的，并配有一些常规的练习。教师可以依托自己的教材，在需要的时候，或直接利用手头合适的材料，或稍做加工，然后参考本书的教学活动，就能完成某部分的能力训练，实现教学目标。例如，教材内容是听商务英语会话，教师可以根据会话的特点和学生的理解情况，帮助学生拓展节奏、语调等相关知识，增加语音听辨练习等等。也可以就里面的生词展开词汇能力训练。这样的编排和内容，对繁忙的教师来说，使用起来比较省时省力。

教师也可不必按照手边教材的顺序安排课程，而是依托本书的体系和内容，有机地组织教材内容和平时积累的其他材料，自行设计课程大纲，形成以提高各项能力为核心的系列单元。例如，以提高语音能力为核心设计 3 到 4 周的课程，在这段时间重点讲解语音知识，解决学生的语音问题。教师从其他教科书或网上找到的音频和视频材料，可按照本书的建议来备课、设计练习，这样的材料对学生来说比较新鲜，能激发他们的兴趣。出于这种考虑，本书教学篇提供的案例有的是依托现行教材，有的则来源于自选材料。

2）方便教师备课

本书在内容编排上充分考虑到教师备课的方便。"教学精要"部分的内容是知识点，教师可以拿来在课上直接使用。"课前准备"部分含有丰富的资料，如英语句子的基本词序及其变异形式、助动词的缩略形式和发音等，可供教师选用。在这一部分，甚至还含有设计好的课堂活动表格，教师可以参考。"课堂活动"部分对活动描述尽可能详细，并尽量与课前准备内容一致。对于"课后作业"，教师可直接使用，也可根据情况，选择一些作为教材作业之外的补充。一些经验和窍门，笔者在"教学小贴士"里尽量加以介绍。

3）使用真实案例和真实教学片段

教学篇每章开头都是一个小案例，均来自真实的教学实践，相信读者都不陌生，一看便知。采用案例来开头的目的，是想把要解决的问题提出来，把它们和读者身边遇到的问题联系起来。实际上，小案例反映的只是该章焦点问题的一个方面，笔者希望它能触发读者联想并关注到更多的方面。更重要的是，案例促使我们牢记，这些实际问题正是我们要通过教学教会学生去解决的。这才是课堂教学的根本目的。

教学篇每章第三小节都是一个教学实例。首先进行背景介绍，接下来通过表格方式列出详细的教学步骤和采取这些教学步骤的原因。这些教学案例都是课堂上真实教学的片段，希望能对教学有借鉴意义。

4）提供多种课堂教学活动

在书中，笔者提供了不少课堂活动供读者选择。这些活动的主要目的是引导，使学生知道，在课外更多的时间里，应该怎样通过各种练习来达到目标。

设计这些活动的另一个目的，是期望它们能活跃听力课堂，改变听材料、对答案的陈旧模式，让听力课堂不仅有益，而且有趣。

5）涵盖近年来最新听力研究

研究篇的三章，回顾了不少近年来最新的听力研究。语言研究在发展，听力研究也在不断发展。一方面，新知识、新观点、新发现对教学的作用要靠教师来实现，因此，教师需要关注他人的新成果以提高教学；另一方面，对工作在一线的教师来说，参与教学研究并成为研究的主体，已经是一种趋势，因此，教师关注相关领域的热点问题，搞好科研，也有利于自身的发展。希望本书在这两个方面能对教师有一点帮助。

五、致谢

首先，笔者要感谢文秋芳教授多年来对笔者的关心和指引。她先后多次花了大量时间同笔者商量本书的内容和框架，力求让本书便于教师使用。没有她的信任和指导，这本书是不可能完成的。笔者还要感谢南京大学外国语学院的丁言仁教授在二语教学的理论和实践方面对笔者的教诲，感谢南京师范大学英语系的马广惠教授在听力研究方面多次给予笔者的支持和帮助。南京大学大学外语部的沈蕾老师和南京农业大学的曹新宇老师，对本文初稿提出了宝贵的建议，南京大学大学外语部的张子源老师对本书的终稿进行了仔细的审读，在此向他们表示深深的谢意。感谢笔者的同事，全国高等学校外语教师丛书·教学研究系列中《英语写作教学与研究》的作者徐昉老师协助笔者校对了书稿。特别感谢外语教学与研究出版社的段长城老师和郑丹妮老师的支持和帮助，没有她们的工作，这本书的完成是不可想象的。最后，笔者要感谢家人，是他们在背后默默的奉献，让笔者能投入大量的时间和精力于本书的写作。书中不当之处，恳请广大读者批评指正。

王艳

南京大学

2012 年 3 月 18 日

第一部分 英语听力教学

语音能力

词汇能力

语法能力

语篇能力

策略能力

第一章　语音能力

本章主要内容

- 辨别相似的发音
- 熟悉同化、连读、缩略等规律，提高语音流的切分能力
- 识别可作为语法线索的语音
- 了解单词重音与句子重音
- 熟悉常见的语调模式
- 区别中英文节奏的不同，适应正常语速英文的节奏

小案例

张老师是大学一年级学生的英语听力课老师。开学后不久，在一次课堂活动中，一件小事引起了她的注意。一位同学把 This fruit tastes sour 听成 This will take hours，形成了错误的理解。班级里还有其他一些人也没有听对。张老师把这句话的录音播放了好几遍，大家才听清楚。后来，又有一位同学来请教她自己课后练习时遇到的问题。有一个句子，这位同学听了好几遍，都没有明白它的意思。这个句子是 You lend up in the hospital。张老师也不清楚这句话的意思，就请学生把录音拿来听。仔细一听，原来这句话是 You will end up in the hospital，是一位警察与骑车人的对话，从上下文看，是警察对骑车人的不安全骑车行为提出警告时说的。经过这两件事情，张老师开始对语音的听辨问题重视起来。她决定用一个语音方面的测试，看看学生在这方面到底有什么困难。她从专门的语音教材中选择了几种类型的句子，让学生听写。测试的结果让她颇感意外。下页表中右栏列出的句子是学生听写出来的部分错误句子，左栏是正确句子。

正确句子	学生听写出来的错误句子
1. John won an award.	John wound the word. John want a word.
2. Who can beat you at tennis?	Who can be to a tennis?
3. They've been there for an hour.	They've been there from now.
4. It doesn't fit you.	It doesn't fetch her.
5. Who else saw it and what did you say about it?	He wasn't sorry and what did you say about it? He felt sorry, and what did you say about it?
6. Is he ill again?	Did he see you again?
7. They are new to the work after all.	They knew the worker after all.
8. He fetched it for me.	He fetched for me.
9. We often go over to my uncle's.	We often go over to my young course.
10. You are not safe on the road.	You are not safe from the road.

　　张老师觉得，学生在语音感知和听辨上，还是存在不少问题。那么，应当怎样解决这些问题呢？

语音的感知与听力理解

　　听力理解是对口头语言的处理。从耳朵接受声音信号，到大脑理解出语言的意思，其间要经历一个复杂的过程。听母语时，我们几乎觉察不到这一点，而听外语时，这一过程的复杂性就会体现出来。一旦某个环节出错，理解就会受到影响。而这一过程的起点就是对语音的感知。

　　在教学中可以发现，和本章开头的小案例类似的情况在学生中相当普遍。例如，有的学生会把 bat 听成 bet。一个可能的解释是，学生大脑中没有存储这个词的语音知识，或者存储的语音知识不够准确，那么，他听到发音后就会觉得陌生或者模棱两可，这样很容易把它判断成近似的音，导致理解出错。

对词汇的同化、缩略或连读等现象无法识别，也会导致对语音的感知出现差错，从而错误地识别词汇。例如，在语速快的时候，didn't you 听上去是 /dɪ(d)n(t)-chuː/，出现了音的同化现象，听不出的人或者以为遇到了生词，或者误听成其他词。上面的案例中有不少这样的例子，比如把 They are new to the work after all 听成 They knew the worker after all。口头语言没有标点符号，词汇之间听起来没有明显的边界，因此，能否准确切分语音流是语言感知的关键环节。

除了准确辨音和切分语音流，对外语的重音、节奏和语调的把握也非常重要。以汉语为母语的学习者常常发现，英语在重音和节奏上和汉语的不同会影响听力理解。例如，发音相同而重读音节不同的单词，常常词性不同，词义有别，如 im'port 和 'import；同一个句子，如果重音不同，则强调的内容就不同，句子含义就不一样。重音还和句子节奏有密切关系。

语调能帮助传达说话者的意思，有时甚至起到更为关键的作用。相同的句子，不同的语调能传达不同的意思。学习者能否准确感知语调，同样影响对语言的理解。

本章将聚焦如何提高学生的语音能力，为听力理解打下基础。本章共分三个小节，第一节是语音的听辨，第二节是重音、节奏和语调的感知，第三节是教学案例。

第一节 音的听辨

一、教学目标

练习相似音的听辨，熟悉同化、连读、缩略等规律，提高对语音流的切分能力。

二、教学精要

为了让学生有意识、有目的地提高语音能力，掌握自主学习的方法，讲授语音知识非常必要。教学精要中包含的就是这样的知识点。

1. 相似音的辨别

对中国学生来说，英语中的一些音素发音非常相近，例如 /e/ 和 /æ/、/ɪ/ 和 /iː/。由这些音素组成的词，听起来也容易混淆，例如 pet 和 pat。这一对意思完全不同的词，却只有一个音素有差别，像这样的一对词，被称作"最小语音对子"。在英语中有许多这样具有相似发音的对子，它们在汉语中并不能找到相应的比照。例如，在汉语里面，/ɪ/ 并没有长短的分别，/e/ 和 /æ/ 的区别在汉语里也找不到对应。所以，在对母语中并不存在的某些发音，以及包含这些音的词进行辨别时，我们要特别注意。

首先，要准确记忆音素发音和单词发音。教师除了要特别检查学生在发音方法上是否到位，还要引导学生注意听觉上的不同。例如，在比较 ship 和 sheep 的不同的时候，除了比较 /ɪ/ 和 /iː/ 的不同发音方式，还要突出两者在听觉上的差别，重要的是通过比较两者的不同发音，让学生留下对词汇发音的正确记忆。语音的正确记忆是准确感知语音的前提。

其次，教师还要注意把相似的单词放在句子中让学生听，帮助学生体会其中的区别。按照传统的教学方法，一般是将两个容易混淆的单词放在一起比较，突显两个音的差别。实际上，在这种情况下，学生并不容易听错。然而，在连续的语流中，特别是在没有另一个词对比参照的时候，学习者对这些单词的感知容易发生失误，感觉模棱两可，难以区分。这时，如果有足够的上下文信息，可能有助于听者作出准确判断。但是，当上下文不能带来帮助时，混淆相似音的情况就会发生，导致理解上的偏差甚至错误。因此，相似音的辨别是教学中的重点之一。

2. 语音流的切分

语音流的切分是指在连续的语流中确定单词的边界。与书面文字不同，在我们所听到的自然的语流中，单词与单词之间并没有空格分开。对于熟悉的语言，例如母语，我们会觉得一句话中的每个词都是分开的、有边界的，实际上，这是一种错觉（Anderson，1995）。听一门不熟悉的外语就会知道，在连续的语流中，单词之间并无明显界限。语流中虽然时有停顿，但是通常是按照意群而不是按照单个词汇来停顿的。因此，我们听到的句子常常是一串一串连续的音，而不是截然分开的、一个个单独的词。单词之间的外部边界并不那么清晰，相反，相邻单词在边界处的发音会相互影响，发生变异。因为这些原因，自然语流中的单词发音和该词的单独发音相比，听起来并不总是一样，这些变化会给初学者听辨词汇带来困难。例如，除非特别强调，you and me 听起来是 /juː ənˈmiː/，而不会听到 and 的词尾辅音 /d/。

同化（assimilation）是指相邻的两个音因为相互影响而发生变化，比如鼻音化、唇音化、腭音化、喉音化、清辅音浊化、浊辅音清化等等。元音省略（elision）是指在快速的语流中，单词中间或边界的音被省略的一种现象。否定式中有缩略（contraction）现象。连读（linking）是指同一个意群当中，两个相邻的单词，如果前者以辅音结尾，后者以元音开头，则这两个音节可以拼在一起，形成一个音节。

语音流的切分对听力理解相当重要，是语言感知阶段最容易产生问题的地方。一般来说，学习者大脑中通常存有音的典型或标准形式，但是实际听到的都是某种程度上的变体。因此，准确的语音知识和敏锐地感知语音变化形式的能力，是准确切分语音流的两个基本要素，缺一不可。只有针对这些现象增加相应的听力练习，熟悉句子中单词之间语音发生变化的规律，才能增强敏感度，提高识别词汇发音的能力。

3. 语音作为语法线索

另一个十分重要的辨音场合，是当这些发音成为重要的语法线索的时候。有时候，词尾的 /t/、/d/、/v/、/s/、/z/ 是我们判断时态、单复数、肯定与否定的唯一线索，是否能准确辨析，将影响到我们对整句的理解。Gilbert（1995）认为，应该训练学生听懂词尾的一些关键发音。他为此撰文并专门设计了练习，见表 1.1。教师可以关注自己的教材，在里面找一些句子，找出其中传达时态、单复数等信息的单词，请学生注意听其词尾。

表 1.1 作为语法线索的词尾发音举例

　　区别词尾发音的最有用的方法是分清延续音和爆破音。爆破音通过阻止气流而形成，而延续音则可以根据说话人的需要而随意延长，例如 but（结尾是爆破音）和 bus（结尾是延续音）。英语中爆破音有 /b/、/p/、/d/、/t/、/g/ 和 /k/，其他都是延续音，或者是爆破音和延续音的结合。

　　能够区别延续音和爆破音对听力理解非常重要，这是因为，重要语法信息的不同常常仅仅是由词尾的一个辅音来决定的。因此，训练学习者辨别词尾的延续音和爆破音是个行之有效的办法。

例子：

book	books（复数）
raise	raised（时态）
can	can't（否定形式）
we're	we'd（时态）
they'll	they'd（时态）

让学生听词尾，并回答问题：

1. They share all the food.
   They shared all the food.
   这两句各表示现在时还是过去时？

2. Bring your book tomorrow.
   Bring your books tomorrow.
   这两句各表示单数还是复数？

3. They've cut the cake.
   They'd cut the cake.
   They'll cut the cake.
   这几句的完整形式是什么（have, would, will）？

4. What does "fail" mean? Not to succeed.
   What does "failed" mean? The past of "fail".
   哪一句的回答是合适的？

（选自 Gilbert，1995：109）

三、课前准备

　　课前，教师要做好充分准备，包括准备好课堂上使用的听力材料的音频和文本，以及设计好的练习。如选用课本之外的材料，要注意选择尽可能清晰的音频，并且多使用真实语料，对文本要做好幻灯片以便展示，或复印以便发放。

　　针对本小节的知识点，可在课前作以下准备。

1. 准备相似音的辨别练习

　　王桂珍（2005）归纳了许多相似音辨别的例子。在表 1.2 中的这些例子，都可在课堂上用于相似音的辨别练习。

　　表 1.2　常见相似音及其举例

　　下面有 14 组句子，每组的两个句子除了一个单词之外都相同。这两个单词发音相似，词性一样，但是只有一个音素不同。正是这细微的不同，使每组的两个句子意思不同，甚至差别很大。你能够准确听出这些句子的不同意思吗？

1. /t/-/d/
   All the rivers bent to the east.
   All the rivers bend to the east.

2. /t/-/d/
   Are we going to try it?
   Are we going to dry it?

3. /b/-/p/
   Do you know how to stable them?
   Do you know how to staple them?

4. /d/-/ð/
   The sudden wind brought about the rainfall.
   The southern wind brought about the rainfall.

5. /s/-/z/
   What was the price?
   What was the prize?

（待续）

（续表）

6. /s/-/z/

How do you like the Rod's place?

How do you like the Rod's plays?

7. /dʒ/-/tʃ/

All the kids are laughing at the joke.

All the kids are laughing at the choke.

8. /e/-/æ/

Can I use your pen?

Can I use your pan?

9. /e/-/æ/

The old man gave her a loving pet.

The old man gave her a loving pat.

10. /ɪ/-/iː/

Can you fill the bottle on the table?

Can you feel the bottle on the table?

11. /uː/-/ʊ/

What a beautiful pool!

What a beautiful pull!

12. /ɑː/-/ʌ/

He knows nothing about his staff.

He knows nothing about his stuff.

13. /e/-/eɪ/

They fell at every attempt.

They fail at every attempt.

14. /ɪə/-/eə/

The boys really worked hard for it.

They boys rarely worked hard for it.

（选自王桂珍，2005：17-53）

2. 准备同化、缩略和省音现象的感知练习

Rost（2002）指出，要识别语音，不但要掌握语音的原型，还要能感知出语音的变化。他举出不少在连续语流中常见的同化、缩略和省音的例子，请见表 1.3。这些例子可用在课堂上让学生听辨，让他们体会词汇边界的发音变化并进行讨论。

表 1.3 同化、缩略和省音现象举例

用正常语速读出下面的句子，你能够发现粗体字部分的发音和"理想"的发音相比，有什么变化吗？如果你听到这样的句子，你能将它们还原吗？

同化

has a ni**ce sh**ape	ni(s)shape
thie**ves st**ole most of them	thie(z)stole
there see**ms to** be a mistake	see(m)z-to
was qui**te d**ifficult	quite(t)ifficult
i**t c**an carry four people	i(c)can
owi**ng to** our negligence	owin(g)-to
di**dn't y**ou see her	di(d)n(t)-chu
What'**s th**is	wat-s(th)is
who a**sked h**im	as(k)-t(h)im
your han**db**ag	ham-bag
not tha**t b**oy	tha(t)poy

缩略和省音

where **he** lived	where (h)e lived
com**for**table chair	comf(or)table
going to be there	go(i)n(gt)o be there
I'll pay for it	a(l) pay
given to **them**	given to (th)em
succeed **in im**agining	succeed in (i)magining
terror**i**st attack	terr(or)ist attack
in the envir**on**ment	in the envir(on)ment

（选自 Rost，2002：25）

3. 准备连读现象的感知练习

教师还可准备一些有连读现象的例子（如表1.4），可以是单句，也可以是对话。正常语速的日常对话中会包含很多连读的例子。教师可在备课时仔细听，并按照表1.3的方法，把实际发音和"理想"中的发音进行比照，在文本上做出记号。所谓"理想"中的发音，是指单词在词典中的标准发音。当然，在真实的语言交流中，这种理想的发音是很少存在的。

表 1.4 连读举例

听单句：

爆破音
I hope it won't sleep all day.
Grab a handbag.
Put it off, Mary.
I need it on.
I'd like a walk.

摩擦音
The safe is over there.
Let's leave at seven.
I can't go with Alan.
Breathe in. Breathe out.
Is Alice in?
Is the boss in?

鼻音
Come along home if you like.
I can offer you one.
Did you win anything?
John won an air ticket.
I'm afraid that's true.

其他
My watch is new.
Will you fetch it for me?
Will they charge anything?
Don't cancel anything till I've seen her.

（待续）

（续表）

> **听对话：**
>
> 日常对话（一）
> —Can I help you, sir?
> —Yes, I'm in a rush, I'm afraid. Can I have a piece of apple cake please, with ice-cream?
> —Certainly, sir. I'll ask the waiter to come over as soon as possible.
>
> 日常对话（二）
> —Switch off the light, David. It's almost eleven.
> —I'm scared of the dark. I think I heard a noise. Look over there! Something on the window ledge is moving!

（选自王桂珍，1996：98-104）

4. 辨音类练习的设计

除了本章开头案例中采用的听写方式和表 1.2 中采用的让学生说出意思的方式，辨音类练习还可以设计成更多的类型，请参看表 1.5。

表 1.5 辨音类练习的类型

> **判断类：**
> 1. 辨别相同与不同
>   学生听到一对词汇，它们包含的元音可能相同也可能不同，请学生听到后作出判断，如果相同，写下 S，如果不同，写下 D。
>
> 2. 选择
>   学生听到一个句子，句子的文本出现在练习中，但是，句中某个单词被横线取代，横线后面有两个选项，是发音非常接近的两个词，要求学生根据所听到的音判断听到的究竟是哪个词。
>   例如：Are you going to _____ (heat/hit) it?
>
> **复述类：**
> 学生将听到多组句子，每组有两个句子。这两个句子中只有一个单词是不同的，但发音非常相似。要求学生在仔细聆听后复述句子。
> 例如：He throws away the pen.
> 　　　He throws away the pan.

（待续）

（续表）

理解类： 1. 学生听到一个句子，后面跟有一道练习题，练习题是就容易听错的那个词提问。例如： 学生听到：It is a very high heel. 练习题为：What is the speaker talking about? 请学生根据自己的理解作出解释。 2. 学生听到一个句子，后面跟有一道练习题，练习题是让学生就容易听错的那个词作出判断和选择。例如： 学生听到：It is a very high heel. 练习题为：The speaker is talking about shoes/mountains. 请学生根据自己的理解作出判断，然后在认为正确的那个词下面画上横线。 显然，这两道题是练习 heel 和 hill 的辨别。

5. 准备原声电影片段

教师在课前选择原声影片，在其中挑选含有本课所讲的典型语音现象的片段，进行剪辑。适合在课堂播放和做听力练习的片段的长度不宜过长，一般1—2 分钟即可。可在影片中选取数段，在课堂上视情况选用，余下的可作为家庭作业布置给学生。还应准备影片内容、人物和所选片段之前情节的简单介绍，以便让学生了解语境。

四、课堂活动

怎样才知道学生对相似的、容易混淆的发音作出了正确的判断？可以采用让学生说出来或写出来的方式。怎样让学生记忆正确的发音？可以将听和说相结合。怎样让学生了解同化、缩略、连读等造成的语音变化的现象？可以引导学生自己归纳总结。课堂教学的目标是让学生通过听讲和练习，意识到自己在哪些方面还存在问题，理解产生问题的原因，并学会解决问题的方法。下面一些课堂活动可供参考。

活动举例 1：口译练习

教师从表 1.2 或自备材料中选出句子，用正常语速说一遍。如果配有音频材料，则播放一遍录音。请一名学生用中文立刻说出句子大意，教师不要评价，继续邀请两三名同学做同样的句子翻译。如果大家都能够准确说出句子大意，则教师给出评价，接着进行下一句的翻译练习；如果意见不一致，则记下不同的翻译，并把句子标上记号，同时重说一遍或重新放一遍录音。有异议的句子通常含有学生辨音困难的地方，这时给出该句正确的发音和句子意思，并把配对的句子也说出来，让学生比较两者的不同。接下来，请所有学生将两个句子口头重复一遍，注意倾听他们对句子中目标词的发音。最后，教师把两个句子的文本展示给大家，将相似音准确说出，让学生聆听、比较。这一活动能帮助学生发现自己对哪些音素没有准确掌握。

活动举例 2：听写练习

我们还可以用听写活动来帮助学生体会自然语音流中单词的发音变化，评估自己对语音流的切分能力。

教师从表 1.3 中选出句子，或自己准备类似的例子，自然地说出来。如果有音频材料，也可播放录音。请学生听写句子，然后请几名学生把自己写下来的句子读出来。一旦发现有问题的句子，教师就把该句录音再放一遍或自己再说一遍。请大家体会自己听到的到底是怎样的发音。

然后，教师把所有句子的文本显示在屏幕上，或将印有这些句子文本的材料发给学生。让学生重新听一遍，边听边复述，同时参考句子的文本，体会同化、缩略或省音现象是怎样产生的。教师还可以先把句子中每个单词分开说，然后再连续说成一句，请学生倾听发音。接下来，教师解释发生的变音现象，讲解语音流切分的相关知识。

活动举例 3：模仿练习

将表 1.4 中的连读练习播放给学生听，请他们模仿。对于单句，请大家轮流模仿，一人一句；对于日常会话，先听写，再请两名学生各扮演一个角色进行对话。请大家讨论所谓的"理想"发音是怎样的。

活动举例 4：录音练习

教师从表 1.1 或类似例子中选出句子，从快到慢，以不同语速说出每个句子，使关键单词的词尾发音从不明显变成比较明显，让学生听。然后，让他们以不同语速说出这些句子，从慢到快，并用录音设备录下。播放录音，让学生倾听自己的声音，体会自己是如何发音的。和学生一起总结如何通过听词尾来判断语法线索，以及这些词通常出现的位置。接下来，教师可讲解相关知识点。

这一活动能用来帮助学生体会不同语速对词尾弱读音节的影响。同时，也能引导他们思考该如何注意语法信息的捕捉。

活动举例 5：电影片段赏析

教师将事先剪辑好的原声电影片段在课上播放。先不要给出字幕，从影片中选取一段 1 分钟左右的对话，播放 2—3 遍后，请学生结对或小组表演。然后让学生配合字幕再看一遍，请学生体会音的听辨过程。这一活动能帮助学生考察自己能否将所学的知识加以应用。

五、教学小贴士

- 上节所述的前三个活动分别对应了表 1.2、表 1.3 和表 1.4 的不同教学内容。实际上，同一个教学内容也可以采用不同的活动形式，例如表 1.3 的内容也可采用第一个活动和第三个活动形式来帮助学生学习。当然，这需要教师对活动流程稍加变化，使之适合所学的内容。
- 语音规则的讲解不应占据太多时间，最好结合实例，增加语音感知练习来辅助讲解。
- 更多地鼓励学生自己总结规律。
- 选择在适当的时候穿插播放电影片段或节目录像，例如学生注意力减弱的时候，增加课堂趣味。

六、课后作业

课后的作业可分为不同类型。一种是传统的作业，如教师布置一段音频和几个问题，要求学生课后听，笔头回答问题，将作业本上交批改。另一种是课后准备、下次课上完成的作业。下面介绍的"电影配音"和"新闻播报"就是这一类。学生按照作业要求作准备，下一次课上有可能用到。对这类作业，学生可在一定程度上自主完成，但是也要符合教师的要求。还有一种类型的课后作业，就是自主学习。学习的内容、频次、方法等几乎完全由学生自己决定，不用每次上交批改，但是一般要求写学习日志，教师不定期检查。教师布置学习日志的好处是能够督促学生根据教学重点和课堂内容，针对自己的薄弱环节进行同步训练。学习日志既是学生自主学习的记录，又能成为师生沟通的桥梁，在一定程度上帮助实现个性化的辅导。

1. 学习日志

请同学们把平时自己练习听力时遇到的（1）错听成相近单词的例子和（2）因同化、缩略或省音等现象而听错或听不出的例子记录下来。

2. 电影配音

将课堂上没有看完的电影片段留作作业，请同学们听写文本、模仿、配音。也可让他们自己选择一部电影的片段来练习，结对或组成小组在下节课上进行配音表演，时间长度不超过 5 分钟。

3. 新闻播报

由学生自选一篇新闻，模仿播音员的语音语调，以相仿的语速，在下次课上播报，播报时可以看稿。这一练习还可用来帮助过渡到下一个教学目标，即重音、语调和节奏的学习。

第二节　重音、语调与节奏

一、教学目标

能听懂句子的重音位置，理解常见的语调，适应正常语速英文的节奏。

二、教学精要

1. 重音

重音分单词重音和句子重音。单词的重音有时是区别两个词的唯一依据，像 'import（重音在第一个音节）和 im'port（重音在第二个音节）就是因重音位置不同而含义不同。听者对重音位置的判断是理解词汇意思的关键。下面这些单词的拼写完全一样，但是依重音位置不同，意思不一样，词性也不同。

'import—im'port　　　　'conduct—con'duct

'envoy—en'voy　　　　'permit—per'mit

'research—re'search　　'perfect—per'fect

单词重音是非常重要的，实际上在记忆单词时，单词重音是不可缺少的一部分，也是中国学习者容易忽略的。大多数学生习惯于看着词汇表背单词，忽视对词汇发音的记忆，对重音的记忆也就同时忽略了。这种情况的后果是，由于大脑里没有储存该词汇发音连同重音的记忆，学习者不但发音时重音容易出错，而且听的时候对重音的移动也不敏感。例如，'photograph 和 pho'tography 是意思不同的两个词，前者重音在第一个音节，后者重音在第二个音节，有些学生不加区分，容易说错和理解错。还有一些多音节词，在派生词等变化中重音位置会发生移动，这些都是学习者应当注意的。

句子也有重音。句子的重音直接决定了句子的节奏。一个句子中，实词，即动词、名词、形容词、副词等通常重读。而虚词，如代词、介词、连词、冠词、情态动词等则通常弱读，相对实词来说，发音既轻又快。疑问词，像 who、what、when、where、why、how 等，不论作疑问副还是疑问代词，通常在句子中都重读。指示代词，如 this、that、these、those 等，也经常重读。这些是英语中基本的重音模式。不过，总地来说，句子在何处重读，往往要根据说话人的需要。如果说话人需要强调，情态动词、介词等重读也是可能的。

就句子理解来说，句子的重音不同，意思也跟着发生细微的变化。英语本族语者为清楚表明句子的重读位置，常常会用音节中元音发音的相对长度和相对清晰度作为信号（Gilbert，1995）。在英语当中，据估计，重读音节的长度大约是非重读音节长度的三倍（Delattre，1966，转引自 Gilbert，1995）。例如，下面三句的重音分别在 Mary、cinema 和 yesterday evening 上：

—**Mary** went to the cinema yesterday evening.

　是玛丽（而不是别人）昨晚去看电影的。

—Mary went to the **cinema** yesterday evening.

　玛丽昨晚是去看电影（而不是看球赛）。

—Mary went to the cinema **yesterday evening.**

　玛丽是昨晚去看的电影（而不是其他时间）。

如果就每句话的重读部分提问，分别是：

—Who went to the cinema yesterday evening?

—What did Mary do yesterday evening?

—When did Mary go to the cinema?

教师可自行设计一些这样的练习，对学习者练听句子重音颇有帮助。

2.　语调

人在说话的时候可以随意改变音高，使音调上升或下降。音调上升或下降的现象就是语调。英语中两种基本的语调是升调和降调（王桂珍，1996）。

语调在口头表达中起着非常重要的作用。说话者会根据自己的需要强调某个词，或采用升调，总之，其目的是希望听者注意到他想要强调的内容。可见，说话人传递的某些信息是借助语调表达的。听者如果不注意语调，就不能准确地捕捉说话人借此传达的信息。同样的句子，因为语调不同，意义会发生改变。学习者应充分意识到语调的作用，因为错误地感知语调会导致对意思的误解。

怎样才能听懂语调？首先要让学生了解常见的语调模式。一般说来，陈述句、命令句用降调，语调在需要用升调的词上上升，在靠近句尾的地方下降。问句的语调有几种情况：特殊疑问句用降调，一般疑问句用升调，反义疑问句的情况则略微复杂。如果反义疑问句用升调，表明说话人确实不知道问话的答案，希望得到对方的回答。如果反义疑问句用降调，表明说话人对问话的结果已经知晓，只是希望得到肯定性的确认。提到长的名单，一般一直用升调，最后一个词用降调。选择疑问句分开放型和闭合型两种，前者可以用"是"或"否"来回答，后者不能。听者对反义疑问句和选择疑问句的语调要特别注意，否则，听者无法作出恰当的回答。

表 1.6 是英语中常见的语调模式及示例，这些基本知识，学生应该掌握。表中斜体标注的词是句中最重要的信息点。

表 1.6 英语中常见的语调模式及示例

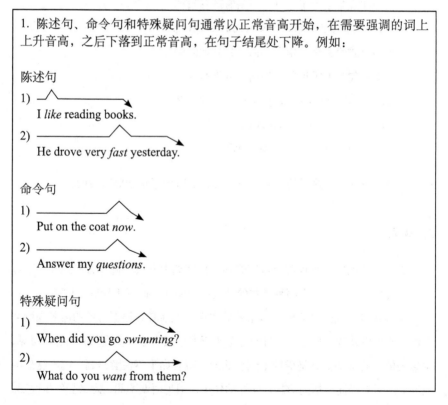

1. 陈述句、命令句和特殊疑问句通常以正常音高开始，在需要强调的词上上升音高，之后下落到正常音高，在句子结尾处下降。例如：

陈述句

1) I *like* reading books.

2) He drove very *fast* yesterday.

命令句

1) Put on the coat *now*.

2) Answer my *questions*.

特殊疑问句

1) When did you go *swimming*?

2) What do you *want* from them?

（待续）

（续表）

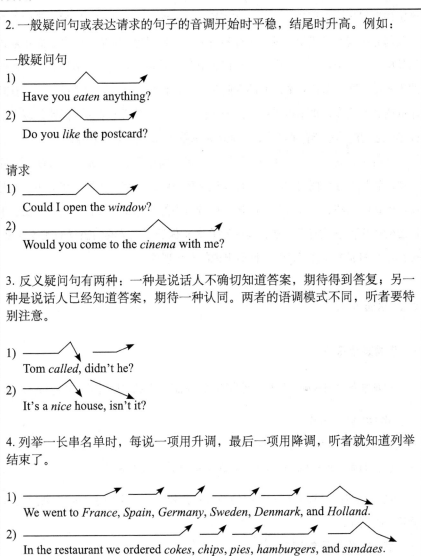

2. 一般疑问句或表达请求的句子的音调开始时平稳，结尾时升高。例如：

一般疑问句
1) Have you *eaten* anything?
2) Do you *like* the postcard?

请求
1) Could I open the *window*?
2) Would you come to the *cinema* with me?

3. 反义疑问句有两种：一种是说话人不确切知道答案，期待得到答复；另一种是说话人已经知道答案，期待一种认同。两者的语调模式不同，听者要特别注意。

1) Tom *called*, didn't he?
2) It's a *nice* house, isn't it?

4. 列举一长串名单时，每说一项用升调，最后一项用降调，听者就知道列举结束了。

1) We went to *France, Spain, Germany, Sweden, Denmark,* and *Holland*.
2) In the restaurant we ordered *cokes, chips, pies, hamburgers,* and *sundaes*.

3. 节奏

在英语中，通过和非重读音节的变换，重读音节以大致规律的间隔时间重复出现，形成节奏。英语和汉语的节奏是有区别的。汉语是以音节计时的语言，每个音节的长度都差不多。英语是以重音计时的语言，即以重音为节拍。这一区别使以汉语为母语的初学者常常不适应英语的节奏。比如，感觉句子中间总有些部分听起来相当快，发音不容易听清。这是因为，英语的节奏建立在重音的基础上，一个节奏单元由一个重读音节和前后多个非重读音节构成。在连续的语流中，两个重读音节之间的间隔时间大致相当，其间是非重读音节。有时非重读音节很多，也不得不在一定的时间内说完，以赶上节奏。因此，两个重读音节之间的非重读音节越多，语速听起来越快（王桂珍，1996）。

实际上，句子节奏和重音、语调、连读、同化等现象常常相互关联，共同出现。教师在分析例句的时候，可以让学生关注这一点。例如，在听句子的时候，先让学生注意重读音节，听出哪些音节中的元音发音较长。然后，让学生注意句子中的弱读音节，听出是否存在为了保证跟上节奏而出现的连读现象，是否存在相邻单词为了发音方便而出现的同化现象。

三、课前准备

1. 单词重音练习

提前准备拼写相同，但是因重音不同而意思不同的单词对子，并造句。例如：

'desert 和 de'sert

（1）The desert is dry and silent.

（2）The enemy commander was deserted by his followers.

也可以将两个词放在一个例句中进行比较，让学生印象比较深刻。表 1.7 就是一些例子。

表 1.7　单词重音比较

名词	动词	例句
1. record	record	The bank recorded a new record yesterday.
2. present	present	He presented his wife with a beautiful present.
3. conduct	conduct	They're conducting a study into his conduct.
4. suspect	suspect	The suspect was suspected of robbing the bank.
5. desert	desert	The desert is so dry that it is usually deserted.

（选自 http://www2.nkfust.edu.tw/~emchen/Pron/stress.htm）

2. 句子重音练习

选出教材中的句子若干，剪切好音频。将句子的文本做成幻灯片，将准备让学生练习强调的信息点（词或词组）用不同颜色的横线画出来。同时，针对这些信息点，准备好要提问的问题。

3. 语调练习

要适应英语的节奏，必须多听真实语料。原声影片是很好的语料来源。课前寻找合适的影片，找出常见的语调模式，剪辑片段并配好文本。

4. 节奏练习

准备一些含有不同音节数的中英文句子，让同学们体会汉英语言节奏的不同。下面是几个英文例子，虽然每句的音节数量相差很大，但是三个句子在英语中却可用差不多的时间说完。

(1) Tom ate some bread. （4 个音节）

(2) Jenny has gone to the cinema. （9 个音节）

(3) The tourists are visiting some historical sites. （13 个音节）

5. 综合练习

表 1.8 是一个变换重音、语调和节奏的练习，里面一些句子体现了重音变化引起的语调和节奏变化。

表 1.8 重音、节奏和语调变换练习

原句	要求	新句	后面适合跟的句子
1. I went to the bar.	Emphasize the place.	I went to the **bar**.	I didn't go to the football match.
2. I went to the bar.	Emphasize the person.	**I** went to the bar.	Sally didn't.

（待续）

（续表）

原句	要求	新句	后面适合跟的句子
1. He came. 2. He came.	Give a statement. Ask a question.	He came. He came?	Then, he talked to me. When and with whom?
1. Can you see, Karen? 2. Can you see Karen?	Ask Karen if she can use her eyes to see. Ask someone if he/ she can see a person named Karen.	Can you **see**, Karen? Can you see **Karen**?	Can you see them clearly? Please tell her I am looking for her.

（改编自 Lebauer，2000）

四、课堂活动

这一课的目的是帮助学生理解重音、语调所传达的信息，熟悉不同语速下英语的节奏。这里以几个课堂活动举例说明。

活动举例 1：单词重音练习

教师用 import 造两个句子，一个用作名词，一个用作动词，让学生听，区别句子意思的不同。接下来，请学生给出更多这样的单词，教师在黑板上记下来，并标出重音位置。随后，让学生两两练习，使用这些词造句，体会单词重音的不同。这个练习还有一个变化形式，就是教师提前准备好单词，并将例句写好，请学生读出来。表 1.7 中的例子都可以选用。

活动举例 2：句子重音练习

从听力材料中选取一些句子，先让学生听这些句子强调的信息点在哪里。多播放几遍，当学生能记住这些句子后，让他们自己选定强调的信息点，用重读表达出来，请其他人听并判断他们强调的信息点是什么。也可以直接将句子文本显示出来，要求学生把其中的画线部分作为重点来强调。教师还可以针对同一个句子，用不同的问题来引导。学生回答这些问题时，自然会重读相应的部分。反过来，请学生听这些句子，让他们感知重读的部分在哪里，并就这些重读的部分提问。

活动举例 3：语调练习

播放电影片段，聆听表现各种情感的句子，如高兴、惊讶、多疑、冷漠、愤怒等，让学生感知它们的语调，然后模仿。请一些学生在课堂上表演。

活动举例 4：节奏练习

请学生朗读事先准备的用于节奏练习的句子，其他人聆听，感受英语节奏以重音计时的特点。之后教师说出几个中文句子，让学生数一数它们的音节，感受一下句子时长。随后，教师引导学生比较汉语和英语在节奏上的不同。

活动举例 5：综合练习

教师用事先准备好的句子（如表 1.8 所示例句）给学生做重音、语调、节奏的变换练习。有几种活动形式：可以由教师说出句子，让学生接下一句。学生如果没有充分理解句子的重音、语调或节奏，下面的句子可能就接不好。教师也可以给出原句和练习要求，让一名学生变换重音、语调或节奏说出原句，另一名学生往下接。为了做好这个练习，教师要在开头选取一句作示范。

五、教学小贴士

- 为使学生对语调留下印象，教师可以适当夸张地表达。
- 采用音乐课上打拍子的方法，对学生感知节奏会有所帮助。
- 选择一些说唱类的英文歌曲让学生听并模仿，既能活跃气氛，又能帮助学生感受英语的节奏。

六、课后作业

1. 英文短剧表演

学生组成 3—4 人的小组，选取电影中的片段，各人担当不同的角色，排练英文短剧，学会用语调表达含义。

2. 变换语速练习

请学生课后自选一个段落，用不同语速（慢、中、较快、快）朗读出来并录音，然后聆听，体会英语的节奏。

3. 学习日志

请每个学生在学习日志里回顾自己在感知重音、语调或节奏方面的不足，据此为自己确定一个小目标，制定课外自主学习计划。要求日志记录下每次练习的时间、内容和反思。反思可包括自己学习过程中的各种想法、产生的困惑、不能解决的问题、感受到的进步等等。

第三节　教学实例

一、背景介绍

本节是一个教学实例，教学目标是引导学生发现自己在语音听辨中的问题，讲授相关知识，并通过课堂活动练习相似音的识别，逐步熟悉同化、连读、缩略等规律。教师按照先做练习发现问题，再讲解，然后专门练习的步骤，分在两次课里完成教学内容。第一次课，让学生做听写练习，大约用时半小时。课后教师批改、分析。第二次课有 50 分钟。听写材料选自《英语听力入门 3000》第 2 册第 12 课。以下是听写文本：

> Judith Wallerstein studied 93 children over a generation. Her findings haven't been published in a medical journal, only in her book. She says children of divorce are more likely to abuse drugs, and that 40 percent of them avoid marriage themselves. When they do marry, fail at nearly twice the usual rate.
>
> Wallerstein's families divorced a generation ago. Times have changed and with them the attitude toward divorce and the attention to divorce's innocent victims.
>
> "In our parent's generation people who got divorced didn't talk about it, they were embarrassed by it. "
>
> Programs like Kid's Turn try to mitigate some of the effects of divorce

with family counseling. So the next generation, more aware of the trauma, may be better equipped to handle it.

采用听写练习有几个原因：一是对于了解学生的语音辨别能力和语音流的切分能力，听写是一种比较合适的方法。有研究表明，语音对第二语言听写的影响最为显著（如徐文玲，2005），因此，采用听写练习能窥见学生对语音的掌握情况。二是由于听写常常被用来测试听力水平，例如英语专业四级考试 (TEM-4)，因此平时要多加练习。而且，听写是学生课后自主学习的主要方式之一，学生比较熟悉。所选的这篇听写材料是真实语料，因此，用它来做听写练习更能够反映出学习者在聆听真实语料时出现的问题。

二、教学步骤及说明

表 1.9 列出了教学步骤及说明。

表 1.9 教学步骤及说明

步骤描述	说明
第一次课 1. 课堂练习听写。听写材料的原音频录制了三遍：第一遍没有停顿，用于听大意；第二遍基本为逐句停顿，让大家听写，个别长句根据意群在中间断开；第三遍也没有停顿，用于听写检查。教师对音频播放作了调整：仍然按顺序播放三遍音频，但是在播放第二遍时，适当延长了停顿。	由于音频语速较快，教师根据学生水平，适当延长了第二遍的停顿时间，让学生有充足的时间完成听写。
2. 收集课堂作业，课后批改。	发现学生的问题。
第一次课后 将错误整理归类，将错误的听写文本制成 PowerPoint 演示文件，用于课堂讲解。正确文本也同样准备好。发现的错误如下： • 将 over a generation 听成 of a generation	将错误归类整理有利于分析问题，还能提高讲课效率。只有正确分析了学生的错误，讲解时才有说服力。重复出现的、有普遍性的错误被列为重点。

（待续）

（续表）

步骤描述	说明
• 将 fail at 听成 failure、felt it、fail it、fairly • 将 ago 听成 a goal • 将 studied 听成 study • 将 families 听成 family • 将 effects 听成 the facts • 将 in 听成 and • 将 didn't 听成 and • 将 were 听成 will • 将 Wallerstein's families 听成 violence in families • 漏掉 a、of	学生所犯的错误主要可分为词尾错误（如将 families 听成 family）、语音流切分错误（如将 ago 听成 a goal）和相似音混淆（如将 effects 听成 the facts，将 were 听成 will 等）。

第二次课

步骤描述	说明
1. 第二次课上，先让大家听上次听写中出现错误的句子，然后将错误的听写文本用幻灯片显示出来，同时也显示正确文本。	正确文本与错误文本对照，一目了然。
2. 错误原因分析（一）：相似音的辨别错误，以错把 effect 听成 fact 为例。	effect 和 fact 的重读音节分别是 /e/ 和 /æ/，这是中国学生容易混淆的两个元音。
3. 错误原因分析（二）：忽略词尾的发音导致语法信息缺失，如过去时和单复数判断错误，以错把 Wallerstein's families divorced a generation ago 听成 Wallerstein's family divorced a generation ago 为例。	有时，语法信息对理解的准确性影响很大，这一点常常被忽视。如果把 Wallerstein's families divorced a generation ago 听成 Wallerstein's family divorced a generation ago，就把"Wallerstein 所研究的这些家庭离婚"误解为"Wallerstein 自己的家庭离婚"，导致理解偏差。这个例子很有说服力。
4. 错误原因分析（三）：同化和缩略现象导致听错，以把 ... who got divorced didn't talk about it 听成 ... who got divorced and talk about it 为例。	把 ... who got divorced didn't talk about it（离婚的人不谈论这件事）听成 ... who got divorced and talk about it（离婚的人谈论这件事），意思完全理解反了。

（待续）

（续表）

步骤描述	说明
5. 教师说明语音知识的重要性，告诉学生将分三个主题讲解并练习。第一个主题是相似音的辨别。	引入主题一 输入应力求自然，不要刻意突出要求学生辨别的部分。如果有音频，则播放录音一遍。
6. 从表 1.2 中按对选出句子，用正常语速逐句自然地读出来。例如，教师读出第一个句子：All the rivers bent to the east.	教师可以按对读出句子，这样学生容易通过对比听出两句中只有一处不同，从而体会发音上的细微不同所带来的句子意思上的差别。教师也可以先读一句，让学生说出句子的中文意思，看学生是否能准确理解，然后再读另一句，让学生进行对比。这样做可增加一些难度，也容易发现学生辨音上的困难。
7. 请一个学生用中文立刻说出句子大意。	这里也可以采用另一种方式，即让学生听完后立刻复述刚才听到的句子。这个方法对学生来说难度低一些，但是会带来两个问题：一是学生可能只凭短时记忆复述一遍，并未仔细理解；二是学生口头复述时涉及到口语技能，可能理解正确，但是发音不准，这就让教师难以判断。所以，让学生说出句子意思可以了解到其是否辨别准确。
8. 继续请两三个同学做同样的句子翻译。对前一个同学的回答暂时不评价。	为了了解班级的普遍情况，选择多个学生做同样的句子翻译。教师暂时不评价，给学生多一点时间作出自己的评价。
9. 大家的意见基本一致，但是无人注意到 bent 的过去式词尾。教师给出正确答案，再说出第二句 All the rivers bend to the east，请大家比较，注意两句的区别。	有分歧的句子，通常就是学生容易辨别错误的地方，是难点所在，应给予重视。当然，也会遇到大家一致给出错误判断的情况，这时要花更多的时间分析讲解。

（待续）

（续表）

步骤描述	说明
10. 请大家口头复述这两句，注意倾听自己句中目标词的发音。重复上述 6—9 步骤，进行下一对句子的练习。	对某些相似音的错误辨别，可能源自学生大脑中存储的错误记忆。
11. 听完所有句子后，将句子文本显示出来，请学生回顾、总结自己在哪些音素的辨别上存在问题，并记录下来。	让学生自己意识到哪些地方需要提高，为课后的自主练习初步定一个方向。
12. 请大家标出句子中目标词的音标，归纳出哪些是常见的相似音。	请学生归纳，培养自主学习能力。
13. 教师讲解相似音的有关知识。	在学生归纳的基础上，教师系统讲解。学生积累一些语音常识，有助于在课后自主学习中指导自己。
14. 布置日志作业。	如何写日志需要教师做好指导。

第二章 词汇能力

本章主要内容

- 了解词汇在听力理解中的关键作用
- 了解什么是听力词汇量
- 了解词汇量测试方法
- 学习通过听力训练扩大词汇量的方法
- 了解词汇练习方法

小案例

李老师在每次上课前，都会仔细听几遍课文，把生词找出来，做好注释。她认为，外语学习中遇到生词是很经常的事。遇到生词听不懂，自然会影响理解。所以她想，如果把材料中的生词在让学生听之前拿出来讲一讲，会有助于学生的理解。刚开始，她感觉这种词汇预习方法还是不错的，特别是当这些生词是关键词的时候，让学生提前学习一下很管用。然而，新的问题很快冒了出来。

有一次课堂上，在让学生听了两遍课文之后，李老师要求大家根据课文内容进行讨论。很快，她发现好几个小组讨论不太积极。她一问才知道，有些人还没有完全听懂。李老师又重放了一遍，情况有所改观，但是还有学生反映，对一些内容的理解还是似是而非，不敢确定。李老师随即将听力材料的文本在屏幕上显示出来，同时又播放了一遍录音。此后，讨论热烈而顺利地进行起来。李老师却陷入了沉思：学生到底为什么没有听懂？

课后，李老师和学生交谈，了解情况。有些同学说，听的时候觉得生词比较多。虽然之前听老师讲解了一些，但是还没有完全掌握。另一些同学说，看到文本才发现，不少没有听懂的词其实都认识，很多还学过，但是不知为什么听时就不懂了。还有一些同学说，自己总是反应慢，一些词听起来似曾相识，但是就是想不起来意思。李老师回想起来，这些问题她也在学生的日志里读到过。有一个学生还曾在日志上记下因为听错一个词导致重大理解失误的懊悔心情。李老师想，这是学生词汇量的问题吗？如果是，学生的词汇量到底怎么样？为什么认识的词却听不懂？学生在听力理解过程中遇到生词究竟应该怎么办？

词汇能力与听力理解

上面的案例反映了学习者在听力理解中遇到的词汇方面的困难。仔细分析后我们不难发现，这些困难可以归为以下三类：

（1）听到完全陌生的发音，遇到的确实是生词。对于外语学习者来说，这并不奇怪，关键是如何对待听力理解中遇到的生词，在这方面，学习者办法不多。

（2）听不懂的不是生词，但是因为口语中连读、同化、缩略等情形造成发音的变化，听起来像是生词，学习者产生了错误判断。

（3）听不懂的不是生词，这些词虽然看得懂但是听不懂，也就是说只知其意，不知其音，学习者把它们当作了生词；或者知其意也略知其音，但是听到这样的词时感觉似是而非，不敢确认，学习者因而觉得自己反应慢。

为什么会产生这些问题？我们应该怎样做才能提高学生的词汇能力？本章将从词汇能力入手，介绍如何扩大听力词汇量，促进听力理解。第一节介绍词汇知识以及如何让学生了解自己听力词汇量的大小，第二节介绍如何通过听力训练习得生词，第三节是一个教学实例。

第一节 听力词汇量

一、教学目标

让学生了解词汇在听力理解中的重要性，了解自己听力词汇量的大小，学会拓展听力词汇量的方法。

二、教学精要

1. 词汇在听力理解中的重要性

　　词汇是语言能力的核心组成部分，是发展听、说、读、写等语言技能的基础。在听力理解中，词汇的重要性极为显著。首先，词汇量不足将直接阻碍对听力材料的理解。根据 Nation（2006）的研究，如果听力材料中每 50 个词中只有 1 个是生词（词汇覆盖率 98%），那么学习者能达到充分理解的程度；如果每 20 个词中有 1 个生词（词汇覆盖率 95%），理解程度就会下降；如果每 5 个词中就有 1 个生词（词汇覆盖率 80%），那么几乎无人能做到对材料的充分理解。听口头语言时，要想达到 95% 的词汇覆盖率（即每 100 个词中只有 5 个是生词），需要的词汇量是 3000 个词族，加上一定量的专有名词。如想达到对听力材料 98% 的词汇覆盖率，则需要掌握 6000—7000 个词族。这一研究结果说明，扩大词汇量是提高听力理解能力的主要途径之一。

　　其次，对一个词掌握得是否全面也是决定听力理解程度的重要因素。严格地说，掌握一个词意味着掌握有关这个词的一系列知识，例如词义、词的语音形式、词的书面形式、词性、词的搭配、语法知识以及语用知识等。对听力理解尤为重要的是词的语音形式和词义知识。由于听力理解是在线处理口头语言，因此，能否快速准确地将所听到的语音形式和词义匹配起来是关键。

　　既然词汇能力对于听力理解如此重要，那我们如何衡量词汇能力呢？词汇量是一个重要指标，又称为词汇宽度或词汇广度。近年来，二语词汇研究专家研制的词汇水平测试（Nation，1983，2001；Schmitt，Schmitt & Clapham，2001）、词汇量测试（Nation & Beglar，2007）和学术词汇表（Academic Word List，AWL）（Coxhead，2000）等词汇测试工具都是对词汇的量的衡量。对词汇掌握得是否全面则是对词汇的质的一种衡量。目前这方面的测试工具不多。Read（1993）的词汇深度测试是其中之一，主要考察对词汇的搭配的掌握。

2. 学习者的听力词汇量

　　我们把学习者能听懂的词汇的数量叫做听力词汇量。前面已经列举的一些词汇量的测试方法，都是通过书面考试的形式来考察学习者对词义的掌握情况。也就是说，一般我们所说的词汇量是阅读词汇量。那么，二语学习者的听力词汇量有多大呢？实际上，这两种词汇量的大小存在不小的差距。据刘思（1995）的研究，听力词汇量只有阅读词汇量的一半多一点。换句话说，听力词汇量比阅读词汇量要小得多。

随着近年来外语教育界对听说能力的逐渐重视，相信这个比例也许有所改善，不过，看得懂一个词却听不懂它的意思的现象还非常普遍。学习者在学习词汇的时候，有些词的书面形式与意义之间形成了关联，但是其语音形式和意义之间却没有形成匹配。更严峻的是，多数学习者并没有意识到这一现象的存在。因此，首先要让学习者对自己的听力词汇量有一个认识。可以分别对学生的听力词汇量和阅读词汇量做测试，然后比较结果。接下来是着手提高听力词汇量：一是拓展已有的词汇知识，将阅读词汇转化为听力词汇。笔者曾经通过实验研究发现，通过训练，阅读词汇可以转化为听力词汇（王艳，2002）。二是学会如何在听力理解练习中习得生词。本书第八章中的行动研究实例即是关于这一主题。

3. 词汇学习的规律

学习者对于词汇的诸多方面的知识往往不是一下子就全部掌握的，而是一个循序渐进的、不断添加的过程。开始可能只对词的一个音或意稍有熟悉，随着不断练习，才能比较熟练地掌握它的更全面的知识，做到不但能看得懂、听得懂，还可以准确恰当地用它说或者写。有些不常使用的词需要不断复习才能记住，否则会逐渐被遗忘。平时的听说读写练习巩固和发展了词汇能力，反过来，词汇能力也帮助学习者更好地驾驭这些使用语言的活动。

4. 词汇的在线辨识与专门学习

听外语的时候遇到听不懂的生词该怎么办？在实际的交流中，我们为了不影响交际的顺利进行，可以使用各种策略来规避这一问题，例如，我们可以要求说话人重复，向说话人验证自己的理解是否正确，通过上下文推断、猜测，通过背景知识联想等等。然而，经常这样做，交际任务也许未受影响，但是语言水平未必能真正得到提高。对语言学习者来说，提高语言水平才是根本。而提高词汇能力又是提高听力能力的根本保证。因此，在使用猜词等策略的同时，我们不能忽略后续的词汇专门学习。

前面提到，词汇知识包含很多层面，通常并不是一次就能全部学到，因此持续的专门的词汇学习仍然十分必要。笔者认为，词汇在线辨识的策略训练和听后的词汇专门学习同样重要。从词汇学习的角度看，听力训练是巩固词汇知识的良好渠道之一，能够加强语音形式与意义的有效关联。当词汇知识掌握得全面了，听力词汇量扩大了，反过来就能促进听力理解。

三、课前准备

1. 选择听力材料

选择一篇正常语速的听力材料，可以是日常会话，也可以是新闻，如常速的新闻报道等，难度要适中。可以从以下几个方面控制难度：

(1) 背景知识：选择学习者比较熟悉的内容，不要选择特别生僻的话题。

(2) 语速：一般来说，加快语速会增加理解难度。常速英语语速一般在200—250 词 / 分钟，比较快。150—200 词 / 分钟之间的语速就明显慢一些。有些日常会话的语速也比较快。教师可以根据自己学生的水平选择合适的语速。

(3) 生词量：生词量不可过多。按照 Nation（2006）的研究，生词量应控制在听力材料总字数的 5% 以下。如果生词过多或过于生僻，听力材料的难度就会远远超出学生的水平，不适合用于练习。但是这个要求在实践中有时比较难操作，无法做到精确。笔者建议，如果遇到内容熟悉度和语速都很合适的材料，但是生词较多，可以挑选部分生词让学生提前学习。

2. 准备听力词汇量测试

如果想了解学生的听力词汇量，或者想比较其听力词汇量和阅读词汇量的差别，可以进行相应的词汇量测试。可以自制词汇测试题，也可以在词汇研究专家研制的测试题的基础上进行改编。如果自制试题，教师可根据学生水平，选用大学英语四、六级词汇，或英语专业四、八级词汇。考题形式可以采用直接让学生写出词义的形式，也可采用选择题。选择题选项的撰写需要注意专业的技巧。如果教师没有时间或把握自制试题，采用词汇专家的测试卷是一个不错的选择。以下介绍几种普遍使用的词汇测试。

1）Nation 和 Beglar 的词汇量测试

Nation 和 Beglar（2007）的词汇量测试（Vocabulary Size Test）里所选的词汇来自英语里最常见的 14,000 个词族。测试共分 14 级，每级代表 1,000 个词族，按出现频率排列。每级测试 10 个词，全部测试卷共 140 题。例如，下面是第一个千词级的第一道试题：

First 1000

    1. see: They **saw** it.

        a. cut

        b. waited for

        c. looked at

        d. started

这个测试有汉语版本，上题相应的汉语版本如下：

First 1000

    1. see: They **saw** it.

        a. 切

        b. 等待

        c. 看

        d. 开始

有关这个测试的更多内容请参看 Nation 和 Beglar（2007）的介绍文章

A Vocabulary Size Test。更多的测试题可参见相关网页：http://www.victoria. ac.nz/lals/staff/paul-nation.aspx。

2）词汇水平测试

词汇水平测试原先是由 Nation（1983）开发的一个测试，后来 Schmitt、 Schmitt 和 Clapham（2001）在其基础上做了一些改进（Nation，2001）。这一测试里的词汇选自 2000 词、3000 词、5000 词、10000 词的词汇水平（词级）和学术词汇表（570 个词族）。每级测试 36 个词，分成 6 组，每组 6 个词。左栏为 6 个测试词汇，右栏为对左栏中 3 个词的解释。如果能把这 3 个词准确地从左栏中找出来并填在相应的位置上，与右栏解释相匹配，就可以得分。具体例子如下：

```
1  business
2  clock          _____      part of a house
3  horse          _____      animal with four legs
4  pencil         _____      something used for writing
5  shoe
6  wall
```

答题者这样回答：

```
1  business
2  clock            6            part of a house
3  horse            3            animal with four legs
4  pencil           4            something used for writing
5  shoe
6  wall
```

3）欧洲语言中心词汇量测试

欧洲语言中心词汇量测试（Eurocentres Vocabulary Size Test 10KA, EVST）（Meara & Jones，1990）是一个计算机测试。测试中，大约有三分之一是非词，学生在非词上的判断得分会被用来调整最后的得分。其他词选自英语中常见的 10,000 词。下面举例说明：

| 1 dring | 2 take in | 3 majority | 4 modest | 5 vowel |
| 6 easy | 7 swithin | 8 obsolation | 9 foundation | |

参加测试者在计算机屏幕上逐个看到这些词，同时看到一道问题："你是否知道这个词的意思？"。参加测试者通过选择"是"或"否"来完成答题。这个测试做起来很快，一般在 10 分钟以内就能完成，而且学生能马上看到自己的得分，因此颇受欢迎。不过，也有教师和研究者们对此项测试持保留态度，认为水平低的学习者参加此项测试的得分并不十分可靠，因为他们缺乏判别词与非词的能力，其答题方式可能存在问题，而且这种考试方式无法真正展现被试的词汇知识（Read，2000）。

4）听力词汇量测试

以上介绍的主要用于阅读词汇的测试。目前，专门用于测试听力词汇量的工具不多。Aural Lex 是 Milton 和 Hopkins（2006）在 X-Lex 基础上开发的一个听力词汇测试。它的选词来自英语中常用的 5,000 词，也是采用计算机测试的方式。参加测试者会在计算机上依次听到 120 个词，用"是"或"否"来回答是否知道所听到的测试词的意思。120 个词的构成为从每千词级中选取 20 个词，外加 20 个非词。被试点击屏幕上的相应选项，可以听到测试词的发音，而且，可以重复点击去听，但是看不见这个单词的拼写。被试点击"是"或"否"作出判断之后，就进入下一个词的测试。

读者可以发现，Aural Lex 听力词汇量测试与欧洲语言中心词汇量测试具有类似的局限性。非词对最后得分的调整是否合理，被试对自己是否知道某个词义的判断是否有误，这些都是问题。笔者认为，教师可以在了解上述词汇测试的基础上自己编制听力词汇量测试。表 2.1 是笔者改编的、用于测试听力词汇量的一部分试题。

表 2.1 听力词汇量测试示例

听力词汇量测试

提示：你将听到一些单词，每个单词将被单独念一遍，然后在句子中念一遍。请判断四个选项中哪一项是最合适的词义，并将代表该选项的 a、b、c 或 d 填入横线。下面共有 40 道题，每道题答题时间约为 4—5 秒。

（待续）

（续表）

> 例如：
>
> 你听到录音中的声音是：**microphone**: Please use the **microphone**.
>
> 你看到题目：
>
> 1. _____
> a. 微波炉   b. 扩音器   c. 显微镜   d. 手机
>
> 你这样答题：
>
> 1. ___b___
> a. 微波炉   b. 扩音器   c. 显微镜   d. 手机
>
> 下面开始，请答题：
> （录音：maintain: Can they **maintain** it?）
> 1. _____
> a. 维持   b. 扩大   c. 改善   d. 得到
>
> （录音：stone: He sat on a **stone**.）
> 2. _____
> a. 石头   b. 凳子   c. 垫子   d. 树枝
>
> （录音：upset: I am **upset**.）
> 3. _____
> a. 疲倦的   b. 著名的   c. 富足的   d. 心烦的
>
> ……

这个测试是在 Nation 和 Beglar（2007）的词汇量测试（Vocabulary Size Test）（汉语版）基础上改编的。测试阅读词汇量和听力词汇量方法的最大不同在于词汇的输入方式。在阅读词汇量测试中，被试看到卷面上词的拼写，参考其在句子中的运用，然后在四个选项中作出选择。在听力词汇量测试中，被试听到词的发音和含有该词的一个句子，然后在四个选项中作出选择。教师可现场读出生词和句子，或请外教录制好生词和句子的音频，测试时播放。

3. 准备听力练习的材料

选择名人演讲的精华片段，制作成几段 1 分钟左右的音频。将里面的生词找出来，编成练习，但是不要提前讲解。同时，教师要熟悉这些生词在音频中的位置。

四、课堂活动

本次课堂教学的目的之一是让学生了解自己掌握的听力词汇量和阅读词汇量的差异。此外，词汇量测试还可以让学生对自己的词汇知识有个量化的估计，以便激发他们在了解自己水平的基础上设定更高的目标。下面列举了几个不同的课堂活动，可参考选用。

活动举例 1：估计生词量

教师将事先准备好的听力材料先播放一遍。听之前，提醒学生注意文中的生词，听之后，让同学们估计生词的数量，并写下估计数字。可以再播放一遍，让他们调整自己所估计的生词数。之后将文本发给学生，播放第三遍，让学生对照文本，再次统计生词数量。请同学们比较三次结果。

这一活动能够让学生发现，在自己以为是生词的词汇中，究竟有多少是完全陌生的单词，有多少是看得懂而听不懂的单词。后面这部分词汇可以算作学生的阅读词汇量，但是不能计入听力词汇量。学生可以通过这个练习，体会自己两个词汇量的差别。

活动举例 2：读读看

请大家将上述听力材料中学过的但是没有听出来的单词找出来，然后读出来。一般来说，没有掌握单词的语音形式，除了因为没有记住其语音形式，还可能因为发音错误，记住的是错误的语音形式。教师可以及时发现、纠正错误的发音，并督促大家记忆正确的发音。

活动举例 3：交流心得

可以让同学们互相交流感受，说一说为什么没有听懂某个学过的词。学习者遇到的问题既有相同之处也有不同之处，但是总体来说有一定规律可循。让学生彼此交流可以活跃课堂气氛，丰富大家的词汇学习体验。很多时候，学生还可以发现一些教师没有注意的问题，这是一个很好的补充。教师可请几位同学讲述没有听出某些单词的原因，然后加以总结。

活动举例 4：词汇量测试

将听力词汇量测试卷发给学生，开始测试。让学生听单词，写词义，或从选项中选出合适的词义。然后，逐一呈现测试单词的书面形式，请大家再次作出判断。随后，教师给出正确答案并请学生比较两次测试的结果。前一次的结果可以视为听力词汇量测试的得分，后一次为阅读词汇量测试的得分。

另一种测试方法是将测试卷按照考题数目一分为二：一半作为阅读词汇来测试，将单词和词义选项印在试卷上即可；对另一半考题，只将词义选项印在试卷上，由教师朗读单词或播放单词录音，学生听词选择词义。之后比较两项考试结果。

活动举例 5：听背演讲

将名人演讲的精华片段，每段播放多遍，中间适当停顿，让学生课上反复聆听直至能够熟练复述或背诵。开始时，不要讲解其中的生词，先要求学生记忆其语音形式。在最后展示文本时，再讲解生词意思，或做词汇练习。

五、教学小贴士

- 留出充分的时间让学生体会、交流为什么一些学过的单词却听不懂。让学生讨论为什么听力词汇量与阅读词汇量有差距。不要提前给出答案。
- 词汇测试是对学生词汇知识的测试，测试时可鼓励学生放松心情，打消他们对会被计入考评分数的顾虑。

- 背诵可以有效帮助学生记忆词汇的语音形式，但是用于背诵练习的音频时间一次不宜过长，免得学生感觉枯燥，失去兴趣。

六、课后作业

1. 词汇复习

布置学生复习已经学过的词汇，聆听词汇录音带，准确地记忆单词的语音形式。可以是学过的教科书后的词汇表，也可以是为标准水平测试（如大学英语四、六级或英语专业四、八级考试）所印制的词汇表。

2. 背诵选段

选择含有少量生词的、时间在 1 分钟左右的音频，不给学生提供文本，让学生通过反复聆听来背诵或复述。

3. 新闻播报

每次课上请学生回顾并简述前一周的新闻。新闻的内容鲜活，有一定的生词量。学生课外若能坚持听能有效扩大其词汇量和知识面。鼓励学生在播报时使用刚刚学到的词汇。

第二节　通过听力训练习得生词

在前一小节，学生了解了自己听力词汇量的不足，学会了如何将阅读词汇转化为听力词汇。由于这些单词对学生来说并非完全是生词，而只是尚未掌握其语音形式，因此，只要坚持练习，听力词汇量就会很快得到扩充。下一步的问题是：怎样在学新的单词时一步到位，兼顾到音、形和义，避免某个方面的缺失？通过听来学生词，就是一种好办法。听力训练本身就是扩大词汇量的机会。重要的是，在听力练习中学习生词，学习者首先接触到的是单词的语音形式，这对加强他们对单词发音的记忆非常有好处。然后，学习者理解了单词在语境中的含义，再配合文本，学习单词的书面形式。这一节将介绍如何通过听力训练习得生词。

一、教学目标

学习通过听力训练习得生词的方法。

二、教学精要

1. 听力课堂上的词汇学习

Nation（2002）认为，语言课程应兼顾四个方面，即以意义为主的输入学习、以意义为主的输出学习、以语言为主的学习和提高流利度（熟练度）的学习。在听力课上，我们往往只重视第一和第四方面，忽略第二和第三方面。我们注重让学生理解听力材料的内容，而且强调只有多听多练，才能提高听力能力。这些毫无疑问都是必要的。但是，听力课堂上是否也应该包括语言形式的教学，例如词汇教学呢？是否也应该兼顾以意义为主的输出学习，例如说和写呢？答案是肯定的。

实际上，无论在课堂上还是在课后练习听力，无论是单向听力，还是双向交流，学习者都不可避免地要遇到生词。但是，在传统的听力练习中，听者通常以理解语言的意义为目标，而不以学习生词为目标。因此，对关键的生词可能只进行了初步的加工，只留下微弱的印象，对无关紧要的生词甚至可能没有任何印象。在这种情况下，如果随后没有专门的学习，这些生词不容易被学会。即使当时猜对了生词的含义，但是如果之后不经常使用，这些词也容易被遗忘。因此，将词汇教学和听力教学相结合，将理解词汇与使用词汇（说和写）相结合，才能达到更好的效果。关键在于如何在教学中合理地安排这些活动。

2. 词汇的记忆

前面提到，严格意义上说，词汇的知识包括很多层面，需要学习者循序渐进地积累。如果简单地归纳，掌握一个词就是掌握它的音、形、义和使用。二语词汇的习得方式可分为有意习得和附带习得。很多学习者都有这样的体会，即不少单词都是在阅读时附带习得的。可是，为什么听到的单词不容易被记住呢？换句话说，为什么听外语的时候，词汇的附带习得不容易产生呢？有几个原因。第一，人们在听的时候，一般只注意生词的意思而不注意其语言形式，在理解了意思之后，语言的形式通常就被遗忘了。第二，记住生词的语言形式需要占用大脑的语音短时记忆空间，而听的时候往往面临很大的在线理解压力，同样需要短时记忆来处理信息，因此无法为前者留下足够的空间。第三，阅读的时候接触的是生词的拼写形式，听的时候接触的是生词的发音（或者是一串语音流，没有明确的界限），前者更容易通过查词典、问老师、问同学获得词义，后者则不易做到。

怎样习得听力理解中遇到的生词呢？按照音、形、义和使用这四方面，首先，是音的习得。通过听来学习生词的最大好处在于，听者首先遇到的是单词的语音形式，这有利于准确记住单词的语音形式，包括记住发音、重音和音的次序等等，还有利于单词语音形式和单词意义的匹配。多次重复有利于记忆。因此，学习者要获得反复聆听听力材料的机会。其次，是记忆词的形。可以通过看文本，学习词的拼写形式。然后，是获得词的意思。我们可以使用查词典、问同学、问老师等方法。最后，是常使用、常复习，以防止遗忘。在使用中还能学到单词的更多用法，这样就对该词的知识掌握得越来越全面。

3. 如何猜测词义

在听的过程中，我们常常需要猜测词义。猜词是保证交流顺畅的一种必要策略。每个人习惯使用的猜测词义的方法有所不同。总结起来，一般有以下几种：

(1) 利用上下文的帮助。上下文，也就是语境，对猜词很有帮助。猜词必须依赖一些线索，上下文里的线索有如下几种类型：

　　a) 表示相近词义的线索。在上下文里，听者能听到熟悉的单词，而且，从一些线索可以判断它与生词具有相近词义。例如，听到 the same as、just as、similarly 等词或词组时，听者就可以大致推断出其前后的内容具有相近的意思。

b) 表示相反词义的线索。听到 on the contrary、in contrast、on the other hand、instead of、even if、however 等线索时，听者应该知道，它们引导的内容表示与前句相反或相对的意思。这样，通过理解这些词和其后句子的意思，也能增加猜对生词意思的概率。

c) 表示举例的线索，例如 such as、for example、for instance 等等。听者能从所举例子的信息猜测生词含义。

d) 表示重复的线索，例如 or、that is、that is to say、in other words 等等。如果说话人用其他的词、词组或句子再次解释或说明某个生词，那么这些解释或说明往往会跟在这些线索后面。听者可以据此对生词意思进行猜测。

e) 表示下定义的线索，例如：

_____ is (are) …

_____ means …

By _____, we mean …

_____ is known as …

_____ is defined as …

_____ refers to …

_____ can be described as …

听力材料中对词语下定义的情况也比较常见，例如，在学术讲座里讲座人讲解一个新的学术名词。当听者根据线索判断说话人在给某个生词下定义时，只要仔细听懂定义内容，那么猜出生词的意思也就不那么难了。

(2) 利用背景知识充分联想。听者的背景知识是指有关这个话题的世界知识。例如，听有关经济危机的材料时，如果有一点经济学的常识就可能对猜测生词词义有好处。这就是为什么教师可以鼓励学生通过多听中文新闻，积累政治和经济知识来提高对英语新闻的理解能力的原因。有了背景知识，才能展开联想，才能对猜词义起到帮助。

(3) 利用语法特征。根据生词在句中的位置、生词的词尾以及它的前后词，猜测它的词性和语法作用，进而推测生词的意思。例如，冠词后面跟的是名词，以 -ly 结尾的词大多数是副词等等。

蔡薇和吴一安（2007）发现，英语学习者在听力理解练习中进行词义推断的时候，最常使用的是目标词所在的上下文语境线索，同时运用语境知识和背景知识。

总之，在听的过程中，猜测词义是个重要的策略，有助于在不影响交流的情况下完成交际任务。但是对听力教学来说，更重要的是猜测之后还需要做后续的工作，这就是专门的词汇教学。

4. 词汇教学技巧

在听力课上，教师可以采用一些教学技巧，帮助学生更好地巩固生词的学习。

1）专门练习

教师在听力课上应该给词汇学习留出专门的时间。课前准备好各种类型的小练习（例如听写练习、搭配练习、选词填空等等），及时地、经常地让学生练一练。虽然每次不必花很多时间，但是因为保持一定的频率，会对学生记忆生词有好处。

2）关联

新知识如果与原有知识形成关联，会有助于记忆。在教学中，教师应尽可能地通过提供背景知识、师生问答、同伴互相交流等方式，给学生创造展开联想的机会。

3）教师经常使用

教师要经常使用学生刚刚学习的生词，以便给学生创造多次输入的机会来帮助他们复习和记忆。

4）听、写、说结合

把听力练习和写的练习、说的练习结合在一起，布置生词学习任务。这样，学生通过听、说生词可以练习词汇的语音形式，通过写生词可以记忆它的拼写，通过在写作中使用生词可以练习它的搭配。这样，就能兼顾音、形、义和使用。

5）教会学生查词典

学生在自主学习中听到生词时，查词典是获取生词音、形、义的一个最直接的方法。但是，单凭发音怎样查到词呢？教师可指导学生利用英语发音和拼写规则，并结合猜测词义的方法来查词。这样，用词典就能解决不少自主学习中的生词问题。

三、课前准备

1. 设计讨论问题

针对听力材料的话题或背景知识，设计一些问题，难易结合，用于引导学生展开 3—5 分钟的讨论，目的是激活学生大脑中相关的词汇知识，为听的时候运用联想、推断等猜词策略作准备。

2. 准备词汇

做好所听材料中生词的准备工作。大多数听力教材会列出生词表或关键词表，但是教师如果想补充一些材料则需要自己找出生词，熟悉这些生词的发音、在音频中的位置、在上下文中的意思以及其他用法，甚至还要编制一些练习。

3. 制作填空练习

可以用听力材料的原文制作填空练习，也可以将原文改写后再用，这可根据文章的长短、难易程度等来决定。填空可以是单词填空，也可以是词组填空，有时还可以采用句子填空。用横线取代要求学习者掌握的词汇或含有该词的句子，留待课堂使用。词汇填空一般要求学生准确填写，即写下听到的原词。对特别难的词，可以提示其首字母。句子填空的设计可以分为两种：一是要求填写原句；二是要求填写的句子意思相当即可，但是必须包含要求掌握的那个生词。这一练习可以在学生掌握了生词的拼写之后做，例如，可以放在第二次课的开头，起到复习的作用。

4. 准备课外材料

如果使用书本教材，可再准备 2—3 篇主题相近的课外材料。主题相近的材料往往采用意思相近甚至相同的词汇。例如，如果课文是一篇有关金融的文章，则可以补充几条与之相关的经济新闻，可选择来自不同媒体的、针对同一事件的报道。课堂选用 1—2 篇，余下的留作课后作业。

四、课堂活动

教师可以设计出很多活动来促进听力训练中的词汇学习，下面是一些活动举例：

活动举例 1：引导式讨论

此练习的目的是使学生熟悉背景知识，为激活与之关联的词汇做好准备。将学生分组，提出事先准备好的问题，让大家讨论。

活动举例 2：生词复述

播放录音时在生词出现的地方停顿，让学生重复该词的发音，加强对该词语音形式的记忆。

活动举例 3：词义猜测

让学生根据上下文对生词的意思进行猜测。可以在听过全文 1—2 遍之后做这个练习。在含有生词的句子或段落后停顿，请学生展开联想，猜测这个单词的意思，或使用简单的英文来解释这个词的意思，或使用意思相近的词或词组来替换它。

活动举例 4：解析词义

将听力材料的文本提供给学生，让学生对照文本，将生词的音、形、义结合在一起学习。教师还可根据需要进行拓展，进一步讲解生词的搭配、习惯用法等。

活动举例 5：课文复述

要求学生复述所听材料，复述时必须使用全部或部分刚刚学习的词汇。可以要求学生之间相互复述，然后由教师课堂检查，这样，教师可以了解学生掌握的情况。教师应特别关注学生的发音，如有偏差，可及时更正。

活动举例 6：填空

先将听力材料播放一遍让学生听大意，然后播放第二遍，提醒学生注意某些单词。听完后，将填空练习发给学生，让学生凭借记忆完成练习。练习做完后，播放第三遍，让学生核对答案。很多教材都设有填空练习，但是大多让学生边听边写，其实这样并没有发挥听写的更多好处，似乎是为了做练习而做练习，学生做完也容易忘记。

如果第一节课学习了生词，那么在第二节课刚开始的时候，可以用一个填空练习复习上一节所学生词。直接发下练习让学生做即可。如果学生有困难，可提供单词的首字母给学生一些提示。如果学生还是写不出来，教师就再提示一个字母。新学的单词容易遗忘，这个练习可以督促学生在记忆了单词发音之后，及时学习拼写。

五、教学小贴士

- 对音频材料中需要停顿的地方，提前做好标记（例如，记下时间以帮助定位），以便重复播放时容易查找。

- 在猜词练习中，学生通常并不能一下子就猜得很准，这时教师不必立刻判定他错，也不要急于给出答案，而要通过启发，引导学生一步步接近正确答案。
- 人的短时记忆容量是有限的，因此，在引导学生做复述练习时，将长篇段落分成小段进行复述较为适宜。
- 生词的掌握需要重复，教师在课堂上可以创造相应的环境，重复目标单词，增加学生听力上的输入，并通过各种学习任务使学生有反复练习的机会。
- 主题相近的材料可能使用意义相近的词汇，选用这样的材料对记忆和拓展词汇很有好处。

六、课后作业

1. 同主题听力练习拓展

布置与课堂内容主题相近的材料作为课后练习材料。可使用课前准备好的补充材料，配合教师事先准备好的任务，如回答问题、填空等等。也可以让学生自己寻找合适的材料听，下节课教师在课堂上抽查，让学生复述。

2. 生词使用练习

要求学生充分使用新学的词。可使用课本上的听力材料，也可使用课前准备好的补充材料。布置他们在听完材料后口头复述，或写一篇概要，要求必须使用新学的词。

3. 词汇拓展与共享

开展"词汇拓展与共享"活动。让学生自行组成若干小组，由各组自行讨论选题，各组之间相互沟通以避免选题相同。然后，围绕主题各自寻找听力材料，同时搜集整理各主题下的常用词汇。最后，将音频和词汇汇总，全班共享。

第三节　教学实例

一、背景介绍

这里记录的是笔者在一次新闻听力的课堂练习中，引导学生学习生词的真实案例。广播或电视新闻报道是大量原声听力材料的来源。外语学习者练习听新闻有很多好处，既能扩大听力词汇量，又可以了解时事，扩大知识面。而且，新闻每天更新，内容与时俱进，随着网络的发展和普及，音频、文本材料都容易得到，对学习者来说非常方便。因此，听新闻已经成为听力理解训练的一个重要方式。多年以前，全国英语专业四级考试就将新闻列入考试题型，这也是新闻听力受到重视的一个原因。

然而，学生在听新闻练听力的过程中遇到的困难也不少。总结起来有几个方面：一是生词比较多，听起来不轻松；二是对部分新闻的背景知识比较缺乏，有些内容似懂非懂；三是政治、经济、军事和灾难报道居多，听多了有点枯燥乏味。

怎样利用好新闻这一资源，让它为听力教学服务呢？平时，笔者坚持至少隔周让学生在课堂上练听新闻，并辅之以相应的专门练习。针对上面提到的学生的困难，笔者作了如下安排。首先，将新闻按主题进行分类，包括政治、经济、军事、教育、科技、影视娱乐、体育等。每2—3周集中于一个主题，鼓励学生在每段时间里多关注和积累与该主题相关的词汇和背景知识。其次，让学生按照兴趣认领一个主题，自愿组成小组，分工合作，完成该主题词汇和背景知识的收集工作。在每个主题完成之前，选择该主题的小组要为全班同学提供精选的相关的音频新闻、视频新闻、常用词汇和背景知识资料等。第三，在每个主题开始前，教师先对该主题的重要性作一个阐述，激发学生的学习动机。例如，不少同学认为政治经济类新闻枯燥乏味，与自己日常生活无关，对听这类新闻提不起兴趣。这时，教师非常有必要在课上结合生活实例，阐明听这一类新闻以及积累这方面知识的重要性。本小节以一篇报道2010年10月下旬全球20国财长和央行行长会议的新闻为例，探讨如何利用新闻听力帮助学生拓展词汇知识。

这一篇新闻报道是经济类的，在授课时正好是热点新闻，各大报刊、广播、电视和网络都有报道。新闻语料选自《美国之音》，音频语速大约是200

词 / 分钟，为正常语速。听力文本详见附录一。

二、教学步骤及说明

表 2.2 教学步骤及说明

教学步骤	说明
1. 引导式讨论 1) 在开始听新闻之前，提出以下一些小问题，引导全班同学讨论。 What happened in the past few days? Any news? World news? National news? Or campus news?	一上来就让大家回顾过去一周的世界要闻，可能有些突然。有的学生习惯于先组织一下语言，这时不用着急，可以启发他们从国内新闻说起，甚至从身边的校园新闻说起。
S: Campus news. We won the basketball match last Friday. T: Good. Any world news? S: …	有人提到上周末的一场篮球赛，这是很好的开始，沉默被打破。教师再给一些提示，慢慢引导。这时，许多人已经准备好，大家争先恐后发言，气氛更加活跃起来。
S: G20 meeting is held. T: Can anyone tell us more about this G20 meeting?	一旦学生提到教师希望说到的焦点问题，就可以稍微深入下去，就相关背景知识继续发问。
T: Where was it held? Who took part in the meeting? What were they talking about?	学生对没有把握能完整回答的问题通常会比较迟疑，这时，教师要做的就是把大问题化成小问题，从而降低难度，必要时再给出一些提示。例如，接着问时间、地点、参加者等等。对这些问题，学生知道多少就回答多少，一般都能答出一点。
T: Have they reached any consensus? Are there still any conflicts or confrontations?	涉及具体内容的问题，许多人不知道答案，这时可以请大家猜一猜。这些准备是听之前必不可少的，目的是激活头脑中的相关知识，特别是相关词汇。
S: It's about economy.	这个同学给出了一个好的关键词 economy，教师将这个词写在黑板上。

（待续）

（续表）

教学步骤	说明
S: They are talking about world financial problems. …	学生又陆续提出 finance、currency、global market 等词，无论与答案是否相关，这些词都起到了抛砖引玉的作用，学生对将要听到的新闻有所准备了。
2）教师提醒学生，在听的时候注意下面几点内容： （1）Have they reached any consensus? If yes, on what? （2）Are there still any conflicts or confrontations? Give some details. （3）What is the issue about China, according to the news?	提醒学生，在将要听到的新闻里要注意听这些部分。这实际上是布置任务，让学生在听之前有所计划，在听的时候可以因任务需要分配注意资源。同时，考虑到 consensus、confrontation 和 conflict 可能对某些学生来说是生词，教师就用这些生词提问，同时解释词义。在师生交流中，教师使用生词，并用简单的英语进行解释，较之将生词做成单词表的形式让学生逐一学习来得自然。学生对生词意思的猜测揣摩使大脑对该词进行深度加工，有利于词汇习得。在听之前的这种关于生词的准备，可减少生词给学生听力理解带来的一些压力。
3）播放音频 1—2 遍，听完后请学生回答上面三个问题。	第一遍，让学生听新闻的大意，捕捉重要信息。第一遍结束后提醒刚才布置的三个问题，再让学生听第二遍。由于有生词存在，学生对整篇的理解可能存在不够确切之处，此时将课堂导向词汇学习。
2. 词汇学习 1）记忆并复述发音 再次播放音频，教师在 consensus、currency、confrontational、depreciate、destabilize、envision、stance、summit、surpluses、boost、intervene(d)、huddle(d) 等处停顿，让学生重复这些生词的发音，加强对这些词语音形式的记忆。	在听力理解中遇到生词，最先要记住它的语音形式，暂时不要去看它的拼写形式。

（待续）

（续表）

教学步骤	说明
2）词义猜测 在学生记住目标单词的发音之后，教师重复播放含有该单词的句子，让学生根据上下文，猜测生词的意思。请学生使用简单的英文解释这个词的意思，或使用相近的词来替换。	提醒学生不要忽略在文中就能找到意思相近的词或词组。例如，对 confrontational 的解释可以是 being opposing to/being hostile/unfriendly because of disagreement。学生可以用自己的话解释为 the two sides are unfriendly to each other because they do not agree with each other。
3）解析词义 在充分讨论目标词的意思后，将听力材料的文本提供给学生。请学生回顾刚才听的时候，是不是准确辨识了目标词，如果没有，是什么原因。	这一步骤能帮助学生将生词的音、义、形结合起来。如果有些是以前认识的词，还能帮助学生将阅读词汇转化为听力词汇。
4）复述 要求学生必须使用刚刚学习的单词，相互之间复述新闻。10 分钟左右之后，请几位同学在课堂上复述，教师主要关注其发音，纠正偏差。	复述的目的是帮助学生及时巩固刚刚学习的单词。在学生复述时，文中的一些专有名词（例如 Canada's Finance Minister, Jim Flaherty, Jeong Young-Sik at the Samsung Economic Research Institute in Seoul, US Treasury Secretary, Timothy Geithner, Japan's Finance Minister, Yoshihiko Noda）会带来一些发音上的小麻烦，教师可提供帮助。
3. 布置作业 1）深度理解 让学生课后自己寻找财经新闻来听，要求听不同通讯社对 G20 财长和央行行长会议的报道，体会对同一事件的不同表达，对内容上的不同之处进行深入思考。教师提醒学生，由于每个国家的通讯社不可避免地带有维护本国利益的色彩，所以要用批判的眼光看待对新闻事件的报道，要有自己的判断。	虽然通讯社不同，但是报道的都是这次会议，所以，词汇上会有很高的相似度，有利于词汇复习。 本例中音频选自《美国之音》。美国人觉得中国在操纵货币，文中有一句 China, as the number two economy, faces pressure to stop controlling its currency, which the United States, European Union and Japan say is undervalued，对于这样的信息，学生应学会听取不同来源的报道，锻炼自己的判断力。

（待续）

（续表）

教学步骤	说明
2）知识拓展 新闻中提到 1985 Plaza Accord。布置学生课后查资料，了解这个协议是什么。	尽管可能听得懂，但学生不一定了解这个协议到底是什么，因此，将其作为作业留给学生，让学生课后查找资料，扩展财经知识。1985 年的"广场协议"是金融、贸易领域的一个重要事件，了解它以及相关背景知识有助于今后对此类新闻的听力理解。
4. 复习 为巩固学习成果，教师在第二周第一节课检查词汇的学习情况。这次采用的是听写练习。第一个练习要求学生在横线处写出单词或词组，第二个练习要求听写包含该单词或词组的一句话。详细练习请见表 2.3 和表 2.4。	词汇学习的成败在于使用。教师在课堂上有机会应多次重复使用这些词汇，给学生提供语言输入，或设计练习，让学生多练。

表 2.3　听写练习一

The Group of 20 nations have a c_____ on which way they need to go in terms of currencies. Canada's Finance Minister, Jim Flaherty, said Friday just before the G20 finance ministers and central bank governors began their meeting, "Where we're trying to get to is an action plan that will avoid the t_____ by some countries to protect their currencies in different ways."

None of the G20 members, he explained, wants to be c_____ or leave here without an agreement. Officials from host South Korea predict some progress will be made on r_____ the currency issue.

There are growing concerns that many nations may competitively de_____ their currencies to protect exports.

Ahead of the G20 session, ministers of the G7 economies h_____. Canada's Flaherty, who chaired those talks, said there was a "frank exchange of views" at the informal meeting.

表2.4 听写练习二

The Group of 20 nations_____ in terms of currencies. That is the word from Canada's Finance Minister, Jim Flaherty. He spoke Friday just before the G20 finance ministers and central bank governors began their meeting.

"Where we're trying to get to is an action plan that _____ by some countries to protect their currencies in different ways", Flaherty said.

None of the G20 members, he explained, _____
_____.

Officials from host South Korea predict _____ the currency issue.

There are growing concerns that many nations may competitively _____
_____.

Many economists, however, caution not to expect any sort of grand bargain similar to the _____, which addressed the value of the US dollar.

Ahead of the G20 session, ministers of the G7 economies huddled. Canada's Flaherty, who chaired those talks, said there was a "_____" at the informal meeting.

　　笔者认为，词汇能力的训练应当从以下几方面入手：一是提高学习者词汇知识储备；二是提高学习者在线辨识词汇能力；三是在训练猜词策略的同时，注意词汇的专门学习。这几方面紧密关联、相互促进。熟记词汇的语音形式，能够帮助听者在语音流中辨识词汇；多听多练，熟悉语言的发音规律也能够帮助听者准确进行语音切分；在运用猜词策略完成理解任务之后，对生词多加关注，查词义，勤使用，这些词就不再陌生。在线辨识词汇的能力与前一章所提到的语音能力是密不可分的，有关练习请参看第一章。

第三章　语法能力

本章主要内容

- 如何利用语法线索帮助理解
- 不同体裁听力材料的语法特征
- 长句的理解方法与对策

小案例

一次，王老师在课上给大家听了一段访谈对话，话题是"朋友"，由一个主持人向三个嘉宾提出一些问题，大家相互交流。这个话题对学生来说非常熟悉，材料中生词也不多，王老师觉得这段对话学生理解起来应该比较容易，就选择它作为热身练习（warming-up）。这篇材料后还有一些选择题，学生们在听完之后完成了这些题目。按照习惯，王老师都会再和同学们聊一聊文中的内容，而不只是单凭学生做选择题的对错来衡量他们理解的好坏。文中有以下几句对话，令他发现了不小的问题。

…

Interviewer: What do you mean by a friend?

Robert: Someone who likes the same things that you do, who you can argue with and not lose your temper, even if you don't always agree about things.

…

王老师想请同学讲讲 Robert 对"什么是朋友"的看法。他发现大家没有积极响应。王老师估计可能是因为对话太长，同学们对这一段记不太清楚了，于是就将这几句又放了一遍。再次提问时，一个同学回答说："Robert 认为朋友就是那些喜欢和你做同样事情的人。"他是用英文回答的，但只关注到了原文的前半句。另一个同学补充道："朋友就是你们之间可以相互争吵，但是不会起真正的冲突。"这位同学先用英文表达，后来又用中文解释了一下，但是他似乎没有注意到原文后面还有一句话：even if you don't always agree about things。

　　听了同学们的回答，王老师觉得他们的这些理解虽然看上去符合逻辑，却还是有不少偏差。王老师第三次播放了音频，并把文本显示在屏幕上。王老师问大家觉得对这几句的理解怎么样，同学们的回答是："蛮简单的，没什么问题。"

语法能力与听力理解

　　您一定从案例中发现了问题。首先，学生对句子的理解并不十分准确。Someone who likes the same things that you do 意思是 "（朋友是）那么一些人，他们喜欢的东西你也喜欢（趣味相投）"，who you can argue with and not lose your temper 意思是 "（朋友就是）一个你会和他争辩，但是不会发脾气的人"。对比起来，学生的理解有偏差。其次，学生注意到了句子前面的部分，但是随着句子变长，后面的部分却漏掉了，即 even if you don't always agree about things 被漏掉了。这句话意思是 "尽管你和朋友在一些事情上的意见并不总是一致"。这句话和前面的句子一起理解，才能完整。

　　对案例中的学生来说，这个句子中没有生词，背景知识也不复杂，但是，理解的程度并不好。如果从语法上分析，能找到一些原因。这个句子含有好几个从句，句子也比较长。有些学生在听力理解时喜欢将英文句子翻译成中文来理解，这时，因为句子中有定语从句和状语从句，语序与中文不同，令听者感到理解起来有些别扭；同时，由于处理前面的句子占用了不少记忆空间，以至于句子的后一部分没有被注意到。

　　语法能力和语音能力、词汇能力一样，对听力理解有重要的影响。许多人觉得语法能力和听力理解没有太大关系。他们还觉得，老师经常讲语法，自己已经学了不少，也不厌其烦地做过大量的书面练习，自己的语法能力不至于阻碍听力理解。实际上，这是一种误解。那么，语法在听力理解中有什么作用？听力材料中有哪些语法线索？在听力理解过程中，怎样运用语法知识，提高理解的准确度呢？本章将围绕这些问题设计教学重点。第一节探讨如何利用语法线索来帮助理解，总结不同体裁听力材料的语法特点；第二节介绍如何提高对长句的理解能力；第三节是一个教学实例。

第一节　如何辨别语法线索

一、教学目标

让学生意识到语法知识的重要性，学会辨别语法线索。

二、教学精要

1. 语法在听力理解中的重要性

语言是有结构的。词汇并非散乱排列，而是遵循一定的规则。在这样的规则下我们去理解句子的意义，这个规则就是语法。在写和说时，我们要产出符合语法规则的句子；在读和听的时候，我们依赖语法来准确理解含义。

要听懂一门语言，我们的大脑里需要储备足够的语法知识。例如，我们要判断时态和语态，就要听清助动词和动词（含变化形式）；我们要判断数，就要听清名词的词尾，还有名词前的冠词；我们还要听清结构，例如，判断 it 是做形式主语还是形式宾语；对于结构复杂的长句，我们靠语法知识来正确地切分它们，并判断出各成分之间的关系，从而理解整个句子。

学习者常常意识不到自己的语法能力也可能影响听力理解。换句话说，他们通常很少把听力理解中的问题归结为语法能力问题。这可能是出于以下这些原因。一是，他们认为，遇到陌生的词汇，不懂其意思，句子就理解不下去，而语法形式通常并不陌生，即使遇到复杂的句式，如果没有生词，也能去猜测句子的含义。这种想法导致学生比较多地注重词汇。二是，通常测试理解的选择题、判断题等偏重于测试听者对文章意思的大体理解，对细节理解的准确性要求不高。有时虽然在理解上有些偏差，却照样能答对题目，长此以往，听者容易忽略理解的准确性，也体会不到语法能力所起的作用。实际上，有些听力任务要求比较高的准确性，这时，没有一定的语法能力，听力理解就达不到要求了。

2. 听力任务与准确性

第二语言的听力理解有不同的目的。有的是为了交流，例如和外国人对话或一个小组的人在一起用外语讨论；有的是为了获取信息，如听新闻、听学术讲座、在国外听天气预报等；有的是为了娱乐，如看电影、听歌等。目的不同，对理解准确性的要求就不一样。休闲娱乐、看外语电影时，或者两个人闲聊时，对理解的准确性不会有过高要求。听天气预报时往往会选择注意听自己关注的城市，听懂天气变化、温度多少就够了。听新闻时关注的方面要多一些，何时何地何事发生在何人身上，以及来龙去脉等等，都是关注点，都要听出来。如果关键地方听错了，可能贻笑大方。去国外留学听讲座、听有关学术的内容时要求有更高的准确性。术语定义、逻辑推理、论证过程、局限例外等等都要听懂听清，不能出错。可见，不同的听力任务因其听的目的不同，对准确性的要求也不同。

3. 如何辨别语法线索

语法线索是指能帮助听者理解听力材料的各种语法上的提示。例如，听到 a、an 或 the，我们知道后面会跟一个名词，听到结尾有 -ly 的词，我们知道它多半是副词，用来修饰动作。英语口头语言中含有许多语法线索，如词序、时态、语态、词尾、冠词、连接词等等。

1）词序

许多欧洲语言是有屈折变化的语言。一个词在句子中是做主语还是宾语，依靠其词尾的变化就能判断。而现代英语中的屈折变化现象已经变得比较少，词的顺序是理解句子意思的关键之一。词序的变化就会引起句子意思的变化。因此，词序是学习者需要关注的一个重要因素。下面两个句子词序不同，意思也不同，在听的时候一定要考虑词序，才能准确理解。

a. The boy sat in the chair with the broken arm.

那个男孩坐在椅子上，椅子的扶手是断的。

b. The boy with the broken arm sat in the chair.

那个手臂骨折的男孩坐在椅子上。

（选自 http://www.sil.org/lingualinks/literacy/）

Alexander（1988）所著的《朗文英语语法》中，列出了英语句子的基本词序及其变异形式，详见表3.1。

表 3.1 英语句子的基本词序及其变异形式

英语句子分陈述句、疑问句、祈使句和感叹句，其基本词序是不一样的，例如下面的例子 1—4。

主语 — 动词 —（宾语）—（状语）这一基本词序有一些常见的变异形式，例如下面的例子 5—13。

基本词序及变异形式	例句
1. 陈述句	The shops close at 7 tonight.
2. 疑问句	Did you take your car in for a service? When did you take your car in for a service?
3. 祈使句	Shut the door!
4. 感叹句	What a slow train this is!
5. 直接引语的引述动词	"You've eaten a lot!" cried Frank.
6. 某些条件句	Should you see him, please give him my rewards.
7. 需要特别强调的时间词语	Last night, we went to the cinema.
8. 以 -ly 结尾的方式副词 / 不定时间副词	The whole building suddenly began to shake. Suddenly, the whole building began to shake.
9. 表示频度不定的副词	We often play dangerous games when we were children.
10. 副词短语	Inside the parcel (there) was a letter.
11. 副词小品词	Back came the answer—no! Here/There is your coat. Here/There it is.
12. 否定副词	Never, in world history, has there been such a conflict.
13. 前移	A fine mess you've made of this.

（选自 Alexander, 1988：5-6）

有关词序的最常见问题是中英文词序不同，这使中国学习者在处理英文句子时常常感到不习惯。上表中 1、2、4、5、6、9、11、12、13 的例句都与相应的中文句子的词序不同。英语中的定语后置以及定语从句，也常常给中国学习者带来困难。这将在下一节里介绍。

2）时态和语态

比较下列一组句子：

a. A dog chased a man.

b. A dog was chased by a man.

这两句的词序都是 dog，chased，man，但是句子结构不同。听者准确理解两句话区别的关键在于听出第二句中有 was 和 by，而第一句中没有。依据所学的语法规则判断，第二句是一个被动句，再依据词序判断被动句的各个成分，得出句子意思。如果只凭词汇和生活常识去猜，得出"狗追人"的理解，就错了。

在时态上，也要看动词。有时，句子中有时间状语，理解起来容易，这时候，时态的语法信息有冗余的现象，例如：I went to the cinema yesterday evening。我们可以靠 yesterday evening 来把握事件发生的时间，即使没有注意到 went，也没关系。但是，在没有时间状语的时候，就必须注意动词的变化。

上述两例说明，动词的词形变化和与其连用的助动词，揭示着句子的时态和语态，是听者不能忽略的一个重要方面。规则动词过去式词尾发音有 /d/、/t/ 和 /ɪd/ 的不同，助动词则常有缩略形式，如 I've、I'm、I'll、he's、we'd、they're 等等。不过，关乎词形变化判断的发音往往不在重读音节上，听的时候应注意辨别。助动词的否定式常用缩略形式，而且，发音也会改变。表 3.2 列举了助动词否定式的正规拼写、缩略形式和发音。

表 3.2　助动词的缩略形式和发音

正规拼写	缩写	发音
are not	aren't	/ɑːnt/
can not	can't	/kɑːnt/
could not	couldn't	/'kʊdnt/

（待续）

（续表）

正规拼写	缩写	发音
dare not	daren't	/deənt/
did not	didn't	/ˈdɪdnt/
does not	doesn't	/ˈdʌzənt/
do not	don't	/dəunt/
had not	hadn't	/ˈhædnt/
has not	hasn't	/ˈhæznt/
have not	haven't	/ˈhævənt/
is not	isn't	/ˈɪzənt/
may not	mayn't	/meɪənt/
might not	mightn't	/ˈmaɪtənt/
must not	mustn't	/ˈmʌsənt/
need not	needn't	/ˈniːdnt/
ought not	oughtn't	/ˈɔːtnt/
shall not	shan't	/ʃɑːnt/
should not	shouldn't	/ˈʃʊdnt/
used not	usedn't	/ˈjuːsənt/
was not	wasn't	/ˈwɒzənt/
were not	weren't	/wɜːnt/
will not	won't	/wəunt/
would not	wouldn't	/ˈwʊdnt/

（选自王桂珍，1996：121）

3）冠词和连接词

听到冠词，表明后面会紧跟一个名词。and、but、so、however、therefore、thus 等连词，表示意思的并列、转折、顺承等关系。在复杂句中，就是靠这些连词将多个小句连接起来的。听出这些词，往往对理解会有帮助。

关键问题是，在口头语言中，除非特别强调，冠词在句中大多是弱读，发音比较轻、快，一带而过。连词有时弱读，例如 and 和 so（跟在 not 后面）；有时也重读，例如 but、however、so，用来强调转折或结果。听者如果在理解的时候对这些线索（特别是弱读时）加以注意，也能获得一些帮助。

4. 不同体裁听力材料的语法特点

日常会话、新闻、讲座等不同体裁的听力材料带有不同的语法特点，听者能从中获取的语法线索也不完全一样。下表 3.3—3.7 选摘了听力教材里几种典型的体裁，并以此为例分析了其不同特点。

1）日常会话

表 3.3 日常会话举例

At the travel agency
A and B are a married couple. C is a travel agent.
C: Good morning.
A & B: Good morning.
C: Can I help you?
A: Yes, we're thinking of going on holiday somewhere, but we are not sure where.
C: I see. What sort of holiday did you have in mind?
A: Lots of sunbathing.
B: Lots of walking.
C: Mm. So you'd like somewhere warm?
B. Not too warm.
A: Yes, as sunny as possible.
C: And are you interested in the night-life at all?
A: Yes. It'd be nice if there were some good discos and clubs we could go to.
B: Oh, no! Surely that's what we are trying to get away from!
A: What do you mean? We never go out at all, so how could we get away from it?
B: Well, what's the point of going somewhere where there are lots of people just like here?
…

（选自何其莘等，1992：309）

日常会话在语法上通常并不复杂，具有典型的口头语言的特征，语言比较随意，时常会有省略、冗余、重复等现象。句子通常不会过长，因为会话双方要考虑到话轮，让双方能自然转换听说机会。听日常会话时，还会听到说话人中的一方时不时在说 mm、um、yeah、yes、ah、of course、oh dear、my God 等等，这表明他在听，从而促使双方的对话进行下去。在表 3.3 的例子中，我们听到 lots of sunbathing、lots of walking、not too warm 等句子片段，这些都是省略现象，必须依赖上下文才知其意。还有 mm，这是一方表示听到，并接过话轮。以上这些都是会话中常有的特征。

如果是单向的听力练习，我们要做的是熟悉这些会话特征，帮助理解。如果听者就是会话的参与者，是双向交流，那么听者还可以通过使用询问、澄清等策略，以及眼神交流、观察身势语等其他方法促进理解。

2）访谈

我们还经常接触到"访谈"这一类听力材料，比如，有关社会问题的主题访谈或就某个新闻热点的深度访谈等。这种听力材料也是对话形式，但是通常主持人说话很短，基本是提问或过渡，其余大段大段的都是受访者的独白。这种独白通常有较快的语速，但是因为说话人并不是看讲稿，因此会有重复、冗余、停顿、说话起错头又修改、说很多 and 来连接句子等现象。表 3.4 中是一篇这样的访谈，Kerry 被要求说说当年被人安排去相亲的一段往事。上面说到的很多现象在里面都能找得到。

表 3.4 访谈举例

Kerry: Well, I'd arranged to have a drink with a … friend of mine … a … a … woman friend of mine who's a platonic friend of mine. And she … insisted on bringing this friend of hers which ... who she said I'd like to meet and ... I thought she was trying to fix us up and I said, "Please don't!" Um ... but she did bring this friend. Um ... and ... we hit it off. And … after the wine bar we went to ... to have a pizza and we all got ... had a few more drinks and ... the other woman who ... ended up ordering a pizza that had a bunch of stuff on it that I really liked and she … I ordered a pizza that had a bunch of stuff on it that she really liked, so we picked at each other's pizzas all night and we realized that we were ... sort of had an ideal relationship, so that we could order really any pizza on the menu and … we'd both be happy. And … anyway we ended up living together and still are.

（选自张民伦等，2008a：10）

3）新闻报道

新闻报道的语法要正式得多，时态多用一般现在时、现在完成时和一般过去时。新闻报道一般采用倒金字塔结构，最重要的信息会出现在最前面，越不重要的信息越往后放。新闻报道要在有限的时间里说明事件、人物、时间、地点等几大要素，因此句子常常结构紧凑，信息量大，复合句多。新闻里还常常会使用较多的间接引语、数字、专有名词（人名、地名、机构名等）。

表 3.5 新闻报道举例

> The United Nations has urged the international community to give quick and generous aid to Venezuela to help it recover from last week's devastating floods and mudslides. A resolution passed in the general assembly said it was deeply concerned over tremendous loss of life and severe destruction of the country. As many as 30,000 people are thought to have been killed. Officials have estimated the relief and reconstruction efforts as costing some 15 billion dollars.

（选自张民伦等，2008a：110）

4）学术讲座

学术讲座的内容涉及各科知识，语言比较正式，但也不完全如此，讲座人时常会采用口语化的语言跟听众交流，目的是活跃气氛，拉近与听众的距离。讲座人会给出一些线索，引出主题，也会主动与听众沟通，了解听众是否能跟上自己的讲座。例如在下面的例子中，能听到这样的句子：that's what I'm going to talk about today …、as you've read、OK?、so what I'd like to do is to …，这些句子一方面给出一些线索，让听众明白讲座人在讲什么，另一方面也使讲座变得更加生动自然。

表 3.6 学术讲座举例

> Professor: Acid rain … that's what I'm going to talk about today … and as you've read, this thing called acid rain has caused direct damage to architectural structures by corroding very famous monuments … such as the Acropolis in Greece … the Taj Mahal in India … the Lincoln Memorial in the United States. And, as you also read, architectural damage is not at all that it does. It has also damaged forests, agriculture, aquatic ecosystems, health and water systems. OK? … so what I'd like to do is to talk about this substance that is causing so much damage …

（选自 Lebauer，2000：57）

5）小说、故事

还有一类听力材料是小说或故事。常有一些短篇故事被制成音频让学习者练习听力，深受学生喜爱。还有一些长篇小说被简写后录成故事，作为文学作品让学习者听或欣赏。这类材料的文字比较书面化，结构严谨，用词规范。表 3.7 中，像 … and studied the crowd of people making their way through Grand Central Station、Taking a book off the shelf he soon found himself intrigued … 等句子中的现在分词结构都比较书面化。听的时候要注意语法知识的运用。

表 3.7 小说、故事片段举例

John Blanchard stood up from the bench, straightened his army uniform, and studied the crowd of people making their way through Grand Central Station. He looked for the girl whose heart he knew, but whose face he didn't, the girl with the rose. His interest in her had begun thirteen months before in a Florida library. Taking a book off the shelf he soon found himself intrigued, not with the words of the book, but with the notes penciled in the margin. The soft handwriting reflected a thoughtful soul and insightful mind. In the front of the book, he discovered the previous owner's name, Miss Hollis Maynell.

（选自张民伦等，2008a：13）

三、课前准备

1. 准备英文基本句型

从教材或自选材料中选出若干典型词序或变异词序的句子。教师熟读这些句子，把其中和中文表达相异的句子类型挑选出来，再增加一些例子，配合中文表达，放在一起供学生对比。表 3.1 列出了常见的句子词序类型，可做参考。

2. 选择例句

在教材或自选材料中选择一篇听力材料，找出需要学生感知词序的例句，在音频上做好标记。

3. 设计听虚词的练习

在教材或自选材料中选择一篇听力材料，将文本中的虚词找出来，设计练习，如设计一个填空练习，将虚词用横线替换。

4. 设计听时态、语态的练习

在教材或自选材料中选择一篇听力材料，找出其中表示时态、语态的语法线索，设计任务来了解学生是否能依据这些线索正确地理解时态、语态。任务类型可以是回答问题、判断对错等等。例如，想了解对时态的理解是否准确，可询问事件发生的先后。这里，用下面这段音频文本来举一个例子。

> The wreath makers have different levels of experience and some, like Kim Shaw, are not afraid to learn from others. "I saw her idea over there and I thought it was really cute, so I'm going to give it a shot. So I'm putting some things together and see what I get. Hmm, I don't know, there are so many options!"

这段音频说的是圣诞节前一些人通过自己制作花环装饰房间来感受节日气氛。Kim 说的话里没有用时间状语，完全靠动词的时态来传达时间信息。学生听这段材料，一般不会注意到这几句话里时态的变化。可以设计这样的问句：

（1）Why did Kim decide to try wreath making ?

（2）What is Kim doing now?

还可以把句子改写成下面这样，请大家体会（加上了时间副词，加粗表示）：

> The wreath makers have different levels of experience and some, like Kim Shaw, are not afraid to learn from others. "**Last week** I saw her idea over there and I thought it was really cute, so I'm going to give it a shot. So, **now,** I'm putting some things together and see what I get. Hmm, I don't know, there are so many options!"

5. 准备不同体裁听力材料的综合练习

　　准备体裁不同的听力材料，将其中的语法特征提前进行分析。准备表 3.8 这样的课堂活动表格。

表 3.8 课堂活动表格

编号	体裁	理解的程度	提供帮助的语法线索
第 1 篇	这是一篇 _____	_____ %	_____
第 2 篇	这是一篇 _____	_____ %	_____
第 3 篇	这是一篇 _____	_____ %	_____
_____	_____	_____	_____
_____	_____	_____	_____

四、课堂活动

活动举例 1：基本词序复习

　　教师说出事先准备的句子，让学生听，并请学生依此词序再多举几个实例。对中英文词序不同的句子，可增加口译环节。以这些练习为例，介绍英语句子的基本词序及其变异形式。

活动举例 2：词序练习

　　将听力材料先播放一遍，让学生听大意。然后播放第二遍，在事先选择的句子末尾处停顿，请学生重复原句，要求尽可能保持原句的词序，并解释句子意思。

活动举例 3：虚词填空

　　将听力材料先播放一遍，让学生听大意。然后播放第二遍，提醒学生在听时注意虚词。听后做虚词填空练习，之后再听一遍。请学生回顾在理解过程中是否注意到这些虚词，哪些虚词对理解有帮助。

活动举例 4：听时态和语态

将听力材料先播放一遍，让学生听大意。然后播放第二遍，提醒学生在听时将注意力集中在时态或语态上。请学生回顾是否注意到了某些时态或语态，它们是否有助于更准确地理解。

活动举例 5：语法特征比较

将课堂活动表格 3.8 发给学生。播放听力材料之前告诉大家将听到数个音频，这些音频按照播放顺序从 1 开始编号，它们可能是对话、访谈、新闻报道、讲座、小说等体裁中的一种。将这些听力材料播放数遍，请学生听并判断它们的体裁，比较它们的语法特征，回顾哪些语法线索对理解起了帮助作用。

五、教学小贴士

- 多考察学生对细节的理解。虽然语法能力的作用看起来不如词汇能力那么明显，但是语法能力越强，对材料的理解就越透彻。需要向学生说明的是，多注重细节并不是要求听出每一个词，在二语听力理解中也不可能总是做到如此，但是，不能仅停留在对大意的了解上。在了解大意的基础上，应该继续提高对细节理解的准确性。
- 纠正学生对听力的一些片面看法。有些人认为能做对选择题就是理解了。实际上，不同的任务对听力有不同的要求。在语言的真实使用中是没有选择题的。理解的准确性是判断听力理解程度的一个重要标准。
- 因语法能力不足而产生的问题往往被掩饰在其他问题后面，不易被发觉。实际上，每当遇到不易听懂的语料时，听者是在运用各种能力寻找一个解决方案。语音能力、词汇能力、语法能力和背景知识都在起作用，都很重要，只是它们位于不同的层面，而且相互关联。有些时候，当语音、词汇不成为困难，背景知识也无法帮助，只是复杂的语法结构在阻碍理解时，语法能力的重要性才凸显出来。教师应留心搜集这样的例子。

六、课后作业

1. 精细理解练习

请学生回去自选材料练习听力，每听一遍后都说出或写出自己对意思的理解。如此重复3—5遍，比较每一遍的结果，看看是否一次比一次理解得更准确了。如有进步，体会每一次进步都在哪些方面；如果没有进步，试着找出问题出在哪里。

2. 日志记录

请同学将自己练习听力时因为语法问题而出错的例子记录下来，日后与大家一起交流讨论。

第二节　如何理解长句

一、教学目标

熟悉长句的结构，训练长句理解的策略。

二、教学精要

1. 什么是长句?

长句较难理解，这是学习者时常反映的困难之一，它恰恰反映了学习者语法能力的不足。

所谓"长句"并不具有一个数量上的界定，即多少个词以上的句子叫长句。长句最先来源于学生的说法。他们感觉在练习听力的时候会遇到一些较长的句子，觉得比较难。比如下面这句话：

The person that I can think of within my life, well, I can probably think of several but the one that instantly came to my mind when you popped this question to me was somebody who lives in Harpenden and who has overcome physical difficulty of arthritis remarkably well, and not allowed it to hold her back any more than is obviously necessary because of her physical disabilities.

（选自张民伦等，2008a：31）

这个句子较之 I think she's made a very good success of overcoming a difficulty 之类的句子要长得多。仔细分析发现，这个句子结构复杂，成分较多，既有并列句，又有复合句；既有关系从句，又有状语从句。如果听者对语法概念比较清楚，理解起来会轻松一些；反之，则很容易在某处卡壳。假如听的时候大脑停在某处多想一下，那么后面的句子就来不及理解，造成堆积，结果对整个句子的理解就变得支离破碎。听者虽然感觉自己听懂了不少个点，但是没有办法将这些点连成线。听到后面时，往往已经记不得前面听到的是什么了。学生认为，遇到这种长句是颇令人头疼的。

再看一例，一篇有关 G20 峰会的新闻，开头仅有两句：

Finance ministers from the G20 nations ended two days of meetings in South Korea with a pledge to ease trade tensions that threaten global recovery. Though short on details, the informal agreement on exchange rates is seen as a step forward in defusing tensions that could lead to protectionism and possible trade wars.

（选自 http://www.voanews.com/english/news/usa/G20-Vows-To-Ease-Tensions-over-Currencies-105730468.html）

这两句虽然都不如第一个例子中的句子那么长，但是由于是复合句，内容紧凑，语速较快，句子中间的停顿少而且短，学生感觉它们也是长句。

可见，长句的主要形式包括：一是长度较长、语法比较复杂的句子；二是语速快、停顿少的句群。只要在学生中调查一下就会发现，长句对很多人来说都是听力理解中的难点，甚至常常难倒水平高的学生。怎样才能解决对长句的理解困难呢？首先，要熟悉长句的语法结构。

2. 长句的语法结构

　　长句可能是并列句，也可能是复合句。并列句相对简单，基本上保留了简单句的词序，其中几个小句的地位是同样重要的，并且可以独立存在。对并列句中小句关系的理解主要依靠听出并列连词。常见的并列连词有 and、but、for、or、so、yet、either … or …、neither … nor … 以及 not only …, but (also) … 等等。

　　复合句比较复杂。复合句中的各个小句并非同等重要，有一个主句，有一个或一个以上的从属小句，主句可以独立存在，但是从句要靠连词与主句相连。从句还会变化成动词不定式或分词结构来构成复合句的一部分。因为复合句长度较长，无论主句或小句都有主语（且主语有时不同），连接方式灵活多样，学习者应特别注意。困难在于，二语学习者在理解外语时，大脑并不能像本族语者那样自动化地处理信息，占用的记忆资源比较多，而记忆资源是有限的，大脑究竟对哪些信息进行编码由注意力决定。只有合理地分配注意力资源，才能在听长句的时候，捕捉到最关键的信息。

　　根据对以英语为本族语的青少年的研究，听者倾向于把注意力集中在名词上，特别是那些做动词主语或宾语的名词。然后才是动词、带介词的名词词组、形容词或副词（Brown，2008）。Brown（2008）认为，这一研究结果对二语听力学习者也有借鉴意义。针对上页的第二个例子，我们在听的时候应注意下面几个要点：

　　(1) 注意句子的主语。第一句要注意的是开头的两个词 finance ministers。第二句的主语是 the informal agreement on exchange rates，关键是将注意力放在 agreement 上面。

　　(2) 注意句子的谓语动词 end 和 is seen …。把握了谓语动词，对句子大体意思的理解就不会走偏。

　　(3) 注意关系从句的先行词。这两个句子中容易听漏掉的部分都是最后的关系从句，理解时的关键点是记住 tensions，否则后面的小句会没有着落。

3. 中英文语序的不同

　　在语序方面，目标语和学习者的母语可能存在差别。中文和英文的语序就有不同。许多英文表达的习惯顺序与中文相反，这令中国学生不太习惯。比较长的句子中，语序不习惯的问题可能更突出一些。教师需要向学生指出这一点，并配合一定的训练，使学生逐渐适应英文语序，甚至可以根据英文语序的习惯，提前预测未听到的部分。请看下面的例子：

The issues that people argue over most in marriage, such as how to spend money, often aren't the real ones.

这句话的语序显然与中文不一样，issues 在前面，后置一个很长的定语来修饰，这是典型的英文习惯。这种定语后置的情况很常见，再看一例：

Free trade agreements are always threatened when individual countries protect their own markets by imposing duties on imported goods to encourage their own industries.

主句 Free trade agreements are always threatened 后跟一个状语从句，这个状语从句中有一个分词结构 by imposing duties on imported goods，而不定式结构 to encourage their own industries 又从属于这个分词结构。这个句子的中文意思是：当各个国家为了鼓励发展本国的工业，用征收进口商品税的办法保护自己的市场时，自由贸易协定常常受到威胁 (Alexander，1988)。这个句子的中英文语序完全相反。再例如：

It is doubtful whether they will be able to get there on time.

在这句话中，It 做形式主语，没有具体的意义，只是帮助把较长的主语移到句子后面去，避免使句子头重脚轻。这也是英文有别于中文的地方。学生听的时候，如果对这种结构很熟悉，听到形式主语时，自然会等待后面真正的主语出现。

英文与中文语序不同的地方还有一些，例如：原因和结果的阐述顺序，表时间、地点等状语的位置等。有些学生喜欢在听英语的时候，把听到的内容翻译成中文后再理解。与直接理解相比，这种先翻译后理解的方式显然会耗费更多的时间。特别是当遇到中英文语序不同的情况，学生在理解上就会更加迟缓。教师可以设计练习，有意识地培养学生的语感，熟悉英语的语序，减少对母语思维的依赖。

4. 对句群的处理

　　对于学生把语速快、停顿少的句群当成长句的情况，教师可从两方面着手，对听力材料进行加工。一是控制语速。教师可在选用材料的时候注意语速是否适合学生的水平。研究发现，英语本族语者说话的语速一般在 165—180 词 / 分钟（Sticht，1971），极限值为 250—275 词 / 分钟（Foulke，1968）。广播和访谈讲话的平均语速为 160—190 词 / 分钟，日常会话的平均语速为 210 词 / 分钟，讲座的平均语速为 140 词 / 分钟（其中，1/3 的讲座语速低于 130 词 / 分钟，而大约 1/4 的讲座语速高于 220 词 / 分钟）（Tauroza & Allison，1990）。以《美国之音》特别英语和常速英语的语速为例，特别英语（即慢速英语）的语速基本在 110 词 / 分钟到 120 词 / 分钟之间，而常速英语的语速大约在 160 词 / 分钟到 180 词 / 分钟之间，里面含有的人物（本族语者）访谈语速通常快于常速英语的速度，有时达到 200 词 / 分钟以上。这样一比我们就知道，《美国之音》特别英语的语速基本上是最慢的了，一般人说话的语速和常速英语新闻的语速差不多。日常会话的语速反而很快，当然，这里不包括专门为语言教材的编写而录制的会话。讲座总体上是中等偏慢语速，因为演讲人总是力图让听众都能跟得上，当然，不排除有些人或有些时候有特别快的情况。

　　那么，语速和学习者的水平有怎样的关系呢？低水平学习者在 127 词 / 分钟的语速下理解得最好，但是很难理解语速超过 200 词 / 分钟的语料（Griffiths，1992；Kelch，1985）。也就是说，他们能很好地听懂特别英语节目，但是对快速英语听得不好，听常速英语也常有不少问题。中高级水平学习者的听力理解表现在常速偏低的范围内（如 145 词 / 分钟到 185 词 / 分钟之间）没有明显差别（Blau，1990）。总体来讲，与低水平学习者相比，高水平学习者更容易驾驭语速快的听力材料。

　　掌握了这些情况，我们便知道如何在选材上控制语速。对初级水平学习者，开始时应当选用慢速英语和专门制作的听力会话等材料，之后逐渐向常速英语过渡。对中高级水平学习者，应坚持多使用原声材料，并经常让他们练习听语速超过 200 词 / 分钟的材料。对语速特别快的（如语速在 220 词 / 分钟到 230 词 / 分钟之间），暂时不适合学生水平的听力材料，教师可以利用播放软件的功能将语速转慢。

另一个对听力材料的加工方法是增加句子之间或句子内部意群之间的停顿。增加停顿比单纯降低语速对学习者的听力理解更加有利（Blau，1991）。刘长军（2007：297-298）通过对新闻听力课的研究也发现，语音停顿能够让学习者在听新闻之前有心理准备，降低他们对新闻英语所持的畏难、焦虑甚至反感等情绪，增加语言输入。因此，教师可以通过增加停顿的次数，或在原有的停顿处延长停顿时间，使学习者能够获得稍长的时间来处理信息。单纯降低语速的缺点是，如果语速过慢，听者的短时记忆就需要尽量长时间保持前面的信息片段，来等待后面听到的信息，将它们一起理解，因此，记忆痕迹反而更容易衰退（Flaherty，1979）。从实际操作上来讲，增加停顿更加简便易行。需要注意的是，增加停顿时应根据句子的意群决定位置，把语义、语调和语法等特征都综合考虑进去。教学中，随着学生听力训练的进行，停顿次数可逐渐减少，时间可逐渐缩短，这样，学生有望慢慢适应较快的语速，因语速快而带来的对长句的恐惧感就会慢慢消失。

三、课前准备

1. 总结常见从句及其连接方式

总结常见的各种从句及其连接方式，使学生熟悉复合句中各从属小句是如何与主句连成一体的。表 3.9 是连接状语从句的常用连接词。其他类型从句的连接方式，教师可在语法资料中找到，这里不再列举。

表 3.9 连接状语从句的常用连接词

句子类型	连接词
时间状语从句	when, after, as, before, by the time (that), during the time (that), as soon as, immediately, once, since, until/till, whenever, while
地点状语从句	where, wherever, anywhere, everywhere

（待续）

（续表）

句子类型	连接词
方式状语从句	as, (in) the way, (in) the way that, the way in which, (in) the same way as, as if, as though
原因状语从句	because, as, since, seeing that
条件状语从句	assuming (that), if, on condition (that), provided (that), providing (that), so long as, as long as, unless
让步状语从句	although, considering, though, even though, even if, much as, while, whereas, however much, however badly, however good, no matter how, no matter how much
目的状语从句	so that, in order that, in case, lest, for fear (that)
结果状语从句	so … that, such … that, so much/many/few/little … that
比较状语从句	as … as, not so/as … as, -er than, more … than, less … than, the … the

（选自 Alexander, 1988：43-53）

2. 针对听力材料中的长句设计提问

选择一篇听力材料，寻找其中的长句进行分析，设计出针对句子内部成分的提问。例如，发现长句中含有时间状语从句或地点状语从句，则用 when 或 where 开头设计一个问句来提问。设计这个任务的目的是帮助学生听清连接词，明确它们所连接的小句在整个句子中表达什么意思。

如找一篇常速新闻，让学生练习听其中的关系从句。设计练习让学生注意关系从句里的先行词、关系代词或关系副词。关系从句对先行词进行限制或补充说明，这一逻辑关系非常清楚。听到先行词之后，就是关系代词或关系副词，这些词提示下面将听到的是有关前面先行词的更多信息。以上面提到的关于 G20 的新闻为例，可以这样提问：

What kind of tensions did finance ministers from the G20 nations pledge to ease?

What are the possible outcomes if these tensions are not defused properly?

3. 在听力材料中增加停顿

挑选出听力材料中的长句，选择合适的地方增加停顿，提前在音频上找出位置，方便在课堂上使用暂停键，停顿适当的时间。例如关于 G20 的新闻可在 ‖ 处增加停顿时间：

> Finance ministers from the G20 nations ended two days of meetings in South Korea ‖ with a pledge to ease trade tensions that threaten global recovery. Though short on details, the informal agreement on exchange rates is seen as a step forward in defusing tensions ‖ that could lead to protectionism and possible trade wars.

教师也可以先把音频加工好。可先在音频中把长句断开、剪辑，然后插入短暂空白作为停顿，再合成新的音频。这样上课时会非常方便，不会因人为原因而使停顿位置或停顿时间出错。不管采用上面哪种方法，都必须同时备好原来的音频和加工过的音频。课上有时有必要先听加了停顿的音频，再听原来的音频。

4. 准备中英文长句进行比较

从听力材料中找出与中文语序相近和不同的英文长句例子，让学生体会在理解它们时是否有差别。表 3.10 列出的例子均选自听力教材，都是长句，A 组中的 4 句英文表达与相应中文表达的语序不同，B 组中 3 句英文的语序与其对应的中文表达语序比较相似。

表 3.10 长句举例

A 组
1. It is well that young people should begin at the beginning and occupy the most subordinate positions.
2. I can always ... I'll always be there to hear if my friends are having a bad day or just really need to talk, and I'm just really nice, even though I'm not always nice to everyone.

（待续）

（续表）

> 3. A love relationship is the garden in which we plant, cultivate and harvest the most precious of crops, our own self, and in which our spouse is provided the same rich soil in which to bloom.
> 4. She's a deaf lady who's now the headmistress and I think that must have been hard, so I've got a lot of respect for her, because my parents are also deaf so I know how difficult it is to work your way up having a handicap, so I've got quite a lot admiration for her.
>
> B 组
> 1. She was sitting in front of that fire when the two policemen drove up and got out.
> 2. I think there's too much theoretical teaching given and not enough practical education, with the result that pupils are far too busy studying for exams to have time to learn about life itself and how to, how to live in the world.
> 3. If you are a dynamic, hardworking and initiated quick learner interested in working in a challenging environment, if you are mobile and able to travel extensively, please join our Truck Tire and Passenger Car Tire Teams and be the Area Manager.
>
> …

（选自张民伦等，2008a）

四、课堂活动

活动举例 1：针对状语从句提问

播放听力材料，让学生先听一遍。听第二遍之前提醒学生注意对某些细节的理解。听完后，针对状语从句提问，了解学生是否能听懂表原因、目的、方式等的状语从句。

活动举例 2：针对关系从句的先行词提问

播放某个长句的音频，让学生先听一遍，然后教师针对关系从句的先行词提问，请学生回答。如有问题，重新播放一遍，在先行词后略作停顿。之后再请学生回答。

活动举例3：增加停顿

遇到含有长句的材料，可以先让学生听一遍全文了解大意后，再将长句挑出来让学生仔细听。在事先选好的地方增加停顿时间，一般1—2秒钟，这样，学生就能获得稍长一些的处理时间，情况会有改善。请学生听完后复述句子或用自己的话解释句子。然后，再给学生听一遍不加停顿的录音，最后将文本呈现给学生看，请大家交流体会。

活动举例4：比较中英文语序

说出事先准备好的长句的中文译文，请几位学生用英文表达出来。请其他同学评价，看哪一句的语序更符合英文表达习惯。播放英文原句给大家听，让他们体会中英文在表达语序上的不同。

五、教学小贴士

- 一个人能够记住多少语音序列和他的语音短时记忆容量有关。所以，学生复述句子的表现会有差别。
- 长句中加入停顿时，停顿时间不需要太长。时间过长，学生对前面信息的记忆痕迹会慢慢消失，不利于理解。
- 英文的句式很灵活，语序有时会和中文一致，有时不一致，这要向学生指出。

六、课后作业

1. 听写

布置听写任务，采用一篇含有若干个长句的听力材料作为听写内容。

2. 同伴采访

学生组成两人或多人小组，相互采访。要求受访者用含有定语从句等复杂结构的长句来回答采访问题。教师给出一些话题，例如"请谈谈你对大学生自主创业的看法"等。请学生下一节课在课堂上表演。

第三节　教学实例

一、背景介绍

在本节里，我们以一篇科技报道为例，探讨如何指导学生关注语法线索，练习长句的理解技巧，提高理解的准确度。听专业讲座、听科技新闻报道、参加国际会议等听力活动需要的理解准确度比较高，仅能听懂大意是不够的。为此，笔者设计了一堂课，希望学生能提高对理解准确度的关注意识，并学会练习方法。

笔者选择了一篇科技报道。科技报道往往需要注重表达的准确，它们一般以某一专门领域为背景，含有较多的专有名词，句子结构严谨。笔者选用的材料取自对 IBM 公司展望未来五大科技创新的一篇专题报道。课前，笔者仔细听了材料，感觉这篇材料中的科技背景知识对学生总体上来说并不陌生。从内容上看，由于当今社会科技的普及和资讯的发达，文中指出的未来五年中可能会实现的科技技术已经为人所知。从文体上看，这是一篇访谈，受访者在回答时尽可能用了口语化的表达，采用了较多比喻，力图使没有科技背景知识的听众也能理解。从语法上看，有不少复合句，正好能达到训练语法能力的目的。因此，笔者认为这篇材料比较合适。

文中有一些生词，如 matriculate、seismic、optics 等，教学之前笔者让学生先进行了预习。材料中，采访者语速中等，但是被访者语速稍快，因此笔者在被访者的某些话语中加入了停顿。具体的听力文本详见附录二。

二、教学步骤及说明

表 3.11 是笔者在教学中的实际步骤和说明。

表 3.11 教学步骤及说明

教学步骤	说明
1. 听前练习 1）听前讨论 听之前将全班学生分成 2—3 人的小组，用英文讨论下面两个题目： （1）Nowadays, nearly everyone has a cell phone. What conveniences does this technology bring us? （2）What else can you imagine that high-tech cell phone can do for us in the future? （3）Has anyone here seen the film *Star Wars*? Who is Princess Leia in *Star Wars*?	这些讨论题用来激活学生的背景知识。对于稍有难度的讨论题，在课堂上请个别学生回答之前，先让学生进行小组讨论，这样，发言的同学是代表小组作答，比较自信，内容会比较丰富，小组成员还可随时补充，可以避免突然叫一个同学起来回答，他因没有准备好而冷场的情况。
2）生词预习 matriculate, interface, browse the web, optics, beam, lithium, surf the web, commute, seismic, tsunami, laptop	这一篇材料的生词大多和科技有关，而科技词汇属于学生平时接触比较少的一类词汇。本节课的重点在语法线索和长句理解，因此采用教师听前讲解的方法来帮助学生预习生词。读者也可以采用前一章建议的方法来教生词。
2. 听第一遍 让学生对大意有所了解。提醒学生注意主题句。	这一遍是让听者对整篇材料有个全局的理解。
3. 听第二遍 要求大家边听边记下一些关键词。提示主题句提到"未来的五大科技创新"。请学生听出关于每项创新的一些关键词。	像本篇这样比较长、内容比较多的材料，建议学生听时做笔记。教师可以提示笔记的框架，例如，本篇的主题句提到"未来的五大科技创新"，这可以作为笔记的框架。
听完第二遍，请学生在刚才的小组里利用自己听到的关键词，用英文复述报道的内容。对于自己没有听清的部分，可以询问小组其他成员。	这一活动帮助学生及时回忆所听内容。

（待续）

（续表）

教学步骤	说明
在学生讨论的同时，教师在黑板上写出下面几个问题： (1) Has 3-D technology been used in cell phones yet? Support your ideas from the grammatical clues you get from the material. (2) Have scientists started to do research on new batteries which can last much longer than they do today? Support your ideas from the grammatical clues you get from the material. (3) How do scientists predict the traffic? (4) What is the logic of the fifth technology in the "Five in Five"? Explain with the grammatical clues you get from the material. 请学生回答这四个问题，让他们根据记忆说出是哪些细节支持他们目前的结论的。学生会给出不同的回答，教师保持中立。	这几个问题用来引导学生发现语法线索。 在听过两遍后，学生虽然还不能完全记住细节，但是应该能作出简单的判断。如果学生听到 will、won't（多次出现），就能回答第 1 道题。如果听到 We have scientists who are looking at（be looking at 实际上出现两次），则第 2 道题也不会有困难。没有注意时态、听得模棱两可的人回答前两道题可能有困难。 第 3 题涉及一个长句的理解，句中的 not just、but、so that 等连接词对句子理解有所帮助。 第 4 题稍难，主要看学生有没有准确理解最后一段的含义。最后一段的第一句是个复合句，as 引导的从句表示原因。后面两句中出现两次 so，表示结果。两句之间暗含一个推理过程。这些语法线索对理解有所帮助。
4. 听第三遍 请同学们一边听一边再次关注语法线索，检验刚才的回答是否正确。这一遍，可挑出个别句子让学生更加仔细地听。例如，上述第三个问题涉及一个长句的理解，音频材料播放至此时可适当停顿。这句话是： Our scientists are now using traffic prediction technology, not just detection, **but** prediction, ‖ **so that** by knowing everyone's driving patterns, knowing about that sort of arrival times of trains, planes, etc., ‖ we'll be able to give everyone personalized commuting instructions.	第二遍还来不及理解的人，这时可以再次注意细节，争取听得更加准确。 这一句可做两处停顿。其中加粗的连接词也需加以注意。

（待续）

（续表）

教学步骤	说明
5. 显示文本。 询问学生是否注意到了这些语法线索；询问学生自我感觉是否理解得比较准确，如果没有，反思可能的原因。	有些学生没有注意到语法线索，而是通过其他线索做对了题，这完全是有可能的。仍旧引导他们体会语法线索的作用。请学生关注理解准确度的目的是提醒大家，准确理解是本课的目标。接下来引入语法线索等的讲解。
6. 总结 总结在听力理解中利用语法线索的技巧和长句理解的策略。	听过之后及时讲解知识和技巧，有利于记忆。
7. 课后作业 可布置长句复述或长句听写等任务作为课后作业，以巩固本节课所学的内容。	

第四章　语篇能力

本章主要内容

- 学习领会听力材料的整篇主旨
- 熟悉语篇的衔接手段
- 了解不同体裁语篇的信息组织结构

小案例

有一次，张老师课上给学生布置了一个听力任务——写提纲，所听内容是一篇科学报告。张老师希望通过写提纲的方式考察学生是否能听懂文章的中心意思、区分观点与事实以及听出层次。张老师认为这是一个比较难的任务。

在仔细批改了课堂作业之后，张老师发现这个任务确实有难度，学生完成得不好。经过分析，张老师发现问题大致有三类：第一类是没有听明白整个报告的中心内容，即不知主题是什么。出现此问题的学生虽然听懂了不少句子，但是在写提纲的时候仅仅是把听懂的句子罗列出来，并不能确定这些句子之间的关系。第二类问题是分不清哪些内容是报告人的观点和哪些是报告人为了支持他的观点而给出的细节。出现此问题的部分学生甚至把例子当作观点。第三类问题是分不清各观点之间的层次关系。报告人说的话中有一些明显的线索能帮助听者弄清这些关系，张老师不清楚学生是否听到并利用了这些线索。

第二次上课的课间，张老师和几个学生进行了交流，想问问听力材料的整体难度和学生的理解程度如何，以及学生是否注意到了报告人话语中的一些语篇线索。由于张老师刚刚进行了讲评，学生知道，自己写的提纲并没有达到老师的要求。在尽量回忆自己当时听的感受之后，一位同学说，整体上感觉这篇报告并不难，每句话好像都能听懂，不过，不知道报告内容的真正意思是什么。另一位同学说，自己对全文是有大概的理解，注意到报告人说过"首先"、"然后"等线索词，这些线索词也确实在写提纲的时候帮了忙，不过他觉得这些似乎不够。他认为自己没能进一步听出各部分内容之间的逻辑关系，所以提纲写得不令人满意。还有一些同学表示，开始部分听得好些，但是越到后面，感觉理解不透的地方就越多。

听了学生们的话，张老师决定在下一次课上讲讲语篇能力。

语篇能力与听力理解

前一章我们讨论的是如何利用语法知识来理解句子，这一章要讨论的是如何通过提高语篇能力来促进对整个语篇的理解。语篇能力是指处理句子层面之上的语言的能力，包括理解口头或书面语篇的组织结构、推断话语的含义以及话语之间联系的能力。我们所听到的语言，并不是杂乱无章的句子，而是句与句之间有联系的、可理解的一个整体。有时，句子之间的关系相当紧密，要理解一句话必须回顾上一句话，否则就无法有效解码。也就是说，要准确理解下文，必须依赖于对上文的准确理解。还有些时候，如果没有弄清楚语境，就连句子的意思也无法明白，即使里面没有生词和复杂的语法。在听力理解中，学习者会听到不同体裁的语篇，为了准确理解，他们必须听出话语的含义和话语之间的联系，因此掌握语篇知识非常重要。那么，语篇能力具体包括哪些内容？学生应当掌握哪些语篇知识？

语篇能力是交际能力的一个方面（Canale，1983；Canale & Swain，1980）。要想具备二语语篇能力，必须掌握二语语篇的衔接知识，熟悉二语语篇中常用的体裁，以及掌握会话知识（Bachman，1990）。虽然二语学习者在学习母语的时候，其母语语篇能力已经得到一定程度的锻炼，但是他们对二语语篇知识还不够熟悉，对二语语篇的特点还不够了解。本章的目标就是通过提高二语语篇能力，提高听力理解能力。第一节通过讲解有关句子衔接的语篇知识和专门的训练，教会学生利用语篇线索帮助理解。第二节讲解不同体裁语篇的特点，并设计练习帮助学生熟悉这些体裁，以达到提高语篇能力的目的。第三节是一个教学实例。

第一节　语篇的衔接

一、教学目标

熟悉语篇的衔接手段。

二、教学精要

1. 语篇的整体性

正如本章开头的案例所描述的那样，我们时常会听到学生反映说，单个句子差不多都听懂了，生词也不多，可就是不太明白整篇文章的意思。这是因为，在听力练习中，学习者对材料的理解经常会停留在句子层面，造成的后果就是"只见树木不见森林"。鉴于此现象，教师首先要让学生了解的，就是语篇的整体性。语篇是作为一个整体来传达某种意义、达到某种交流目的的。句子之间的有机联系并非多个句子的简单叠加，所以，只关注句子层面就会忽视语篇作为一个整体所传达的含义。

语篇的整体性不仅体现在形式上，也体现在意义上。在形式上，句子之间通过各种衔接手段形成一体；在意义上，语篇各部分组织在一起表达一个主旨。

在听力课堂上，我们可以通过相应的练习来训练学生对形式的辨别和对意义的判断。一方面，指导学生熟悉句子之间的衔接手段，在听的时候注意指代、替代、省略、连接和词汇衔接等衔接手段；另一方面，就是理解整篇的语义。

2. 语篇的衔接手段

根据 Halliday 和 Hasan（1976）的分类，语篇的衔接手段可分为五种，即指代（照应）、替代、省略、连接和词汇衔接（Halliday & Hasan, 1976：333-338）。

1）指代

指代（也称照应）是一种衔接手段。比如，我们经常听到代词，要理解含有代词的句子的意思，必须知道该词所指代的对象是什么，有时，这个对象位于另一个句子中。这种意义上的解释关系，把两个句子连接在一起，使得语篇更加紧凑，也避免了词汇重复。值得注意的是，指代的对象可能存在于已经听过的某个句子里，也有可能在即将听到的某个句子里。

2）替代

替代是指用某种语言形式（例如 one、do、so 等）代替上文中出现过的某一成分。替代和指代的区别是，替代是体现语法上的关系，而指代是体现意义上的关系（Halliday & Hasan，1976：98-99）。同样地，听到替代成分，听者也必然要从语篇上下文中寻找被替代的成分，也就是说，对这个句子的理解要依赖于对另一句话的理解。

3）省略

省略实际上可以理解为"零替代"。当然，由于句中成分省略，听者也必须借助于上下文才能理解省略句的含义。

4）连接

连接也是一种衔接手段，它能使语篇中不同成分之间相互关联起来，具有某种逻辑关系。连接成分本身就有含义，正因如此，它们才能清楚地表明所衔接的句子之间的逻辑关系。学习者普遍对这种衔接比较熟悉。

5）词汇衔接

指代、替代、省略和连接都是语法衔接，与它们有别的是词汇衔接。词汇衔接是通过词汇的选择使用来实现的。由于词汇之间有意义联系，语篇也就具有了连续性。常见的词汇衔接包括使用同义词、近义词、上义词、下义词、概括词、重复词汇本身，还包括使用搭配等等。

三、课前准备

1. 语篇衔接手段介绍

教师可以将常见的衔接手段做成演示文稿，配合课堂讲解。表 4.1 列出了几种不同类型的连接以及对应的连接词。

表 4.1 连接的不同类型

功能	连接词
Additive	and, and also, nor, and … not, or, or else, further more, add to that, alternatively, by the way, incidentally, that is, in other words, thus, for example, likewise, in the same way, on the other hand, by contrast …
Adversative	yet, though, only, but, however, even so, all the same, in fact, actually, conversely, on the other hand, instead, on the contrary, rather, at least, I mean, or rather, in any case, anyhow, in either case …
Causal	so, then, therefore, consequently, on account of this, for, because, in consequence, with this in mind, it follows, arising out of this, to this end, in such an event, in that case, under the circumstances, in this respect, apart from this …
Time	then, next, just then, before that, in the end, first … then, at first, originally, at once, soon, next time, next day, meanwhile, until then, at this moment, finally, in conclusion, up to now, from now on, to sum up …
Other (continuative)	now, of course, well, anyway, surely, after all …

(选自 Halliday & Hasan，1976：336-338)

2. 设计填空练习

教师选择一篇听力材料，将其文本中的语篇衔接手段找出来，打乱次序，放在文章前面，原文相应地方以空格取代。为增加难度，还可设计一些干扰词，和待选的词一起放在前面供学生选择填空。课堂上让学生先听这段材料，然后发练习题让学生做。表 4.2 即是一个例子。

表 4.2 填空练习

下面有 25 个词，其中 20 个词是从下面的文章中拿出的，另 5 个词是干扰词。请选择合适的词填入空格，使文章内容完整并符合语法规范（遇到句子开头，请注意大写）。

another	they	mobile phone	this	one
meeting	two	second	so	but
them	mobiles	first	its	which
texting	your	in	meet	their
these	however	and	users	as well

In the case of mobile phones, change is everything. Recent research indicates that the _____ is changing not only our culture, but our very bodies _____.

_____, let's talk about culture, the difference between the mobile phone and _____ parent, the fixed-line phone, you get whoever answers it.

_____ has several implications. The most common one, _____, and perhaps the thing that has changed our culture forever, is the "meeting" influence. People no longer need to make firm plans about when and where to _____. Twenty years ago, a Friday night would need to be arranged in advance. You needed enough time to allow everyone to get from their place of work to the first meeting place. Now, however, a night out can be arranged on the run. It is no longer "see you there at 8", but "text me around 8 and we'll see where we all are".

_____ changes people as well. In their paper, "Insights into the Social and Psychological Effects of SMS Text Messaging", two British researchers distinguished between two types of mobile phone _____: the "talkers" and the "texters"—those who prefer voice to text message and those who prefer text to voice. _____ found that the mobile phone's individuality and privacy gave texters the ability to express a whole new outer personality. Texters were likely to report that _____ family would be surprised if they were to read their texts. This suggests that texting allowed texters to present a self-image that differed from the _____ familiar to those who knew them well.

_____ scientist wrote of the changes that _____ have brought to body language. There are two kinds that people use while speaking on the phone. There is the "speakeasy": the head is held high, in a self-confident way, chatting away. _____ there is the "spacemaker": _____ people focus on themselves and keep out other people.

Who can blame _____? Phone meetings get cancelled or reformed and camera-phones intrude on people's privacy. _____, it is understandable if _____ mobile makes you nervous. _____ perhaps you needn't worry so much. After all, it is good to talk.

（续表）

> **参考答案**：mobile phone, as well, First, its, This, however, meet, Texting, users, They, their, one, Another, mobiles, And, these, them, So, your, But.

（改编自 2006 年英语专业四级试题）

3. 设计排序练习

教师选择一段听力材料，将其文本剪切成几个部分，确保每部分是一个句子，将句子的次序打乱，然后标上序号，只留下开头句和结尾句位置不变，不标序号。上课时，请学生先听，然后完成练习。表 4.3 是一个例子。

表 4.3 排序练习

> 下面这段文章的开头和结尾已经给出，但是中间 10 个句子的次序打乱了。请将句子重新整理排序，使文章成为衔接良好的语篇。将代表句子的数字填入括号内。
>
> 开头：Predicting the future is always risky. But it's probably safe to say that at least a few historians will one day speak of the 20th century as America's "Disney era".
>
> In business, his greatest skills were his insight and his management ability. ①
>
> The reasons for Disney's success are varied and numerous, but ultimately the credit belongs to one person — the man who created the cartoon and built the company from nothing, Walt Disney. ②
>
> Others, like the *Three Little Pigs* and *Snow White* and *the Seven Dwarves*, showed how, through hard work and helping one's fellow man, Americans could survive social and economic crises like the Great Depression. ③
>
> This he achieved by creating characters that reflected the hopes and fears of ordinary people. ④
>
> Ironically, he could not draw particularly well. ⑤
>
> Today, it's certainly difficult to think of any other single thing that represents modern America as powerfully as the company that created Mickey Mouse. ⑥

（待续）

（续表）

> But what really distinguished Disney was his ability to identify with his audiences. ⑦
>
> Disney always made sure his films championed the "little guy", and made him feel proud to be American. ⑧
>
> But he was a genius in plenty of other respects. ⑨
>
> Some celebrated American achievements — Disney's very first cartoon *Plane Crazy*, featuring a silent Mickey Mouse, was inspired by Charles Lindbergh's flight across the Atlantic. ⑩
>
> 结尾：By the time he died in 1966, Walt Disney was an icon like Thomas Edison and the Wright Brothers.
>
> 重新排序如下：
>
> 开头 - （　）- （　）- （　）- （　）- （　）- （　）- （　）- （　）- （　）-（　）- 结尾
>
> **参考答案**：开头 - （⑥）- （②）- （⑤）- （⑨）- （①）- （⑦）- （⑧）- （④）-（⑩）- （③）- 结尾。

（改编自 2005 年英语专业四级试题）

4. 标记音频并设计预测练习

　　教师选择一篇听力材料，找到音频中的语篇标记，以标记处为停顿处，让学生根据听到的语篇标记来猜测下面可能听到的内容。具体的任务可以设计成选择题、问答题或续接句子。如果使用选择题，教师事先要设计问题和选项，让其中一项能最好地体现该标记所引导的逻辑关系。这种任务设计的好处是，教师可借此控制难度和回答的范围。如果采用问答题的形式，则教师备课比较轻松，可以直接请学生回答"你猜猜下面会听到什么"。需要注意的是，学生的回答可能五花八门，教师要做好引导，及时将回答引回主题。这个练习可以让学生体会到，正确地根据语篇标记预测逻辑关系，尽量提前一步思考，有助于听者更加主动地把握理解过程，避免总是处于被动的局面。

5. 设计语篇分析练习

教师将听力材料中的语篇标记找出来，让学生分析它们在文中的作用。事先向学生介绍语篇标记的作用，例如过渡、顺序、对照、比较、因果、解释和举例等等。

6. 概要写法讲解

写概要是一个常见的听力任务设计，通过它教师既能够了解学生是否听懂了一篇听力材料的整体内容，也能够看出他们对其内部结构了解得怎么样。一般，在做这项活动前，教师要先讲解概要的写法。主要有以下几个方面需要注意：（1）主旨：要求学生能听出材料的主题内容；（2）大致结构：要求学生听出支撑主题的主要内容的层次；（3）语言：概要要求言简意赅，能在一定字数内反映所听材料的主要内容。由此可见，写概要还能反映学生的语言概括能力。有个别同学写作能力比较差，因此这个活动有时不能完全准确地反映他们的听力理解程度。这时，教师可制作选择题或判断题来让学生做，甚至采用用中文写或说的方式，这样才能了解这部分学生的真实情况。

四、课堂活动

下面是一些活动举例，都是专门为提高语篇能力而设计的。

活动举例 1：说出语篇主旨

播放音频 2—3 遍，让学生用几句话概括出文章主旨。如需降低任务难度，可采用判断题，即给出几个描述，其中一个能最好地概括主题，请学生判断选择。

这个练习的重点不是考察学生是否理解听力材料的某些细节，而是考察他们能否听出该材料的主旨，即中心思想。学生的表达会有所不同，但是关键点必须答到。教师注意给出评判的标准。

活动举例 2：续接句子

播放听力材料的音频，在语篇标记出来时按下暂停键。这时可以让学生续接一句符合逻辑关系的句子，也可以把事先准备好的选择题显示在屏幕上供学生选择，完成续接。前一项任务有一定的难度，学生答对大的方向即可；选择题相对比较容易。教师可视当时的情况决定采用哪种任务以及如何安排它们的先后次序。

活动举例 3：填空练习

播放听力材料的音频，请学生注意听其中的语篇衔接手段。听 1—2 遍后，将填空练习（如表 4.2）发给学生完成。之后再播放一遍，让学生边听边核对自己填得是否正确。最后公布正确答案。仔细讲解这些语篇衔接手段，请学生体会。

活动举例 4：排序练习

播放听力材料的音频，请学生注意听其中的语篇衔接手段。听 1—2 遍后，将排序练习（如表 4.3）发给学生完成，要求学生将这些打乱次序的句子排成符合逻辑的、连贯的语篇。之后再听一遍，让学生边听边核对自己排列得是否正确。然后，公布正确答案。仔细讲解这样排序的理由，请学生说说自己是根据怎样的语篇衔接线索和语义线索作出判断的。

活动举例 5：话语分析

将一篇听力材料的语篇标记提前列在纸上发给大家。播放听力材料，请学生充分理解所听材料之后写出这些标记语的功能。然后将听力材料的文本提供给学生。对照文本，教师和学生进一步讨论这些语篇标记的作用。也可参照表4.9 制作表格，让学生填写。

活动举例 6：写概要

播放听力材料的音频，让学生先听一遍，然后布置写概要的任务，讲解要求，提醒学生明确主题所在，分清要点和细节，并做好必要的记录。之后播放第二遍。放完后给学生一定时间完成任务。然后再放一遍，让学生检查、修改。最后将文本展示出来，让学生仔细阅读。教师和学生一起讨论所听材料的主题和要点层次。

五、教学小贴士

- 设计判断题的时候，考点应避开细节，着重考察学生是否理解整篇材料所传达的意义。否则，判断题就容易变成在考察学生的其他能力，比如是否有好的记忆力。
- 任务设计要有难度变化，这样便于教师根据课堂情况灵活选用。
- 在设计续接句子的任务时，应给学生提供足够的背景知识。开头几句也应数量足够，这样，有助于学生分析句子之间的关系。
- 写一篇好的概要跟优秀的写作能力是分不开的，不过，听力课上的重点应放在理解上，对学生的基本要求是听对主题和关键点。

六、课后作业

1. 写概要

让学生在课后听不同体裁的听力材料，写出概要，并比较不同体裁的区别。

2. 分析词汇衔接

词汇衔接的例子很多，让学生在课后练习中自选一篇材料来听，并分析其中的词汇衔接。

第二节　不同体裁语篇的不同特征

一、教学目标

熟悉不同体裁语篇的不同特征。

二、教学精要

1. 语篇体裁

日常会话、新闻报道、学术讲座等常见的听力材料，实际上属于不同的体裁。不同体裁的交际目的不同，语篇结构也不同。熟悉不同体裁听力材料的语篇特征，能有效地帮助听者形成图式，降低听者"自下而上"处理中的困难。比如，新闻报道是一种有较明显特征的体裁，其语言组织遵循一定的范式。经常练习听新闻的同学熟悉这种语篇的结构，知道新闻主旨通常会出现在哪里，哪些是主要观点，哪些是支撑主要观点的次要观点或细节。这些知识能帮助他合理分配注意资源，有效运用认知策略，甚至解决生词、复杂语法等带来的困难。听力课堂上教师可就不同体裁有针对性地对学生进行训练。笔者认为，练习内容主要有两个：一是学会确认语篇的目的，知道这段语篇是用来干什么的；二是熟悉常见体裁语篇的篇章布局。这样，遇到类似体裁时就能做到心中有数，甚至能预测内容，而不是被动接受信息。

语篇的体裁有不同的分类方法。Rost（2002）按照信息结构、听的目的和说话人的重点，把常见的听力材料分为5个种类，即叙述、描写、比较/对比、因果/评价和问题/解决（见表4.4）。他认为，纯粹从认知的角度上看，听者最首要的任务应该是确认所听文本的体裁，然后激发大脑中有关这种体裁的知识，从而关注最重要的信息。Oslen和Huckin（1990）以及Tauroza和Allison（1994）还认为，学习者应广泛接触不同的口头语篇体裁，从而锻炼出对口头语言的"感觉"。熟悉了不同体裁，就能开始采用"观点驱动"而不是"信息驱动"的策略来理解语篇了（转引自Rost，2002）。陆国君和吴兴东（2007）也发现，学生通过了解篇章的组篇模式，运用篇章结构匹配策略，能更好地处理口头语篇。

可见，让学生听不同体裁的听力材料并使他们熟悉这些体裁在语篇上的特点是很有益处的。表4.4列举了常见的几种体裁并分析了它们的信息结构等特点。

表 4.4 不同体裁听力材料及听力目的

类型	信息结构	听的目的	说话人的重点
1. 叙述	时间顺序	了解已发生的事情	事件、行为、原因、理由、实现方式、目的、时间、邻近关系
2. 描写	空间／感官的顺序和连贯	从视觉、听觉和触觉等方面体验事物	物体、场景、状态、属性
3. 比较与对比	逐点比较／对比，导出结论	发现两个事物如何相同和不同	例子、详细描述、对等物
4. 因果与评价	三段论式的／逻辑的阐述	了解某个行为的原因和影响	价值、意义、理由
5. 问题与解决	问题／建议／建议行为的影响	对建议的解决方案所带来的效果进行假设	认识、抉择

（选自 Rost，2002：127）

2. 常见体裁的语篇特点

1）小说、故事

听力材料中常有小说片段或短篇故事，这种语篇多含有叙述和描写。叙述通常会采用时间导向，按照时间顺序先交代事件发生的背景，再叙述事件发生的具体情况等等。地点导向也是常用的叙述方法，在采用地点导向的语篇中，对人物的叙述也是必不可少的。除此之外，事件的进展变化、问题的出现或解决方案、故事的主题等在叙述体裁语篇中都是常见的内容（Rost，2002）。

对小说、故事类语篇，听者关注的是情节或事件，以及语篇中的描写所带来的体验和感受。需要注意的是，听者一般会认为听到的叙述顺序就是事件发生的顺序，而实际上在小说或故事中，还时常有跳跃至未来或不时回溯到过去等类型的叙述或描写手法。一般来说，按照时间顺序叙述事件发展给听者带来的认知压力相对较小（Brown，1995），而来回跳跃的顺序会令听者感到有些困难。听者在听此类型语篇时应注意听力材料中指明时间之处。同样地，对小说或故事中所交代的事件发生的地点，以及随着事件进展的地点的变化也要留心。人物的确认也很重要。哪些是主角，哪些是配角，哪些是过渡角色，以及这些人物之间的关系，都是理解这类语篇的重要方面。

在听力训练中，小说、故事类材料一直受到学习者，尤其是初学者的欢迎。他们觉得听这类材料除了练习听力，还有愉悦身心的作用。

表 4.5 故事举例

Mr. Dow's store was widely known throughout the neighborhood. It sold many different things. Both old and young came here to shop for special items. They could find kitchens, large and small wallets to hold coins and paper money, packs of playing cards, pins and sewing needles, cigarettes and pipes, and a great many other items. They were nicely placed on the shelves.

Every day after school, little Joy came to the store to look around. He loved to look at the pipes. One pipe especially caught his eye. He kept staring at it every time he came back to the store. He could not take his eyes off it. He imagined that some day he would be a grown man and could smoke a pipe, just like this one.

...

（选自 http://www.tingroom.com/lesson/meiguogushi/list_5.html）

2）情景对话

几乎在所有的听力教材中，情景会话都占有不小的比重。作为单向的听力练习，学习者听情景会话主要是为了理解在某个情景下会话双方的交际内容，并完成教材上与之配套的听力任务，达到练习听力的目的。情景对话发生的场所在哪里、对话参与者是谁，这是听者需要注意的，它们能帮助听者确认会话目的和可能的会话内容。例如，知道对话在诊所发生，对话人是医生和病人，那么听者对内容可能就有了大致的预期。表 4.6 是一段发生在理发店里的对话的例子，如果不是事先知道发生的场景，听者就很难准确理解会话的意思。

表 4.6 对话举例

A: Hi, Steve.
B: Hi, Joe.
A: How would you like it?
B: Take a little off the top and leave it long on both sides.
A: Do you want it thinned?
B: No, that's fine, thanks.

在双向听力练习中，听者不再只是听别人谈话，他自己也是参与者。在这样的会话语境中，听不只是一个心理感知过程，还是一个社交活动，听者和说话人双方都会影响对信息的理解（Flowerdew & Miller，2005）。

3）新闻

新闻报道语篇的目的主要是向听众传达新近发生的事件。新闻大多采用倒金字塔结构，重要的内容放在前面，越不重要的内容放在越后面。新闻中一般含有对事件发生的时间、地点、参与者等的叙述和对事件过程的描述和评价。标题新闻通常简短，而深度报道则比较详细。新闻中插入记者现场报道的录音是非常常见的，有时还会直接或间接引用人物的谈话。为显示报道的客观公正，新闻往往还会就同一事件引用多方的说法。下面以一则新闻为例来说明新闻报道语篇的特征。

表 4.7 新闻举例

> Police are out in force again in London and other cities across England to try to prevent any repeat of the violence and looting of the last four nights. The Prime Minister David Cameron has promised that the police will get all the resources they need, including water cannon if necessary. Rob Watson reports.
>
> Mr. Cameron said the government would not allow a culture of fear on Britain's streets and that whatever resources the police needed they would get. He said contingency plans were in place for the use of water cannon and other measures had not been ruled out. Mr. Cameron insisted a fightback was now underway, but that there were parts of British society that were sick and suffered from a complete lack of responsibility.
>
> More than 800 suspects have been arrested in London, and hundreds more elsewhere. People charged with taking part in the disorder have begun appearing in court. Some courts sat through the night on Tuesday and are scheduled to do so again on Wednesday. Most of the offences relate to looting. Some of those appearing are as young as 11 years old. The majority of defendants have been pleading guilty. Many have been committed for sentence to higher courts, which can impose longer jail sentences.

（选自 http://www.24en.com/bbc-world-news/201108/2011-08-11/114849.html）

这一条新闻开头两句浓缩了最重要的信息，而有关法院审理骚乱者的次要信息被放在最后。从新闻的音频中可以听出，其中插入了记者 Rob Watson 的现场报道，细节丰富。在新闻中多次使用了间接引语，例如提到首相对此事的反应。

4）讲座

学术讲座信息量大、逻辑性强。为了保证讲座条理清晰，让听众听得明白，讲座人会精心组织内容。讲座的开头和结尾有相对固定的语言形式。开头的目的首先是引入主题。不过，讲座的开头也会因讲座人而异，有人喜欢开门见山，直接涉及主题；有人喜欢先介绍背景或讲一两个与主题相关的小故事，然后慢慢切入主题。讲座人在开头往往还会提到讲座的目的或者说到整个讲座如何安排，这些都有利于听者明确听的目标，对下面要听的内容有个预期。在结尾时，讲座人往往会回顾所讲内容，概括总结本次讲座，或者为下一次讲座提出思考题等等。注意听结尾可以让听者及时回顾，并反思自己对讲座的主要内容是否已经掌握。表 4.8 列出了某讲座开头和结尾部分的语篇线索。

表 4.8 讲座开头和结尾的语篇线索

	线索	功能
讲座开头	—I'd like to do two things. The first is to define … The second is to give a few examples of …	对讲座的整体内容给予明确介绍。
	—We are going to talk about … today.	指明本次讲座的中心内容。
	—Last time we were talking about …	提及本次讲座是前次讲座的延续。
	—Where did we leave off yesterday?	
讲座结尾	— So, … —Therefore, … —Thus, … —Consequently, … —In sum, … —In conclusion, … —For (all of) these reasons, … —These examples (serve to) show …	表明说话人将要对已经讲的内容作总结，或讲座即将收尾。这些短语用来把前面讲过的部分结合起来，并表明论点。

（选自 Lebauer，2000：49-51）

讲座的主体部分根据内容和目的不同有不同的结构。讲座一般有下面几种常见的结构类型：(1) 概括介绍某个主题，然后引入细节加以仔细说明；(2) 提出某种观点，并论证这一观点；(3) 提出一个问题，然后分析问题，最后提出解决问题的方案或建议；(4) 从几个方面比较两个事物的相同和不同；(5) 反驳一种观点，进而提出自己的看法。从宏观结构上来看，讲座的内容和目的不一样，谋篇布局就不一样，因此，在微观上，语篇的组织方法也不一样。Lebauer (2000) 总结出了一些语篇的组织方法，它们可以单独使用，也可以几种方法结合在一起使用，既可以用作宏观结构，也可以用作搭建宏观结构的微观结构：

—定义术语

—列举要点

—描述因果关系

—举例说明主题

—描述过程或事件经过

—将要点分类

—描述特征

—比较和对比

—作概括并给出根据

比如，介绍某个主题时，讲座人可能需要用到某个专门术语，这就需要给术语下定义；为对主题内容进一步展开，则需要列举要点；为进一步说明要点，则需要举例说明；举例中涉及细节，则需要描述特征；对两种事物需要通过比较或对比来深入了解等等。这些语篇组织方法都能在语言上提供一定的线索。听者如果能识别这些线索，对讲座的结构和内容的理解就会变得较为轻松。

具体地说，注意讲座人的话语线索，能帮助我们将正在听的内容有机联系起来，并预测下面要听的内容。例如，听到 for example，我们就知道说话人要举例，可以预测即将要听到的内容是对前面主题或要点的说明；听到 first，就知道说话人至少有两个层次要展开，现在在讲第一层，可以预测很快会听到 second，等等。

再以定义术语为例。有时，讲座人会使用问句 What do I mean by ...? 或

How can we define ...? 来引起听者的注意，接下来就对刚才提到的某个术语进行解释、给出定义。有时，讲座人会直接对名词术语作出解释，听者会听到类似 By ..., I mean ...；By ..., I referred to ...；When I used ..., I meant ...；When I used ..., I was referring to ... 或者是 ... means ... 的表达。讲座人还会在重音和语调上有所变化来强调要定义的术语，甚至在术语后停顿较长时间，吸引听众注意然后加以介绍。

上面列举的语篇组织方法都有相应的话语线索，教师可选择合适的讲座听力材料让学生听练。

5）科学报告

科学报告也是常见的听力材料，例如，中国英语学习者所熟知的《美国之音》慢速英语节目中就有不少这种类型的语篇；不少正常语速的科学知识类电视节目中也有类似的语篇。科学报告更多带有说明文的特征，内容包含解释、分析、提供相关论据、适当的讨论等等，结构比较严谨，语言简洁准确，力求客观，一般不涉及作者的主观看法。

一些科学报告采用说明文的体裁。通常，说明时会遵循一定的顺序，线索词可能是 first、second、third、next、then、finally 等等。在需要描述事物或过程的细节时，作者会使用 for example、it looks、it feels、it sounds 等线索。当文中需要比较相同点或不同点时，作者会使用 difference、different、similarity、alike、the same as、on the other hand、in contrast 等词。有些说明文会涉及原因和结果，这时，线索词跟表原因和结果的连词有关，例如 because、one reason is that、the reasons why、if ... then、so、therefore、as a result 等等。有时说明文中作者还会提出问题并讨论解决方法，那么 problem、solution 这样的词出现的可能性就比较高。

三、课前准备

1. 总结讲座的基本结构、语篇线索及其功能

选择一篇讲座，找出其中的语篇标记。讲座可选自网上的开放课程，也可

选自专门教材，如《朗文英语讲座听力》。课前请教师准备这样的小问题：

(1) 你如何识别说话人何时要进行开篇介绍，何时要进行结尾总结？

(2) 哪些线索可以帮助你识别讲座人在描述因果关系？

(3) 哪些线索可以帮助你预测讲座人下面将要列举要点？

(4) 哪些线索可以帮助你预测讲座人下面将要转换话题？

等等。

教师准备表 4.9 这样的练习表格，提前印好，或用幻灯片展示。表的左侧是语篇中的一些线索，右侧是其所起的语篇功能，教师可以选取某个语篇标记作为示范，讲解其语篇功能，让学生知道如何来做这样的练习。表 4.9 给出了全部答案，实际的表格可以只留一个例子，其余是空白行，由学生填写。

表 4.9 练习表格

讲座语篇段落 1	
段落目的：引入讲座主题、对主题作总体的评述	
语篇标记（原文）	**语篇功能**
1. Here, I'd like to talk about …	说明主题
2. I have two major goals for this talk.	说明目的（后面可能听到讲座人列举两个目的）
3. that is …	重申（后面可能听到对同一事物的另一种说法）
4. By …, we mean …	下定义
5. … is the least understood …	比较
6. I want you to know that that's the subject matter of three separate courses …	强调重点（后面可能听到重点，听者需要在此处注意记忆或做笔记）

2. 准备各类体裁语篇，分析其结构和语篇线索

选择一篇小说，找出其中内容发展的线索标记。如果故事是按时间次序展开，找出表示时间的线索。如果是按空间、人物或事件发展次序展开，也一样找出相关线索。

选择一篇新闻，按新闻体裁的特点，找出时间（when）、地点（where）、人物（who）、事件（what）、原因（why）和经过（how）等要素，将新闻的结构写出来。可能会有一种或几种写法，至少准备一种详细的结构，供上课使用。

选择一篇说明文，将其中的语篇标记找出来。

3. 准备提纲的撰写

练习撰写所听材料的提纲，可以让学生体会语篇的整体结构。表 4.10 是一种提纲样式，教师可提前做好幻灯片，并讲解写法。

表 4.10 提纲样式

这是空白的提纲样式：

I _____

    A. _____

        1. _____

            a. _____

            b. _____

                (1) _____

                (2) _____

        2. _____

    B. _____

II _____

（选自张民伦等，2008b：22）

4. 拓展语篇知识

将常见的语篇组织形式及其语篇线索列举出来，留待课堂上使用。表 4.11 以 Lebauer（2000）所列举的讲座听力中常见的语篇组织线索为例。更多的语篇线索请参看 *Learn to Listen, Listen to Learn 2: Academic Listening and Note-Taking*（Lebauer，2000）。

表 4.11　讲座中的常见语篇线索

列举要点

1. 使用数字表明开始列举
   —The first (second, etc.) point is …
2. 重音强调在数字上
   —The first principle is …
3. 使用词组或句子表明下面将列举
   —There are eight principles which underline Amnesty International's work.

描述因果关系

1. 表明因果关系的词或词组
   —Due to the fact that …
   —Because of …
2. 表明前述事件影响的词或词组
   —Thus, …
   —Therefore, …
3. 表明将讨论前述事件的原因
   —How can we explain this?
4. 表明将讨论前述问题的解决方案
   —How can we solve this?

举例说明主题

1. 表明举例的词汇
   —For example …
2. 强调概念运用的词组或句子
   —In more concrete terms …
3. 表明要举例的问句
   —Where can we find/see this?
   —How does this show up in the real world?

描述过程或事件经过

1. 表明事件经过或过程步骤的表达
   —First (Second, etc.) …
   —Next (Then, Subsequently, Later, After that, etc.) …
2. 提示将要描述事件经过或过程步骤的词组或句子
   —Let's look at how this came about.
   —Let's look at where this comes from.

（待续）

（续表）

3. 提示将要描述事件经过或过程步骤的问句
　　—Where did this idea come from?

将要点分类
1. 表明分类的词组
　　—X can be (divided/subdivided/broken down/classified) into 2 (3, 4, etc.) groups (schools of thought/divisions/categories/classifications) …
2. 提示要分类的句子
　　—How can X be classified/categorized?

概括并给出根据
1. 提示概括或总结的词组或句子
　　—In conclusion, …
　　—To conclude, …
2. 提及前述的论据并提示结论的词组
　　—This shows (demonstrates, implies, proves, etc.) that …
　　—What we have seen indicates that …
3. 提示论据的词组或句子
　　—This has been shown (proven, demonstrated, etc.) that …
4. 提示论据的问句
　　—How do we know this?
　　—What allows us to say this?
5. 提示概括的问句
　　—What can we conclude from this?
　　—What does this prove (demonstrate, show, etc.)?

离开主题与切回主题
1. 提示可能说些题外话的词组或句子
　　—Now before I go on, …
　　—Let me talk about … for a minute.
2. 跟在题外话之后的词或词组
　　—Now, …
　　—Anyway, …
　　—Back to what we were talking about, …
3. 跟在题外话之后的问句，提示切回主题
　　—What were we talking about?
　　—Where were we?

（选自 Lebauer，2000：52-82）

四、课堂活动

活动举例 1：听讲座做笔记

播放一篇讲座，第一遍先请同学们听大意。听第二遍前，可布置学生适当做些笔记，帮助记忆。播放第二遍，听完后，先提问同学们如何听出开头、结尾、中间段落的语篇组织等，并让学生讨论讲座的主题和要点。然后播放第三遍，验证讨论的内容。随后，教师提供讲座文本，让学生将其中的语篇组织方式和语篇标记找出来。接下来，教师可根据讲座内容，辅以幻灯片（如表 4.8），进一步讨论语篇标记的功能，列举更多语篇标记的实例，拓展听讲座的技巧。

活动举例 2：听故事再复述

播放短篇故事，让学生除了关注故事情节发展之外，还要注意故事是如何展开叙述的，是采用了时间或空间的顺序，还是沿着人物或事件的线索，体会这种文体的特点。请他们说一说听的时候哪些词、词组或句子给予了提示。

活动举例 3：听新闻写提纲

播放新闻，让学生先听一遍。启发学生注意整篇新闻的架构。在听完第二遍后，请学生回答这篇新闻的六个要素是什么。然后给学生一定时间把新闻的提纲写出来。提醒学生，新闻一般是倒金字塔结构，最重要的主题在前，支撑主题的段落和细节在后。最后让学生再听一遍，对提纲进行修改。教师可以请学生们三两个一组相互交换自己写的提纲看一看。之后，教师可把自己写的提纲提供给大家评析修改。最后，可以将音频文本发给大家参考。

五、教学小贴士

* 有的新闻脉络非常清晰，刚开始练习写提纲时，可以从这类新闻入手。对不能立刻掌握要领的同学，还可以给出一些提示，例如，教师可写出提纲的部分，请学生填写补足未完成的部分。当他们对这种练习比较熟悉时，可让他们写整个提纲。

- 提纲的层次可粗可细。可视学生水平、材料难度和学习阶段有所调整。写提纲的目的是训练学生感知整篇结构，体会整篇主题，所以，如果把提纲写得过细，容易误导学生过多注重细节。先粗略后精细是一个可以借鉴的办法。

六、课后作业

1. 听故事，写概要

请学生课后自选材料，至少听 3 遍，然后写出故事概要。

2. 写新闻

请学生课后模仿国际英语新闻的语篇结构写一则校园新闻，下一次课上向全班播报。

3. 听讲座

在网上查找国外大学的公开讲座，选取一篇来听，边听边适当做笔记，听完写出大纲。

第三节 教学实例

一、背景介绍

讲座是学生遇到的最常见的语篇体裁之一。无论在国内就读，还是去国外求学，听懂讲座都是学生必备的技能。讲座一般篇幅较长，含多个层次，内容丰富，学生容易只抓住细节或某个要点，而忽视对全篇主题和精髓的理解。本小节选择一篇讲座作为例子，探讨如何让学生通过对语篇标记的辨别，更好地把握整个语篇的结构。具体的教学目标是让学生熟悉讲座的开头、主体和结尾部分的语篇线索，学会写提纲。

讲座语篇选自《英语听力入门 2000》第八课（张民伦等，2001：102-104）。笔者在课前找到了好几个讲座，但是它们都比较长，如在课堂使用，只能节选其中的一部分。而这一篇时间不长，有 4—5 分钟，而且包含开头、主体和结尾部分，是一个完整的讲座，很适合课堂使用。讲座文本详见附录三。

二、教学步骤及说明

表 4.12 列出了笔者在教学中的实际步骤及其说明。

表 4.12 教学步骤及说明

教学步骤	说明
1. 听前讨论题	这是一篇介绍国外中学课外活动的讲座。背景知识对学生来说并不陌生。听之前布置这样几个讨论题，能充分激活学习者大脑中的图式知识。
(1) Did you have any extracurricular activities when you were in middle school? (2) What kind of activities did you like best? (3) Do you know anything about the extracurricular activities in secondary schools in North America?	第一个问题特意提到听力材料中的一个关键词 extracurricular，由于该词对很多人来说是生词，教师提前作了解释。虽然学生对自己中学时期的课外活动是了解的，但是对北美国家中学生的课外活动并不是很清楚。听前讨论能提起学生的兴趣，并为下面的听力活动设定目标。
2. 听第一遍，要求听懂讲座大意。	这一遍要求学生能理解整个讲座的大意，不用记下细节。
3. 听第二遍，请同学注意讲座的语篇标记，如开头、引入主题、介绍分类、总结、结尾等，要求他们边听边做笔记。	教师在听之前提示常用的语篇标记有哪些，并各举几例，让学生有所了解。更详细的讲解此时暂不需要，留待后面。

（待续）

（续表）

教学步骤	说明
4. 听完，请学生组成2—3人的小组，对照笔记，回顾所听内容，尽量将信息相互补充完整。	每个同学注重的信息点不同，所以笔记也有所不同。通过在小组中相互核对并补充完整信息，学生会自然回顾理解过程中的各种线索及其作用。
5. 课堂讨论，请学生讲讲各自听到讲座中的哪些语篇标记，并讨论它们对自己的理解起到哪些作用。	表4.13是教师在课上使用的表格，总结了这篇讲座中的语篇标记及其作用。在课堂上，教师并没有直接把答案展示出来，而是先让学生凭记忆说出标记，并讨论它们的作用，然后由教师把学生的正确回答填入表中。学生的回答次序是随意的，因此表格是逐步形成的。
6. 再听一遍，引导学生关注文中其他的语篇衔接记号。	例如：another、one is … one is …
7. 听完以后，请学生完成课文中的练习（表4.14），按照给出的提纲模板，将信息补充完整。	这是学生独立撰写提纲前的预备练习。练习中已经给出了结构，降低了不少难度。在学生将内容补充完整之后，教师让学生观察提纲的结构。
8. 将表4.10的提纲样式显示在屏幕上。讲解语篇标记对语篇结构的提示作用。	对如何撰写提纲作必要的讲解。学生通过撰写提纲的训练能清楚了解语篇结构，也有助于记好笔记。宏观上，学生能把握开头、主体、结尾三大块；微观上，能弄清什么是主要观点，什么是支撑主要观点的细节。请学生注意用不同数字（罗马数字、阿拉伯数字等）标记提纲的层次，并准确使用缩进来表示层次结构。

（待续）

（续表）

教学步骤	说明
9. 将讲座的文本显示在屏幕上，其中的语篇标记已提前用横线标出。	学生将自己刚刚完成的提纲与讲座文本对比。
10. 教师举出更多语篇标记的例子，或说明其他体裁的语篇标记特征。	帮助学生拓展语篇知识，同时为下一篇练习做准备。

表 4.13 为教师在黑板上列举的语篇标记及其作用，是由师生通过讨论共同完成的。

4.13 讲座中的语篇标记及其作用

语篇标记	作用
It is my pleasure today to tell you …	开始讲座
But let me get into specifics about …	引入主题的详细内容
We have two different kinds of …	分类
One of them …	介绍其中一类别
We also have an …	介绍另一类别，与前面呼应
But let me not focus just on …	转折并转换话题
… is broken into two main parts	分类
There are a host of other …	补充说明、继续介绍与主题有关的部分
But I should tell you why …	引入原因
That sums up …	结束讲座

表 4.14 课文练习

Outline
I.　The speaker's self-introduction
　　A. occupation: _____
　　B. _____ in extracurricular activities
　　　1. _____
　　　2. supporting many of the other areas

（待续）

（续表）

II. Extracurricular activities offered in the school
    A. _____
        1. an _____ activity
        2. an intramural activity
    B. _____
        1. two parts
            a. _____
            b. _____
        2. advantage: _____
        3. _____
            a. jazz band
            b. jazz singers
    C. other extracurricular activities
        1. _____
        2. _____
        3. _____
        4. _____
        5. _____
        6. _____
        7. _____

III. The reasons why these extracurricular activities are offered
    A. helping students _____ in a positive way
    B. helping students _____ which may be used for _____
    C. providing _____
        1. for teachers, in _____ the activities
        2. for students, in _____ the activities

    在熟悉了大纲的撰写方法之后，可以鼓励学生按照自己听出来的语篇结构来写提纲。写好之后，对照音频和文本，再与不同结构的提纲比较。提纲的样式不是唯一的，如果学生写的不一样，不必强求一致，可以在课堂上拿出来让他们说说各自的道理，大家讨论出几个版本作为参考答案。课后作业可布置学生自己选择听一个讲座，听完后写出提纲。

第五章　策略能力

本章主要内容：

- 了解策略的定义和分类
- 学会使用元认知策略来计划、监控和评估听力理解
- 学会使用认知策略促进听力理解
- 学会使用社会—情感策略促进听力理解

小案例

> 　　王老师要求学生坚持写自主学习日志。她建议学生每人根据自己的情况设立切实可行的小目标，在一段时间内想方设法实现它。她还让学生在课外听力练习后写出反思或体会，并要求学生把这些日志每2—3个星期上交一次。下一周她打算讲如何提高听力策略能力，于是，王老师在阅读学生日志时，专门寻找学生使用策略情况的记录。她有了不少发现，并一一记录了下来。
>
> 　　在王老师看来，虽然不少同学都记录了策略的使用情况，但是他们并不一定知道自己在使用何种策略，他们只是有意识地开动脑筋，尝试各种办法，争取把听力材料理解得更好。下面列举的文字摘自学生日志。
>
> 　　一些学生注意到自己的问题：
>
> (1) 有些关键词对整篇理解很重要，我要注意语调的细微变化来发现关键词。
>
> (2) 听力理解还与记忆有关，如果记不住，我就写下关键词。
>
> (3) 如果边听边记笔记，就会错过好多内容，看来单词不能写全，只能写一部分。
>
> (4) 注意第一段和最后一段。
>
> (5) 对国际上石油方面的信息我要多了解，最近有关这方面的新闻很多。

(6) 我总感觉单个词汇能听懂，但是很容易忽略整篇文章传达的信息。
我要多注意文章大意，不要过分集中于某个单词。

有的人已经取得了成效：

(1)（听力材料）里面有个单词（edge）我听不懂，但是我猜是"优势"的意思，因为前面提到的一个词跟它意思相近。果然猜对了。

(2) 我习惯了自己发明的方法（写下首字母帮助记忆），很有效；记忆长句感觉好多了。

(3) 经过这两天练习听新闻访谈，我想我掌握了一个总的方法，就是一要听懂问题，二要注意回答。

也有一些同学还没有什么进展：

我突然发现我的听力还是那么差，今天听了几段，觉得很难，大意也没有听懂，我很沮丧，觉得厌烦，我试了一些技巧，但是好像没什么用。

王老师认为，学生已经在使用一些策略，特别是认知策略，但是对元认知策略，至少从日志上来看，用得还不是太多。如果给学生讲一些听力策略的知识，必然能拓展他们的思路，提升他们的技巧。对那些对策略将信将疑、尚未从中获得好处的同学来说，这些知识也许能增加他们使用策略的信心。

策略能力与听力理解

策略能力是指学习者使用现有资源调整在线认知过程来完成交际目的的能力。它包括评估环境、确定目标、计划如何去完成目标等等（Bachman & Palmer，1996；McNamara，1996；Phakiti，2008）。策略的使用影响听力理解的过程和结果。研究表明，二语听力学习者使用各种策略来弥补语言知识的不足，这些策略包括元认知策略、认知策略和社会—情感策略（Goh，2002b；O'Malley & Chamot，1990；Vandergrift，2003）。

教学中我们发现，学习者对策略的了解十分有限。有的人不知道计划、监控等元认知策略的作用，有的人因为不了解而不相信策略会改进学习。平时使用策略的人也有疑问，他们发现有时策略使用得颇为顺利，有时却会失去效果。比如，听到一篇话题熟识的材料，感觉无论采用联想还是推断策略都能奏效，可同样另一篇材料的话题也并不陌生，却可能理解得不好，推测发生错误，无法解决生词带来的困扰。在一个班级里，总有一些同学比较善于使用策略，而另一些同学则忙于应付处理诸如语音、生词之类的基本困难，教他们去使用策略似乎勉为其难。这些问题到底是什么原因所致？我们该怎样通过课堂教学让学习者了解策略，并指导他们提高策略能力，促进听力理解呢？本章将分几个部分介绍。第一节主要介绍元认知策略，第二节介绍认知策略和社会—情感策略，第三节为教学实例。

第一节　元认知策略

一、教学目标

学会使用元认知策略来计划、监控和评估听力理解。

二、教学精要

1. 元认知知识

人类有感知自己大脑的活动过程的能力。元认知是个体对自己的认知活动的认知，包括认知任务、目标、行动和经验。人的元认知知识包括：了解学习中的相关因素是什么，这些因素如何影响认知活动的过程和结果，以及它们如何相互作用来影响认知活动的过程和结果（Flavell，1979）。元认知知识包含三类知识，即个人知识（判断个人学习能力和了解影响学习成败的内外部因素）、任务知识（与学习目标、要求、学习任务本质相关的知识，这些知识能使人充分考虑影响任务难度的因素，例如文本特征等）和策略知识（如何选择使用策略来达成学习目标）（Goh，2002a；Vandergrift *et al.*，2006）。涉及听力理解的元认知知识详见表 5.1。

表 5.1 听力元认知知识

元认知知识	听力中的元认知知识
个人知识 有关年龄、学能、性别、学习风格和学习者信念等因素如何影响学习的知识。	有关听力的自我概念、自我成效；具体的听力问题、原因、可能的解决方案。
任务知识 有关目标、需求和学习任务本质的知识，还包括完成这些任务的过程的知识。	听力中所涉及的大脑的、情感的和社会的过程；为完成任务所需的技能（例如听细节、听大意等等）；影响听力的因素（例如文本、说话者等等）；课外提高听力的方法。
策略知识 有关能有效达成学习目标的策略知识。	促进理解和应付困难的各种总体策略和具体策略；对某种类型听力需采用的特别策略；无效的策略。

(选自 Vandergrift *et al.*，2006：434)

2. 听力与元认知策略

在听力学习中，元认知策略能帮助学习者规划、管理听力学习，包括确立目标、制定计划、监控任务的执行和评估任务的完成情况。因而，与认知策略相比较而言，元认知策略属于高一层次的策略。实际上，听力的元认知策略既包括对听力学习整个过程的规划管理，也包含对完成某一次具体的听力理解任务的规划管理。

多数学者在元认知策略对促进理解的作用上看法一致。最常用的元认知策略包括计划、监控和评估。计划包含评价任务要求、收集资源、尽量争取提前估计可能发生的问题等等，具体地说就是：在听之前做好计划；在听的时候，始终有个目标；能根据听力理解任务或自己的目的，有选择地注意所听内容；如果计划不奏效，也知道该怎么补救。

监控是指保持一种对信息内容的意识和知觉，对某个期待的目标信息一直加以注意。例如，知道还有多少任务没有完成；注意力不集中的时候，能立刻意识到；遇到听不懂的地方，能做到心里有数；在焦虑、紧张的时候自己清楚，能及时调整。

评估是指对听力任务是否完成的评价。在听的过程中，学习者不断检查自己理解了多少，一旦发现理解得不对，就立即纠正。

Vandergrift（2010）指导学生在听力过程中使用元认知策略，结果发现他们的听力成绩明显好于那些没有被指导使用元认知策略的学生，而且经过指导，听力水平低的同学比水平高的同学进步更快。表 5.2 列出了 Vandergrift（2004）针对不同元认知策略的教学阶段。

表 5.2 不同元认知策略及其对应的教学阶段

教学阶段	元认知过程
听前：计划、预测 1. 在知道要听的题目和文本类型后，学生预测可能将听到的内容和词汇。	1. 计划和引导注意
第一遍听：第一次验证阶段 2. 学生验证他们最初的假设，修正自己的理解，将听懂但未预料到的信息记录下来。	2. 选择注意、监控和评估
3. 学生之间相互比较他们所理解的内容，修改、确定是否还有哪些细节需要特别注意。	3. 监控、评估、计划和选择注意
第二遍听：第二次验证阶段 4. 对前面讨论中不一致的地方进行验证，修正自己的理解，将新增的理解细节记录下来。	4. 选择注意、监控、评估、解决问题
5. 全班讨论，共同参与对文本主要观点和相关细节的重新构建，不时请学生回顾对某个词汇或文本片段的理解过程。	5. 监控、评估、解决问题

（待续）

（续表）

教学阶段	元认知过程
第三遍听：最后的验证阶段 6. 学生仔细聆听在全班讨论中指出的 　他们原先没能听懂的信息。	6. 选择注意、监控、解决问题
回顾 7. 讨论对未听懂的内容还能使用哪些 　策略，在此基础上，为下一次听力 　活动制定目标。	7. 评估、计划

（Vandergrift，2004：11）

在这些阶段，学习者和教师分别应当做些什么？表 5.3 列出的一些做法可供参考。

表 5.3　学生和教师如何使用元认知策略

元认知策略	学生做什么	教师做什么
计划 提前组织	决定某个具体听力任务的目标	将话题写在黑板上，例如听火车时刻，请学生讨论为什么听这个内容很重要。
引导注意	学生必须注意听力任务的要点，以求对整篇有个基本了解	在确定听力任务之前问一问学生，他们是否知道将要听到的信息是哪种类型的，例如："马上要听一篇……新闻，请问在新闻的开头你们会听到什么？"
选择注意	学生注意听力任务中的细节	在学生听第二遍之前，为他们指明要求他们听的具体信息。例如："请大家再听一遍，这次请大家注意听出说话人之间的关系。"
自我管理	学生必须自己管理完成该听力任务的动机	在设定任务之前，教师用二语和学生交谈，使他们调整到二语听力的状态中来。

（待续）

（续表）

元认知策略	学生做什么	教师做什么
监控 监控理解	检验自己是否听懂了内容	教师设定一种任务，使学生一次只能理解一部分内容。他们会一步一步监控，直至完成任务的最后一部分。
监控声音	学生判断听到的内容是否准确	教师要求学生使用母语来确定他们对听力文本的感知是否正确。例如，教师让学生听并确定人物的感受，然后彼此用母语相互确认。
双重监控	整个任务过程中自始至终监控	在任务结束时，教师要求学生回顾先前有关说话人的知识，现在的知识与先前相比是否发生了什么改变？
评估 评估表现	学生评价自己完成任务的表现	教师可采用多种方法让学生判断自己的表现，例如询问学生："你认为自己听懂了多少，100%、75%还是50%？"
问题确认	学生确认还存在哪些阻止他们顺利完成听力任务的问题	在完成听力任务后，教师询问学生他们认为哪一段是难点。

（Vandergrift，1996）

3. 策略教学法

Mendelsohn（1994）和 Vandergrift（1996）都提倡基于策略的听力教学，而且为此提出了详细的建议。Mendelsohn（1994）强调预测、假设和推断策略以及帮助听者确定所听材料主题的策略。Vandergrift（1996，1997，1999）强调元认知策略的教学。两人都认为应鼓励学生把母语策略迁移到二语学习中来，认为学习者应学会独立决策使用什么样的策略。而 Field（1998）则反对这种教学法，他强调听力教学应着重训练分项的听力技能，比如 Richards（1983）提出的听力微技能，包括识别词汇边界、找出句子组成部分、从上下文中推测词汇意思和关系等等。Field 认为，这些微技能是母语学习者具备而二语学习者需要练习并加以掌握的。既然策略是母语中原本就有的，那么教学目标就是让学习者在二语学习中把它们使用起来，而不用去教。

笔者认为，教师应兼顾两种观点的长处，规避它们的不足。只强调策略教学是不够的，因为缺少基本技能作支撑，即使想到使用某种策略，也无法实现。但是，策略教学和基本技能的训练并不矛盾。基于策略的教学是希望学习者在具备了策略能力之后，能更好地自我管理听力学习和听力过程。

三、课前准备

1. 设计调查问卷

教师设计一份问卷，以了解学生的策略知识，了解他们是否相信策略的作用，以及以往的策略使用情况等。表 5.4 是一份样卷。

表 5.4　策略基本知识和以往使用情况问卷

姓名 _____　　学号 _____　　电子邮箱 _____

请根据自己的实际情况，回答下列问题：
1. 你认为策略是什么？
2. 你知道有哪些常用的听力理解策略吗？
3. 你经常使用策略吗？请描述你使用过的一个策略。如果不经常使用策略，请说明为什么。
4. 你觉得使用策略对改善听力理解有没有效果？
5. 如果有效，你觉得哪个（些）听力理解策略比较有效？如果你觉得使用策略是无效的，请举例说明。
6. 你在听力理解时还频繁使用过哪些策略？
……

2. 制作元认知策略练习表格

制作一份如表 5.5 所示的表格，用来辅助元认知策略教学。

表 5.5 元认知策略练习表格

计划（听之前填写）
1. 本篇的听力任务：_____。
2. 为完成这项任务，需要听哪些信息：_____。
3. 听这篇材料有什么重要之处：_____。
4. 本篇的信息类型：_____（对话／新闻／讲座／访谈／影片／其他）；它会有哪些特征：_____。
5. 本篇可能会提到的内容：_____。
6. 本篇可能会出现的词汇：_____。

监控（听完后填写）
1. 听的时候有没有对照目标监控内容的进展：_____。
2. 听的时候有没有发现出乎意料之处：_____。

评估
1. 大概听懂了多少（100%，80%，……）：_____。
2. 哪一部分最难，请回忆：_____。

3. 对教材中练习的补充准备

对教材里的听力材料，教师可做好下面的补充准备：

（1）提炼每篇材料的话题，了解这些话题对学生的重要性和学生对它们的熟悉度，并围绕话题准备小问题，作为听之前的热身练习。

（2）大部分教材虽然设置了练习，但是并没有点明听力任务，而且很多听力材料后面设置的练习不止一个，学生需要听多遍。教师需在课前明确这些练习所针对的任务，以便在每次听之前都有不同侧重，能指引学生调整目标，完成任务。

4. 对课外材料的补充准备

如果教师自己增加听力材料，则需要特别注意明确听力任务和分步骤听力目标，将其写在黑板上或制作成幻灯片。

四、课堂活动

活动举例 1：你了解听力策略吗?

教师使用问卷了解学生的策略知识和以前的策略使用情况。分析结果之后教师可根据需要安排讲座，也可基于表 5.1 和表 5.2，更为详尽地和学生共同探讨。重要的是倾听和发现学生的看法。因为如果他们根本不相信某种方法，就无法指望他们去学习甚至掌握这种方法。

活动举例 2：计划你的听力任务

在听一篇材料之前，教师和学生围绕话题进行讨论。教师可用事先准备好的问题提问，然后发下事先准备好的表格，如表 5.5。这张表可以帮助学生重视计划，并通过填表加深印象。对可能会听到的词或内容，也可以让学生在同桌之间或全班讨论。

活动举例 3：评估并反思

听完一遍后，让学生继续完成表 5.5。鼓励学生写一些体会。先让学生通过小组讨论交换意见，看看他们对文本理解了多少、理解得是否一样，与之前自己的假设是否相符。让学生将有疑点的地方记下来，作为下一遍听的目标。

活动举例 4：回顾策略使用过程

教师给学生们机会回顾策略使用的过程，并让他们相互交流。一些学生虽然面临的难点不同，但是却采用了相似的策略，经历了相似的思维过程。一些人遇到的难点相同，却使用不同的策略找到了相同的答案。这个活动能让学习者发现彼此之间策略使用过程的相似或不同，从而加深对策略的个人化和多样性的了解。

五、教学小贴士

- 如果课堂上听多篇材料，则上面的一些活动也需要循环多次。可将表5.5 按照自己的需要增加相应内容。

- 某个具体听力任务的目标，虽然是预先设定好的，但是由于课堂上总会遇到新情况，教师要做好增加新的任务目标的准备。如果学生在讨论中遇到新问题，应增加听的次数。

- 教师应避免突出或反复比较高水平学习者和低水平学习者在策略使用上的差别。一是因为策略使用带有个人差异，二是出于对学生情感和自信心的关照。教师可以将不同人群的不同策略交予大家比较判断，提出自己的建议，并讲出理由。

- 材料的选择很重要。难度适中的材料，可能更能凸显元认知策略的作用。材料太难或太简单，都不容易体现出元认知策略对听力的影响。这是因为策略因素总是与别的因素共同影响听力理解过程。

六、课后作业

1. 课后元认知策略训练

让学生课后自主选择听力材料去听，要求学生每次在听的时候都使用表5.5。这样持续练习一段时间，有助于学生形成使用元认知策略的习惯。

2. 日志记录

请学生体会并总结听力元认知策略，记录在日志上。

第二节　认知策略和社会—情感策略

一、教学目标

学会使用认知策略和社会—情感策略促进听力理解。

二、教学精要

1. 认知策略

认知策略是指学习者为促进知识的学习或技能的掌握而表现出的行为、技巧或行动（Derry & Murphy，1986；Rubin，1987）。Vandergrift（1997）基于 O'Malley 和 Chamot（1990）以及 Vandergrift（1996）等对听力学习者的研究，列出了听力理解中常用的认知策略，见表 5.6。

表 5.6 听力理解中的认知策略

策略	描述
推断	根据语言、声音或肢体动作等多种线索来猜测意思
联想	利用知识、经验等来帮助理解
总结	在大脑中或用笔头总结所听内容
翻译	把所听内容翻译成另一种语言（通常是母语）来理解
转移	把母语中的知识转移过来，促进二语听力理解
重复	一边听一边重复所听的语言（词汇或语块）
使用资源	寻找资源帮助理解（如字典、课本、笔记等）
分组	依照共同属性将所听信息分类，以便回忆
笔记	边听边记笔记，将关键词汇和概念用词语的缩略形式、图形或数字形式记下来以帮助完成听力任务
演绎 / 归纳	学习者有意识地使用已经学过的规则或自己归纳出的规则来帮助理解
替换	选择别的方法、改进计划或使用不同的词或词组来完成听力任务

（Vandergrift，1997）

2. 社会—情感策略

社会—情感策略是指与他人互动或自身情感控制的策略（O'Malley & Chamot，1990），它包括合作、澄清或询问、降低焦虑和自我鼓励等策略。这些策略在双向听力和单向听力中，内容略有不同。有的适用于双向听力，如澄清或询问策略，听者在自己没有听懂或理解不够确切的时候，及时向说话人提问，澄清不明白之处，或重述自己的理解，让说话人确认。也有人把这一策略列为合作策略（Goh，2002b）。在单向听力中，合作策略指学习者共同努力，一起完成听力任务。他们通过相互核对笔记、讨论问题的解决方案等方法彼此合作，共同达到对听力材料的理解。降低焦虑和自我鼓励无论在双向听力还是单向听力中都适用，它是指听者通过降低焦虑感和自我鼓励等方法来增加自信，使自己保持一个积极的心理状态来应对听力任务。

教师在课堂上能够采用一些方法给学生提供练习社会—情感策略的机会。比如，给学生机会就所听材料提出相关问题。这一活动在听前、听中和听后都可以进行。还可以提供机会让学生相互交流，看对方是如何理解的、理解了多少。学生通过与教师和同伴交流除了能得到反馈，还可能得到意想不到的启发和提高。教师还可以通过改进教学方法，降低学生的焦虑感，同时可与学生探讨如何在压力之下调整好自己的情绪，使自己在听的时候保持一个良好的状态，而不是让焦虑感抑制理解的过程。

3. 成功学习者的听力策略

多年来，人们一直在研究成功的学习者和不成功的学习者在听力策略的使用上有什么不同。Rost（2002）总结了 Vandergrift（1996，1998，1999）和 Rost（1999）的研究，认为有五条策略基本上是公认的成功学习者的听力策略。在此基础上，他又增加了一条评估策略，归结为六条，它们是：

（1）预测：预测将要听到的信息；

（2）推断：从不充分的信息里推断出完整的信息来；

（3）监控：监控自己的听力行为，包括评估不确定的地方；

（4）澄清：提出问题获取信息，以达到全面理解；

（5）回答：就所听到的信息给出个人的、相关的回答；

（6）评估：确认理解了多少、先前的问题是否已解决。

这其中，监控和评估是元认知策略，澄清和回答是双向听力活动中使用的策略，预测和推断是单向和双向听力活动中都可使用的认知策略。Rost（2002）没有提到的联想策略实际上也是善学者经常使用的策略。下面将对推测、联想和预测这三个认知策略作较为详细的介绍。

1）推断

推断是非常重要的听力策略之一。这是因为，说话人所传达的信息不都是明说的，有很多信息是隐含的，需要听者去推断才能理解。推断策略就是指听者在听的过程中，利用语境线索推测生词含义、预测结果或补足缺失信息的过程（Vandergrift, 1997）。推断时听者依据自己已有的知识、经验和对上下文信息的理解，对所听内容作出推理和判断，试图理解符合说话者原意但却没有明说的内容。

具体地说，听者依据下面的一种或几种知识或线索作出推断：

(1) 语境线索。这些线索来自听力材料本身，听者准确理解了前文的内容，会有利于对下文的推断。后面的内容也会进一步加深听者对前面已出现内容的理解。

(2) 听者的语言知识。对二语学习者来说，二语语言知识是帮助他们作出推断的重要因素。例如，听到一个生词时，听者能够通过对那些与它有关联的词汇的理解，猜测这个生词的意思。还可以通过对语调的判断，推测句子的含义。

(3) 视觉线索。在双向交流中，说话人的表情、姿势和动作都能够成为听者推断的线索。

相应地，教师可以帮助学习者从以下几个方面来提高推断能力。一是关注上下文，对已听的内容除了理解之外，若能加以记忆或做适当的笔记，会有助于对下文的推断，同时，对下文的理解还可弥补对上文推断的不足。二是充分利用语言线索去推断。语调、词汇、语法等线索都可用来推断。三是在双向交流中，注意观察说话人的身势语等。这些方法可以相互结合使用。

推断的结果实质上是听者的一种假设，因为它是听者基于自己的认识、理解和自己所能获得的信息作出的、自认为合乎逻辑的判断。因此，推断的结果可能正确，也可能有偏差。所以，教师除了强调推断策略的使用之外，还要提醒学生注意用不断听到的信息对前面作出的推断进行验证和修正。

2）联想

联想是将语境外的知识和语境内的知识联系起来，预测结果或补足缺失信息的策略（Vandergrift，1997）。在使用联想策略的时候，听者利用自己的世界知识和已有的经验，对所听内容展开联想。例如，听到 electronic，听者激活储存在大脑中的有关"电子"的知识；听到 go to the hospital，听者联想到自己的就诊经验，激活有关就诊的图式知识，这些都可能帮助他理解接下来听到的内容。

为帮助学生运用联想策略，教师可以通过和学生轻松聊天、相互提问、头脑风暴等多种方法，引导学生激活有关所听话题的背景知识，回忆有关所听话题的相关经验。这些活动在听之前、听的过程中和听之后都可以安排，但是目的可以有所不同。在听之前运用联想策略，目的是让学生听第一遍的时候就能很快切入相关内容，不觉得陌生；听的中间暂停、展开联想，可以让学生预测下面的内容；听之后运用联想策略，目的是让学生在头脑中形成对整篇内容的意象。那些尚未听懂或听第一遍的时候错过的内容在意象中是模糊的，可以作为第二次听的时候着重注意的点。听后联想还可以对听前和听中所作的假设进行进一步修正。

3）预测

运用母语交流的经验告诉我们，我们在听对方说话的过程中，有时常常想在他们的前面。也就是说，对方还没说完，我们已经知道他们要说什么了，这就是预测。在二语听力理解中，预测是一项非常有效的认知策略。学习者在听之前和听的过程中都可以采用这一策略对下面要听到的内容进行预测。预测所依赖的线索可以是主题段、主题句、关键词，也可以是话语线索等等。主题段和主题句涵盖所听材料的主题，有助于预测所听材料的整体含义。关键词、话语线索等也能帮助预测具体细节。

教师可以从听前练习开始，让学生尝试使用预测策略。例如，给出即将听到的对话的发生地点、对话中人物的关系、讲座或新闻的标题等，让学生对所听材料的内容展开预测。听的过程中，教师也可选择适当的地方停下来，让学生预测下面可能将要听到的内容，如故事的结局、新闻的下一个要点或细节等等。教师要提醒学生的是，预测毕竟是听者的假设，因而不能忘记用下面听到的信息来验证自己的预测是否正确。不是所有的预测都会成功，对学生来说，也许在刚开始练习这一策略时，相当一部分预测都不够准确。但是，学生不能因为预测失败就放弃使用这一策略，而是应该找到产生偏差的原因，提高预测的准确性。有关如何预测的更多内容，参看下面课前准备中的表 5.7。

4. 策略的综合运用

虽然元认知策略、认知策略和社会—情感策略的定义和内容各有不同，但是运用在听力理解中，它们的目的是一致的，都是为了促进理解，更好地完成听力任务。在课堂上，教师应引导学生综合使用这些策略。

Cohen（2000：81，转引自杨坚定，2003）曾经提出多种策略训练模式，旨在培养学生在学习任务中运用多种策略和自主选择策略的能力。他认为教师可以采取以下几个步骤：

（1）描述、示范、举例说明可能有用的策略；

（2）基于学生自身的学习经验引出更多的使用策略的例子；

（3）组织小组或全班就策略进行讨论；

（4）鼓励学生尝试各种策略的使用；

（5）把策略与日常课堂材料结合在一起，以显性或隐性方式融入语言任务中，为学生提供语境化的策略使用练习。

在这些步骤中，第 1 到第 4 个步骤相对简单，最后一个步骤比较复杂。教师需要结合材料确定重点，有时还要自行设计一些策略练习。例如，在听前练习中，教师可围绕几个重点：一是激发学生的动机，让他们明白即将进行的听力练习非常重要；二是激活学生的知识和经验，使他们做好听的准备；三是告诉他们放松心情，把注意力放在听的过程中，而不只是去担心听不懂该怎么办、老师是否提问、答不出来别人怎么看等等。这一阶段可以综合使用的策略有：元认知策略中的计划，认知策略中的联想、预测，以及情感策略中的降低焦虑等等。在听的过程中教师也可围绕几个重点：一是针对每一次听设立不同的任务，从易到难，便于学生在听的时候运用选择注意策略；二是指导学生利用各种线索展开推断和联想；三是训练学生记笔记。

值得提出的是，研究发现，策略的训练一般要持续一段时间才能看出效果（O'Malley & Chamot, 1990；Oxford，1990；楼荷英，2004；苏远连，2003）。

5. 策略使用与语言水平的关系

值得关注的是，早期的策略研究者根据学习者的语言水平将学习者分为高水平组和低水平组，并分别观察其策略的使用情况，发现两组不同水平学习者使用的策略不同。近来又有不少研究发现，高水平者和低水平者在使用策略的种类、频率上都无甚差别，不过，高水平学习者能够更加有效地综合运用各种策略。然而，对于高水平学习者，究竟是因为他们达到了一定的语言水平才能使用某些策略，还是因为他们使用了某些策略而使语言水平提高了，这一点还没有定论。

相关研究还发现，策略的使用具有个人差异性。任何一个策略运用得是否有效不仅取决于学习者的二语知识，更取决于学习者在感知问题上的个人差异、个人运用策略的能力和协调运用多种策略的能力（Laviosa, 1991）。总体来看，学习者使用的策略种类都差不多，但是从个体来看，有些学习者使用的策略比其他人要多（Young，1997）。而且，不是所有的策略都被每个人使用，即便是同样的策略被不同的人使用，其使用的方法和结果也不尽相同。可以说，尽管策略的使用具有共性，但是其个人差异性还是很大的（Martin，1982）。因此，教师在教学中应因势利导，充分考虑学习者差别，让每个人掌握适合自己需求和水平的策略模式。

三、课前准备

1. 认知策略介绍

准备幻灯片，对认知策略进行介绍。可将各种策略列成表格，配以描述和例子。对重点讲解和练习的策略，需要准备更加详细的内容。表 5.7 可用来介绍预测策略，是笔者根据 Ji（2003）的 Training the University English Learners to Predict in Listening Class 的文章总结加工而成的。

表 5.7 听力理解认知策略——预测

How to make predictions in L2 listening?

How do we listen in our native language?

- Do we listen word by word or sound by sound?

  —No. We often find ourselves one step ahead of the speaker.

  —Sometimes we can finish other people's sentence for them!
- The more you can predict, the easier it becomes to understand.
- You don't believe this, do you? Let's do some tests. Start to communicate in Chinese! Do you make predictions while you are listening?

How do learners listen in their second language?

- Do we as L2 learners listen word by word or sound by sound?

  —Perhaps! Sometimes we even stop the tape and repeat it several times! If we are beginners, we have to rely on bottom-up processing. (Indeed this method is sometimes useful.)
- For intermediate learners, they may like to translate what they hear into their mother tongue. (When they do this, the speaker has got far ahead!)
- They can remember the first few sentences, but often get lost when more sentences follow.
- When they meet a long sentence, they can only remember the first half or the second half of it, but can not get the whole sentence.

What shall we do, then?

- Pre-listening stage prediction
- While-listening stage prediction

Pre-listening stage

- Prediction based on the topic
- Prediction based on key words
- Prediction based on speakers and their relations
- The usual ABCs

Prediction based on the topic

- What is the upcoming passage about?
- Is it a narrative or recounting passage?

  (A recounting passage will usually be given in a temporal order, and there will be quite a lot of details and descriptions.)

(待续)

（续表）

- What are the features of a passage of a different genre?

  (This question is for students to study after class.)

Prediction based on key words

- You are given some key words of the upcoming passage. Predict what will be heard with the help of the key words.
- Form predictions but bear in mind that they may not be conformed with the content of the passage. So do not forget to confirm and revise them later while you hear the passage.

Prediction based on speakers and their relations

- Who is the speaker?
- Who are the speakers?
- What is the relationship between these speakers?

The usual ABCs

- What happened?
- When did that happen?
- Why?
- How?
- What is the main idea?
- …

While-listening stage

- Prediction based on the topic sentence
- Sentence-by-sentence prediction
- Prediction based on semantic markers

Prediction based on the topic sentence

- The topic sentences are usually the first sentence (or the first few sentences) of a paragraph.
- In a long text, sometimes we have a topic paragraph.

Sentence-by-sentence prediction

- The linear nature of language: we listen to the first sentence, predict the second and modify our prediction.

（待续）

（续表）

- The stress on particular words in the first part of an utterance is often explained or clarified by a comment in the second part. (Ask students to offer examples.)
- Sometimes, the speaker proclaims in advance the kind of thing he is going to say:

  The question is …

  There are two ways of doing that …

  Everything has changed … (examples may follow)

  I don't agree … (a reason may follow)

Prediction based on semantic markers

- The commonly used grammatical patterns: comparatives, conditionals, narrative sequence, cause, effect, etc. (What else?)
- So if you hear the first part of a comparative sentence, you can guess the second half.
- In conditionals, there are semantic markers: if, even if, unless, only if, in case, whether or not, in the event … (What else?)
- In a recounting passage, there are sequential markers like before, after, as soon as, etc.
- Other semantic markers

  (1) The markers used for listing: Firstly, … finally, …

  (2) Markers that will show us the cause and effect relationship: so, since, because, therefore, etc.

  (3) The speaker is going to illustrate his/her idea by giving examples: for instance, for example …
- Markers that introduce an idea which runs against what has been said, or is going to be said: but, yet, although, etc.
- Markers that indicate that the speaker is going to sum up his/her ideas: to summarize, in other words, what I have been saying is this …
- Markers that are used to express a time relationship: when, before, as soon as, after, etc.
- Markers that are used to indicate the relative importance of something: I would like to direct your attention to, etc.
- Markers that are used to re-phrase what has already been said or introduce a definition: in other words, to put it another way, this is to say, etc.
- Markers that express a condition: if, even if, unless, etc.

（改编自 Ji，2003）

2. 母语中的认知策略举例

　　准备一些学生在理解汉语时使用策略的小例子或小活动。例如，教师跟学生用母语交谈，在一些地方，教师没把话说完，但学生可能已经猜测到下文。实际上，这些策略对学生来说并不一定陌生，在理解母语的过程中，学生已经会熟练地使用，只是很多时候没有察觉，因为母语的使用已经自动化了。这些例子可以使学生很自然地体会并思考如何将母语中的策略转移到二语听力理解中来。

3. 设计专门的策略练习

　　为选择好的材料准备专门的策略练习。很多教材中的练习都是设置为听完一遍或几遍后完成的，而本节中训练的策略是在听力理解过程中使用的，因此时常需要在听力过程中暂停，通过让学生完成一些任务来训练。这些任务需要教师根据材料自行设置。

4. 标记音频

　　在音频中要做好标记点。引导学生开始运用某项策略的点是需要标注的，验证策略运用完成的信息点也需要标注。例如，在前一句话某处暂停，引导学生对下面进行预测，当信息点在后面出现、能够验证学生的预测是否准确时，往往也要暂停。

四、课堂活动

　　下面是一些活动举例。预测包括听前预测和听时预测。本书把听前预测归为元认知策略中的计划策略（见本章第一小节）。在听的过程中，听者仍然可运用预测策略来提前激活图式知识，减少需要考虑的可能命题的数量，从而减轻认知压力（Graham & Macaro，2008）。

活动举例 1：说说你常用的认知策略

以小组讨论或课堂提问的形式，请学生说说自己在听力理解过程中经常使用的认知策略。然后，将事先准备好的策略列表展示出来，将其与学生所提到的策略进行相互补充。

活动举例 2：听主题句或主题段，预测所听材料的主旨

让学生听主题句或主题段，在主题出现后，教师按下音频播放器的暂停键，请学生预测所听材料的内容主旨。以小组讨论或课堂发言的形式，请学生将自己的预测说出来或写下来，然后继续听下文。在涉及主题的相关句子处停顿，引导学生不断根据所听内容适度调整自己的预测。听完全文，让学生回顾自己在听的过程中如何从预测开始不断调整，一步步接近目标。

活动举例 3：预测句子意思或句子的部分意思

给学生听一组句子中的开头一句，请他们预测下一句，然后播放下一句，请他们调整自己的预测，再往下听。或者让学生听句子的一部分，请他们预测剩余部分的意思。例如，下面是一篇新闻的片段：Wells Fargo chief economist John Silva said it shows that companies are more confident about a sustained US recovery. "It was nice to see ‖ the unemployment rate down a little bit. It was good to see ‖ that most of the job growth was in fact in the private sector. I think those are all good signs telling us that we have sustained economic growth and a better labor market." 两处竖线标记处都可以作为暂停的点，让学生预测句子的下半部分。

五、教学小贴士

- 虽然每堂课可以有所侧重地介绍不同的策略，但是在实际练习中，学习者应当将一些策略综合在一起使用，而不只是一味练习某个策略。策略之间可以起到相互补充和相互印证的作用。
- 有些同学在预测下文时表现不够积极，这时多半是因为没有听懂前文。

实际上，准确的预测是以准确地理解词句为基础的。也就是说，"自上而下"策略和"自下而上"策略是互为补充、互相验证的。教师可借此机会说明这个道理。

六、课后作业

1. 自主学习

请学生在课后自己选择听力材料去听，将课上学到的策略熟练运用。

2. 日志记录

请学生在听力练习后随即在日志上记录下对认知策略的综合运用情况，体会如何协调运用不同策略来促进听力理解。

3. 共同学习并交流策略使用经验

将学生分成小组，每组2—3人，相互合作完成一项听力练习。听后同学之间交流策略使用的经验。建议学生选择一个别人常用而自己不熟悉的策略进行练习。

第三节 教学实例

一、背景介绍

下面是元认知策略教学的一个案例。教学目标是引导学生将计划、监控和评估等元认知策略运用到听力理解过程中去。所用听力材料是一篇新闻报道，具体的文本可参看附录四，课前教师做了如下准备：

1. 设计任务

要求学生扮演驻外记者的角色，通过听来获取足够信息，向国内进行深度报道。教师向学生提问：作为记者，就这个主题，你想获得哪些信息？以此引导学生明确听的目标。这是一篇有关美国失业率降低的新闻报道，有视频，语速较快。为了让学生听前做好背景知识的准备，教师设计了听之前的讨论题和策略引导训练题。另外还准备了一些涉及重要信息点的问题，在第二遍和第三遍听后提出，例如：

(1) How do we know that the US unemployment rate drops?

(2) Which sector has the fastest growth?

(3) Are there any threats to sustained job growth?

考虑到学生根据自己的目标可能需要获取另一些信息，教师为此留出余地，在课前多准备了一些问题，届时视课堂上学生的反馈来决定是否需要使用。

2. 元认知策略讲座

前一周，教师利用课堂上的时间已经介绍过策略的分类及内容，学生对这些内容已经有所了解，但是教师还没有在课堂上指导他们练习过。

3. 准备元认知策略练习表格

表 5.5 是元认知策略练习表，用来帮助学生练习运用元认知策略，教师在课前已印好。

二、教学步骤及说明

表5.8 教学步骤及说明

教学步骤	说明
1. 听前讨论 引导学生讨论下面两个问题： (1) How much do you know about the current economic situation in the US?	听前讨论，帮助学生做好背景知识的准备。第一道题大家都能回答，第二道题稍有些难度。教师将 indicator 换成 sign 再问，有同学先答：New businesses are setting up，再有人回答：There are more

（待续）

（续表）

教学步骤	说明
(2) Do you know any indicators that can tell us whether the economy is improving or not?	job chances，教师肯定了这些答案，并用自己的话重述学生的回答，里面使用了 unemployment rate 一词。
2. 听前计划 1）提前组织 布置任务，告诉学生他们现在扮演的角色是驻外记者，得知 the US unemployment rate drops to 8.9 percent，将针对其进行深度报道，信息来源是即将听到的一篇新闻。将这一任务写在黑板上，同时提问让学生思考：为什么听这篇材料很重要？作为记者，你最想了解的信息是什么？	下面几个教学安排都是围绕元认知策略训练展开的，目的是做好听前计划。 这一细分策略的目的是让学生明确听的目标以及听力任务的重要性。
2）引导注意 告诉学生，他们马上要听到的是一篇新闻报道，并提问：新闻报道会有什么特征？你可能会听到哪些内容？你可能会听到哪些词汇？	这一细分策略的目的是让学生激活有关文本类型的知识，预测可能听到的内容和词汇（学生回答见表5.9）。
3）选择注意 提问学生：你要听的要点大概会在哪里？	这一细分策略的目的是让学生注意听力任务的要点。
4）填写表格 将元认知策略练习表格发给学生。让他们先填写计划栏中的内容，听完后再填写监控和评估栏目，但是提醒学生注意使用后两个策略。	学生可以通过课堂讨论口头回答表中的问题，也可以先让学生在表格上写下自己的回答，再在课堂上讨论。后一种方式有利于学生个人的深度思考。经过这些步骤，学生对即将要完成的听力任务已经做了比较充分的准备。
5）课堂讨论 就表格上的几个问题请学生回答。对回答的同学给予鼓励，重复他	通过课堂交流集思广益，能最大程度地让学生感受到元认知策略的益处，达到教学目的。

（待续）

（续表）

教学步骤	说明
们的回答，让所有人都听清。同时提醒，在即将听到的材料里，有的问题可能得到直接的答案，有的问题只能获得间接的回答，需要推断。还有的问题可能得不到对应的信息。	
3. 听第一遍 提醒学生听的时候注意检验自己是否听懂了，是否听到了计划要听的内容。可以做必要的笔记。安排同学之间互相讨论，核对笔记，看看自己和对方是否都听懂了，或者理解得是否一样。如有不同，提醒自己在听下一遍的时候特别注意。	这里训练的元认知策略是监控和评估。
4. 听第二遍 听之前教师提醒前面讨论题的内容，即你最想了解的信息是什么，是否已经了解到。	以本篇材料的难度，学生听一遍不足以完成所有任务。适当提醒能帮助学生再次明确目标。
5．听第二遍后，请学生回答问题： (1) How do we know that the US unemployment rate drops? (2) Which sector has the fastest growth? (3) Are there any threats to sustained job growth?	文中有些逻辑关系和细节非常重要，通过提问，可以引导学生理解得更为准确。课堂回答可以帮助学生验证听力过程中的一些假设。 第三个问题 Are there any threats to sustained job growth? 有点难度，提醒学生听第三遍时注意。
6. 听第三遍 听时要求学生注意回顾全文要点。听完后向学生提问，看学生还有哪些地方没有理解。	让学生再次仔细聆听全文，对前面有疑问的地方再理解一次。

（待续）

（续表）

教学步骤	说明
7. 将文本显示出来。	让学生注意语言的形式。可根据需要讲解词汇等。
8. 让学生填写元认知策略练习表格的后一部分。	为了解每个人的情况，要求学生将表格交上来。

表 5.9 元认知策略练习表格统计结果

问题	学生回答
为完成任务最需要听到的信息	（1）我想知道失业率下降的原因。 （2）我想知道美国大学毕业生的失业率。 （3）我想知道失业率下降对美国社会带来的影响。 （4）这个消息可靠吗？我想知道消息来源。 （5）这是经济衰退终止的迹象吗？ （6）这个会影响美国总统奥巴马的下一届总统连任竞选吗？ （7）我想知道失业率是否还会继续下降。 （8）我想知道政府和民众对此事的反应。
新闻题材的特征	可能会有数字、日期、年份、主题段、主题句和新闻六要素（when、where、who、what、why、how），信息量大，语速较快，会包含人物访谈，第一人称叙述，会有人名、专有名词，开头是重点，等等。
本篇可能会提到的内容	可能会听到原因、以前的失业率、政策的改变、经济复苏、经济衰退、信号、采取的政策、在哪个行业发生的、行动、预测、城市名字、公众反应、解决办法、美国经济形势、中国经济、官员或机构的名字、政府采取的措施、表现、评价、趋势等等。
本篇可能会出现的词汇	unemployment, job, economy, American, Obama, decrease, job lose, influence, recession, downturn, policy, efforts, solution, expectation, drop, rise, work force, society unstability, lower, symbol, sign, consequences, US Congress, White House, public …

（待续）

（续表）

问题	学生回答
听这篇材料有什么重要性	了解时事、关注社会；更好地理解衰退，知道解决措施；经济是人人都关心的话题；锻炼速记能力、概括能力，知道美国的情况就可以知道世界经济走势；练习英语、扩大知识面；关注美国最新经济形势，把它与中国比较，是我的工作；了解世界经济情况，借鉴并获得经验教训；跟上时代；知道美国如何解决就业问题；完成工作，提取相关信息；扩大经济词汇，等等。

从表 5.9 中可以看出，学生对即将听到的新闻题材比较熟悉，在特征上把握得很准。对可能听到的内容和词汇做好了充分的心理准备，其中大部分确实出现在听力材料中了，可见这种听前的计划对听力很有帮助。重要的是，教师通过提醒听力任务的重要性，使学生变被动听取信息为主动了解信息，激发了学生的学习动机。

将表格收上来看，教师可以了解此次策略教学的情况。当学生能熟练使用元认知策略后，则不必再使用表格，可以以课堂讨论代之，师生之间、同伴之间互相启发，效果更好。

笔者从对后半部分表格的整理看出，三分之二左右的学生监控了整个听力过程，大约三分之一的学生表示在部分时间里进行了监控，极少数的几个学生表示没有时间监控。这些学生还需要再花一些时间练习监控策略。大体上，学生的理解率在 70%—95%，只有两人分别为 50% 和 60%。当然，这只是学生的自我评估。从该材料的难度看，总体上这个理解率相当不错。

每个同学还回忆了最难听懂的部分，基本有以下几块：（1）刚开头的部分，含有地名、人名，学生对这些不够熟悉；（2）材料中还有一个采访，被采访者说话含混；（3）对数字反应慢；（4）最后有关油价的一段，令人感到出乎意料。

教师针对这一课布置的作业有两个：

（1）对自己觉得比较难的地方，要反复多听。

（2）查找相关资料，深入理解听力材料最后提到的油价会对未来失业率持续走低有影响的原因，同时寻找近期相关的报道去听。

第二部分 英语听力研究

听力理解过程

听力学习者

听力教学

第六章　听力理解过程

本章主要内容

- 口头语言的特征
- 听力理解的过程
- 有关听力理解过程的热点问题
- 有关听力理解过程的研究方法
- 研究案例

　　和阅读不同，听力理解的对象是口头语言。口头语言有许多不同于书面语言的特征，这些特征使听力理解成为一个独特而复杂的过程。本章从分析口头语言和书面语言的区别开始，回顾以往对听力理解过程的研究，探讨这一领域的研究热点和研究方法，最后一节介绍一个针对听力理解过程的研究案例。

第一节　口头语言与书面语言的区别

　　早期的听力理解研究借鉴了很多阅读理解的理论和研究方法，因为两者都是对外部输入信息的理解过程。然而，两者毕竟有很多不同，阅读理解的对象是书面语言，而听力理解的对象是口头语言。

　　口头语言与书面语言有很多区别，最明显的区别在于媒介。口头语言通过声音传递信息，而书面语言通过字母传递信息（Buck，1995）。正因如此，在真实的交流中，口头语言有三大特点：

　　（1）口头语言以声音编码；

　　（2）口头语言是线性的、实时发生的，听者没有机会反复回顾；

　　（3）口头语言与书面语言有不同的语言特点。

（Buck，2001）

　　因为是以声音作为媒介，所以对听者来说，输入中加入了说话人带来的声音上的变数。首先，自然的语流本身就带有连读、同化、缩略等特点，这些特点会影响听者对语音流的切分，切分不正确将直接导致对句子词汇的错误识别。而在阅读的书面文本中，单词由空格分开，每句话有标点符号，词汇或句子边界容易识别。其次，重音和语调是口头语言特有的重要特征，对重音和语调的错误判断也会导致对意义的错误理解，而书面语言没有这样的问题。最后，说话人的口音、语速等会有不同。来自不同地区的人会带有不同口音，不仅英音、美音、澳音等有明显的区别，即使同一国家的不同地区也有口音的区别。即便是同一个说话者，当加快语速时，弱读的音节或单词也会变得更难分辨。而书面语言则没有上述问题。

口语的发生是以时间为轴线性展开的。学习者练习时可以反复聆听录音，而在实际的交流中，听者通常没有机会重复聆听说话人已经说过的话语。听者在没有听清的时候可以要求说话人再说一遍，但是不可能因为没有听懂而总是要求对方重复，这不符合社交习惯。而且，听者不能决定用什么样的速度来听，因为语速的快慢几乎完全由说话人掌握。而阅读时，读者可以随时回顾未理解之处，也可以决定阅读的速度。

在实时交流中，说话人不可能句句都提前进行深思熟虑的准备，因而说话人会有犹豫、停顿、说错和更正等现象，而听者则必须处理好这些情况。相比之下，书面语言，如论文、小说等等，往往经过精心修改，合乎语法规范，很少有上述情况。

Chafe（1985）曾经用概念单位（idea units）来衡量口头语言中的信息，每个单位大约是 2 秒钟长度，是一个人的短时记忆大致能保持的信息量。他认为，口头语言在下面六个方面不同于书面语言：

(1) 每个概念单位较短，语法较简单；口头语言中平均每个概念单位有 7 个词，书面语言中平均每个概念单位有 11 个词。

(2) 口头语言常常用 and 或 but 等连接词连接，而书面语言用更多的主从复合句、关系从句，以及名词化结构等等。

(3) 口头语言中时常有修正，例如说话起头就错了、语法或词汇用错了、边想边说、说过之后想想又要修正或补充等等。

(4) 口头语言更加口语化，俚语或不规范的词汇或语法经常出现。

(5) 口头语言更加个性化、投入更多感情，说话者更关注自己的情感表
达，使用诸如 I think、I mean 等词语。

(6) 口头语言时常会夸张、过度表达，而书面语言往往表达谨慎。

Flowerdew 和 Miller（2005）总结了口头语言和书面语言的不同语言特征，
和 Chafe（1985）相比，他们增加了语音层面的对比，分别见表 6.1 和表 6.2。

表 6.1　口头语言的语言特征

1. 语音缩略和同化 2. 犹豫、起句错误、停顿 3. 句子多为片段而非整句 4. 结构根据语调单位而不是从句来划分 5. 话语标记频繁出现在开头或结尾 6. 有语调群 7. 常常出现问句和祈使句 8. 经常使用第一和第二人称代词 9. 经常使用指示语

（选自 Flowerdew & Miller，2005：48）

表 6.2　书面语言的语言特征

1. 信息单元较长 2. 复杂的并列关系和从属关系 3. 定语从句出现频率高 4. 用词范围广、用词准确 5. 词汇密度高（名词化） 6. 平均词长较长 7. 被动语态的使用频率较高 8. 连贯和衔接手段使用频繁

（选自 Flowerdew & Miller，2005：48）

综合上面的对比，我们看到了口头语言和书面语言在传导媒介、发生方
式、语言特征等方面的区别。当然，这样的分类和比较是给出了两个极为典型
的范畴。如果把最口头化的语言置于一端，把最书面化的语言置于另一端，那
么，我们平时遇到的各种类型的语言就处于这个连续体的不同位置。例如，随

意的日常会话靠近口语一端，而严谨的书面文体位于书面语这一端，新闻广播、学术讲座、正式仪式上的发言、商业信函、小说、学术论文、法律文件等位于两端之间。值得注意的是，有些书面语言非常口语化，如电子邮件，而有些口头语言比较正式，如新闻广播（Flowerdew & Miller，2005）。

关注口头语言与书面语言的不同对听力理解的研究有着深刻的意义。

首先，目前对语言理解的认识，许多都始于对阅读理解的研究。Anderson（1983），Lund（1991），O'Malley、Chamot 和 Kupper（1989）等人都认为，阅读理解中的规则也可以应用到听力理解上，然而 Long（1989）等人却强调，听力包含一些阅读所没有的特殊技能。Flowerdew（1994）指出，听力理解的特别之处在于语言的实时处理，以及它的语音、词汇和语法特征等等。注意到这些特点会使我们对第二语言听力理解的本质有更深入的了解。一些新的研究越来越注重这一方面。比如，如果实时处理对工作记忆容量依赖较大，那么语音短时记忆对听力理解会有怎样的影响？策略是如何发挥作用来减缓在线处理的压力的？

其次，在真实交流中，听者和说话人之间是互动的，也就是说，听者和说话人之间在进行一种社交活动，两者共同影响话语的进程。那么，我们对单向听力（例如学习者独自聆听录音）研究所得出的结论是否一样适用于双向听力活动（例如和说外语者交谈）？两种听力活动中的理解过程是否不同？这些问题都值得我们关注和思考。

第二节　听力理解的过程

Rost（2002）从神经学、语言学、心理语言学、语用学和教育学等多个角度探讨了听力理解的过程。从神经学角度看，听力理解的发生主要依赖的是听觉系统。听觉系统接受声波，并将由声波转换成的电脉冲信号经过内耳传递至大脑的听觉皮层。从语言学角度看，听力理解是对语言的处理过程。从对声音的感知、词汇的辨别，到音位配列规则的运用、语法规则的运用以及韵律特征、非语言线索的利用等等，听者需要掌握足够的语言知识才能理解语言。从心理语言学角度看，理解是将语言与大脑记忆中的概念以及真实世界中的参照相关联的过程。理解就是懂得语言在人的经历或外部世界中之所指，完全理解是指听者对说话人所指在大脑记忆中有一个清晰的概念。从语用学角度看，听力理解是听者推断说话者意图、利用语境构建意义的过程。从二语习得角度看，听的机会被认为是语言学习的环境，而这个环境是习得语言必不可少的阶段。由此可见，听力理解的确是一个复杂的过程。

以往的研究就听力理解过程提出了不少模型，其中有广为接受的三个模型，即"自下而上"、"自上而下"和"交互式"模型（Flowerdew & Miller，2005）；Anderson（1995，2000）的三阶段模型，认为听力理解包含感知、解析和运用这三个相互关联、相互重叠的阶段；比较具体详尽并将记忆纳入之中的有 Nagle 和 Sanders（1986）的二语听力理解模型；Poelmans（2003）则认为理解口头语言的过程可以被描述为一种基于感知线索的推理过程。下面逐一简要介绍这几种模型。

1. "自下而上"模型

最早的听力理解模型是 20 世纪 40—50 年代提出的"自下而上"模型（Shannon & Weaver，1949）。根据这一模型，听者是从听觉信息的最小单位，即单音或者叫音素，开始理解声音信息的。从音素开始，到词、词组、从句，再到整句。最后，句子组合在一起形成意义、概念和关系。根据这一模型，听力理解过程中所需要的不同知识是以线性的、层级的方式被运用的。"自下而上"模型遵循的是一种传统的观念，即交流就是信息的传递。根据这种交流模型，说话人把信息加码（encode），信号通过交流渠道到达听者，再被解码（decode）。如果渠道里没有损失，说话人和听者又使用的是同一种代码（code），那么，就能保证交流的成功（Flowerdew & Miller，2005：24-25）。

2. "自上而下"模型

当上下文或有关世界的知识主导感知的时候，我们把这种处理称为"自上而下"的处理方式（Anderson，2000）。这一模型更加强调听者的先有知识在处理信息时的作用，而不是依赖对单个音或词的理解。Warren 和 Warren（1970）

曾做过一个有名的实验，他们让受试听这样一些句子：

> It was found that the *eel was on the axle.
>
> It was found that the *eel was on the shoe.
>
> It was found that the *eel was on the orange.
>
> It was found that the *eel was on the table.

（Anderson，2000：65）

句中星号处的音素被同一种非语言声音取代，例如一种干扰噪音。当被问到自己听到什么句子时，受试说他们听到的分别是 wheel、heel、peel 和 meal。显然，受试是根据最后一个词猜测了这个未知词汇的意思，因为句子的其他内容是一样的。未知词汇的意思判断受到了它之后的词的影响。这个实验说明了上下文和先有知识在理解中的作用。

听者在运用上下文知识理解话语时，会运用预先存放在大脑里的知识结构和语篇结构，我们称之为图式。一旦某个事件的结构以图式存入记忆，它就能够帮助人们理解未来发生的事件，并在未来发生同样事件的时候进行预测。同样，有关上文的知识也能帮助理解下文。这就是为什么很多研究发现，听者如果熟悉某个语篇的主题或文体，就会比不熟悉它们的人理解得更好些。根据这种模型假设，在宏观层面上了解文本结构和意思可以弥补微观层面中的理解问题，诸如音的辨别、句法、词义等等。在这个模型中，听力是一种目的驱使的活动，听者只注意他们所需要的东西，只激活他们认为与所听文本相关的预期（Flowerdew & Miller，2005）。

3. 交互式模型

交互式模型将上述两个模型结合在一起。Rumelhart（1975）认为，语言处理是在不同层面上同时进行的。在这种并行处理的过程中，音位、句法、语义和语用知识相互作用，但目前还不清楚它们究竟如何相互作用。Rumelhart（1975）虽然是在研究阅读理解的时候提出这一模型的，但是它对听力理解过程同样适用（Flowerdew & Miller，2005）。听者一边听一边建立假设，并把这些假设与不断听到的信息相对照，有的假设被印证，有的假设被修改。

迄今为止的众多研究表明，第二语言听力学习者既采用"自下而上"的处理过程，也采用"自上而下"的处理过程。也就是说，听者一方面辨别音素、词汇，用语法解析句子意思，另一方面运用已有的知识来帮助理解。不过，在不同水平的听者当中有不同的情况。例如，Hildyard 和 Olson（1982）发现，水平较高的学习者会采用基于知识的、互动的模式来处理听力材料，而水平较低的学习者则喜欢注重材料本身，比如某个细节。这究竟是学习者按照自身偏好的一种主动选择，还是受制于语言输入的复杂性而不得已必须专注于材料本身，还不十分清楚。事实上，听力过程中的诸多因素究竟如何相互作用，还有待进一步深入研究。

4. Anderson 的三阶段模型

认知心理学把"理解"看成是信息处理的过程（Neisser, 1967）。语言理解被认为是人类信息处理能力之一，除了处理听觉信息的能力，人类还有处理视觉、触觉、嗅觉等其他感官信息的能力。因此，理解是一个认知过程。

Anderson（1995，2000）认为，语言理解可以分成三个阶段，分别是感知处理、解析和运用。感知处理是指对声音或书面信息原始编码的感知过程。就口头语言理解来说，感知处理阶段主要是言语识别，即处理音素切分和音素鉴别的问题。当信息最初进入人的认知系统时，它被登记在回声记忆（针对听觉信息的感觉记忆）内，并保持很短的时间。这时听者将注意力集中在听力材料本身，并将听到的文本暂时储存在短时记忆中。短时记忆容量有限，只有几秒钟，听者不断将注意到的新信息存入短时记忆，原有的信息不断被取代。

第二阶段为解析，又叫句法分析，听者根据句法结构或语义线索，把话语切分成词或词组，并根据语言结构、规则以及语义原则来构建关于文本的有意义的心理表征。

第三阶段为运用，是听者对心理表征的应用。听者将文本意义的心理表征与长时记忆中的陈述性知识（命题或者图式）关联起来。听者运用两种陈述性知识来识别命题的含义：真实世界的知识和语言学知识。这一过程是通过扩散激活长时记忆里与新信息具有连接的节点来实现的。运用是理解的关键，也是促进理解的基本决定因素。这三个阶段相互关联、循环往复，其间的切换是不间断的。

5. Nagle 和 Sanders 的二语听力理解模型

Nagle 和 Sanders（1986）的二语听力理解模型将更多的内容包括进来，如学习者变量、长时记忆里语言知识的存储和提取等等（见图 6.1）。图形中央的三角形代表长时记忆，里面存储着显性知识、隐形知识和其他知识（非语言类知识，如世界知识），三者可以相互转换。两个圆圈分别代表短时记忆和中央处理系统。右上方的长方形表示唤起（arousal），这是激发注意的一个重要因素，它由情感因素、任务要求、语境和输入的难度来触发。左上方的长方形代表注意，它激发短时记忆里的复述（rehearsal）和保持（retention），使注意力聚焦，或者对注意进行监控，并开启有控制的处理过程。底部的长方形代表痕迹衰退和干扰。听觉信号的衰退以及新进入信息的干扰使原先记忆里的保持变弱。

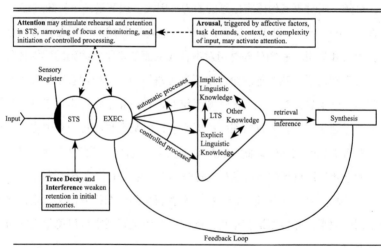

Note: STS = short-term storage; LTS = long-term storage.

图 6.1　Nagle 和 Sanders (1986) 的二语听力理解模型

根据这一模型，唤起激活注意，而注意又刺激短时记忆进行复述和保持。感觉记忆和短时记忆将输入的信息存储起来，但是痕迹衰减和干扰会阻碍新信息的处理。中央信息系统会作出选择，这包括激活注意并指导注意的方向，以及决定进入不同长时记忆的程度如何。在第二语言听力中，这一过程基本上是一个控制的过程，要求听者高度集中注意力。自动的过程则没必要让听者主动控制或施加注意，但是这需要充分的训练。随后，听者将所提取的知识和对信息的判断合成在一起得出所听材料的意思。图中的反馈环表明这个模型是个闭合环路系统。有关处理成功或失败的信息被反馈到控制中心，一旦需要还会再次处理。在语言处理中，听者会把注意力集中在没有立刻理解的地方继续处理，这包括对输入的监控和对显性知识的应用（Nagle & Sanders，1986）。

6. Poelmans 的模型

Poelmans（2003）认为，理解口头语言的过程可以被描述为一种基于感知线索的推理过程，而不是简单的音与义的匹配过程。听力理解是下面四个分过程或模块的组合。

（1）听声音：对声音信号的听觉感知，和接受非语言声音是一样的。

（2）把声音归类：把声音按照语言的声音范畴进行归类。

（3）词汇识别：将语音流切分成语言单位（音素、单词），将它们的意思从大脑的长时记忆中提取出来。

（4）理解：将单词按照顺序整合成整个句子进行解释，重构出说话人的交际意图。

其中，后两步依赖于语言学知识。词汇知识和语法知识都是听者必须具备的。词汇知识用来识别词汇，语法知识用来解析词汇之间的语法关系。世界知识在理解阶段也起着不可或缺的作用。每个过程的相互作用如下：

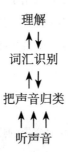

理解
↑↓
词汇识别
↑↓
把声音归类
↑↑↑
听声音

第一步是听声音，听者要把说话人声音和背景声音区分开。第二步，听者将输入中的声音按照语言的语音范畴分类。语音可以按照不同的维度来分类，如有的是清辅音，有的是浊辅音。除此之外，口头语言还有超音位特征，这一特征不是只与某个音有关，而是与整个音节或更大的单位有关。听者利用这些特征，如停顿、标明分界的音高变化、词块当中的一个音节或一个词的重读等等，把连续的语音流切分为更小的语块单位。超音位特征引导理解的过程，而切分线索帮助听者进入心理词汇。

第三步是词汇识别。词汇识别一直是近年来语音研究和心理语言学研究的主要目标之一。目前有几个模型，即词汇发生模型（the logogen model，Morton，1969）、交股模型（the cohort model，Marslen-Wilson & Welsh，1978）、轨迹模型（the TRACE model，McClelland & Ellman，1986）、候选名单式模型（the shortlist model，Norris，1994）和合并模型（the merge model，Norris *et al.*，2000）。这些模型的主要区别在于两个方面：第一，有关与心理词汇接触的元素的假设不同。词汇发生模型认为是音素，而轨迹模型认为是语音特征。第二，关于反馈的可能性是否存在（即是否允许信息的"自上而下"流动）的观点不同，互动的轨迹模型允许信息双向流动，而候选名单式模型是一种自主的形式，只允许信息"自下而上"流动。

Poelmans (2003) 的模型将理解视为一种基于感知线索的推理过程，并强调几个过程或模块间的相互联系。

第三节　听力理解过程的研究热点

尽管研究者们就听力理解的过程提出了一些模型，但是这些模型并非都在实证中得到检验，模型中涉及的不少问题正是研究的热点。通过对这些点的不断探究，再由点到面，我们就能够不断加深对听力理解过程的认识。

1. 注意的选择

我们都有过在嘈杂的环境下与人交谈的经历。尽管意识到旁边有很多人说话，但是我们仍旧可以专注于自己的交谈，对别的声音充耳不闻，根本不加注意。还有另一种情形，就是在安静的会场里听长篇大论，人坐在那里却完全没有听进去，脑子里在想别的事情，这是我们没有加以注意的例子。注意就是把意识集中在一个物体或一系列想法上。事实上，注意是听力理解的前提。

　　注意的过程包括唤起、定位和聚焦。注意的容量是有限的（Rost，2002）。自动化的处理过程几乎不需要或只需要很少的注意，而且不同过程之间不会相互干扰；而需要控制的处理过程则要求加以注意，并且不同过程之间会相互干扰（Schmidt，1995）。通常，人们使用母语的时候能达到自动化的处理过程，而使用外语的时候则不能。多数二语学习者远远不能自动化地处理所学习的语言，因而在理解过程中需要时时加以注意。由于注意的容量是有限的，因而学习者只能选择性地注意（selective attention）。

　　Brown（2008）通过向青少年母语使用者施加很大的任务压力来观察他们在听的时候如何选择性地注意，从而模拟二语学习者可能遇到的情况。他发现，听者倾向于把注意力集中在名词上，特别是做动词主语或宾语的名词。然后才注意动词、带介词的名词词组、形容词或副词。这些听者还特别倾向于对句子作正面理解，即使其中含有表达不确定含义的情态动词，他们也不加注意。Brown（2008）的这个研究吸引我们进一步探讨：在二语听力理解中，听者究竟如何进行选择性的语言处理？听者会把注意放在哪里？有什么规律？不同的外在压力会产生什么不同的影响？这种规律或影响对听力教学有什么启示？

2. 语音记忆

　　Atkinson 和 Shiffrin 在 1968 年系统地提出了记忆理论，即记忆由感觉记忆（SM）、短时记忆（STM）和长时记忆组成（LTM），这就是记忆信息三级加工模型。而后，Baddeley 和 Hitch（1974）提出工作记忆模型，其目的是建立一个更好的短时记忆模型。这一理论后来逐渐占据主导地位。Baddeley 和 Hitch（1974）的模型分三部分，即中央执行系统（central executive）和两个子系统：语音回路（phonological loop）和视觉空间模板（visuospatial sketchpad）。中央执行系统监督和控制信息进出两个子系统，而这两个子系统各司其职：视觉空间模板主要处理视觉空间信息，如与颜色、形状、位置等有关的元素；语音回路负责以声音为基础的信息的储存与控制，例如语言的处理。

语音回路有两个组成部分，分别是语音存储装置（phonological store）和发音复述装置（articulatory rehearsal）。语音存储装置保持语音的记忆痕迹，但是时间十分短暂，大约两秒钟记忆就会衰退，而通过发音复述装置进行复述后，记忆就能够恢复并保持下来，以供大脑进行进一步加工。听觉形式的语言信息可以直接进入语音存储装置，而视觉形式的语言信息则通过默读进入到该装置。可见，语音存储装置像一个人脑内部的耳朵，以时间顺序记录语音次序，同时，发音复述装置则像一个人脑内部的声音，它循环复述所听到的语音信息，加强记忆痕迹，防止它们消失。语音记忆就是指这种能保持语音元素及其顺序，使大脑有充分的时间进行加工，以形成相对长久的表征的能力。有时也把它称作语音短时记忆（phonological short-term memory，PSTM）。Baddeley等人甚至直接把它称作"语言学习机制"（Baddeley，Gathercole & Papagno，1998）。

已有多项实验证明，语音记忆与儿童的母语学习关系密切。重要的是，近来有不少研究表明，语音记忆对儿童或成人的二语学习也起着重要作用（Dufva & Voeten，1999；Gupta，2003；Masoura & Gathercole，2005；Service，1992 等）。例如，Service（1992）测试了正在学习英语的芬兰小学生的语音记忆，所得数据预测了两年半之后这些学生的英语学习成绩，以及听、说和写作等技能的差别。这说明，早期的语音记忆对日后这些儿童的语言学习能力有预测作用。在成人二语学习领域，语音记忆被发现对二语词汇的习得（如 Gupta，2003；Speciale，Ellis & Bywater，2004）、语法规则的习得（如 Williams & Lovatt，2003）和口语能力（O'Brien，Segalowitz，Freed & Collentine，2007）有预测作用。

听力理解与语音记忆存在着密切关系。当听者处理语言信息时，语音存储装置存储记忆痕迹一到两秒钟，发音复述装置进行复述来保持记忆以供进一步加工处理。如果信息不能被保持足够长的时间，听者就来不及理解。当句子很长或语速很快，或有生词时，情况会变得更为复杂，对听者的语音记忆提出更高的要求。目前，这方面的研究成果还不多。我们既需要了解语音记忆能在多大程度上影响二语听力理解，也需要了解它影响的方式和过程，以及如何拓展语音记忆，从而能更加从容地处理二语语言信息。

3. 语言学知识

1）音的辨别

听者是如何辨别音素的？有一种观点认为人们是根据"感知磁效应（the Perceptual Magnet Effect）"来识别母语语音的（Rost，2002）。人们在大脑里储存着语音原型或范式，通过把所听到的音同语音原型或范式相比较来进行识别。这些语音原型或范式并非是固定的，而是在一定的范围内变动。听到的音如果在此变动范围内，就会被准确地感知为这一类，如果和语音原型或范式差得太远，则不会被识别为这一类。

Iverson 和 Kuhl（1994）认为，"感知磁效应"可以帮助解释成人二语学习中存在的某些现象。根据这一理论，二语学习者如果没有储存足够的语音原型或范式，就无法将所听到的音正确归类。因此，对语音原型或范式的积累，应当是二语听力理解的基础。不过，这一理论还需要在二语学习领域中获得实证研究的支持。

2）词汇识别

词汇识别包含识别词形和词义。在听力理解中，词形是指词的语音形式。人们听到的语言，除了在句末和句中的停顿，大多是不间断的语流，词与词的边界并没有清晰地分开，因此，如何准确切分语音流是听力理解过程中的重要环节。另一个重点是词义，如果切分正确了，但是不知道词义，也会导致理解受阻。这时，听者通常只能猜测词义，造成对下面的理解不确定。这一现象在二语理解过程中非常常见。

词汇辨认靠听觉或视觉的输入来激活。就听力理解来说，在词的音和意义之间如果建立了一种联系，那么，当听觉输入刺激人脑，词的发音被分辨出，和心理词汇中该词的语音表征相匹配时，该词的意义就随之被激活。但是，从听力学习者的困难可以推测，学生学习词汇并将其存入长时记忆时，有时能将一个词的视觉、语音和语义等各种特征都存储进去，而有时记忆中一个词的某项特征却是完全或部分缺失的。这就出现了学生辨别了发音却无法激活意义，或者认识某个词却听不懂它等现象。

然而，识别词汇的具体过程是怎样的呢？也就是说，人脑究竟怎样将词的意义与词的发音相匹配，从而将其识别？前文在介绍 Poelmans（2003）的听力理解模型时提到了词汇识别的几个重要模型。除此之外，Forster（1976）的串行搜索模型、McClelland 和 Rumbelhart（1981，1986）的连接主义模型，以及 Massaro（1994）提出的模糊逻辑模型等，都试图解释词汇识别这一过程。这些模型对我们解释一些现象还是有帮助的。例如，词汇发生模型（Morton，1969）认为，一个词的使用频率越高，其辨认阈限就越低，也就越容易被识别。模糊逻辑模型（Massaro，1994）认为，词汇识别经历三个感知阶段：特征评估、特征整合和决策。听者所听到的话语被不断地评估、整合并与记忆中的范式进行匹配，听者根据拟合度来决定怎样识别。因此，输入中最富含信息的特征将对决策起最重要的作用。这些模型中，哪些对二语听力理解中的词汇识别最有解释力，以及是否还可以从其他的角度揭示词汇识别的过程，都是令人期待的研究课题。

3）语法

有关语法知识在二语听力理解中的作用，目前的研究结论并不一致。Anderson（1995，2000）指出，语言靠语法规则来形成结构，正是这套规则告诉我们怎样去理解一串排列在一起的词汇所形成的句子的含义。因此，在听力理解中，语法知识的地位是举足轻重的。学习者要学习很多这样的规则。Samuels（1984）认为，解析嵌入式句型的能力是语言能力的重要组成部分。Boyle（1984）的实证研究也发现，语法的复杂程度对听力理解有显著的影响。

然而，近几年的研究为我们带来不同的观点。Leech（2000）从一项基于语料库的研究中发现，比起书面语言，口头语言的语法倾向于使用简单、宽松和分离的结构，这使语法在听力理解中的作用比起它在写作中的作用显得没那么重要。Mecartty（2000）考察了词汇知识和语法知识对二语听力理解的影响。她发现词汇知识能显著地预测二语听力能力，能解释听力能力变异的 14%，而语法知识则不能。

到底语法知识在二语听力理解过程中起怎样的作用？"自下而上"的过程强调对语言输入的解析。如果听者不依赖语法知识来解决问题，那么，他是否通过"自上而下"的处理方式来弥补？这两种过程怎样在语法的层面上相互作用？在不同的任务中，听者对语法知识的依赖程度是否不同？以上这些问题我们尚未找到答案。

4）语篇

同样地，对于语篇知识对二语听力理解的影响，人们也未得出一致结论。

Boyle（1984）发现，口头语篇的衔接手段和组织是影响二语听力理解的一个显著因素。Chaudron 和 Richards（1986）发现，听者在理解语篇时明显受益于语篇里显性的话语标记。Flowerdew 和 Tauroza（1995）对话语中自然产生的标记，如 so、right、well、OK、now 等的作用进行了测量，发现听者对有标记语篇的理解比对无标记语篇的理解要好。Jung（2003）发现，语篇标记帮助了听者的理解，使听者在听完后能回忆出更多的信息。

但是也有相反意见。Hron 等人（1985）认为话语标记所产生的作用非常有限。Dunkel 和 Davis（1994）也表示，他们没有发现语篇里显性的话语标记对听力理解有明显的促进作用。研究结论的不同和很多因素有关。但是，语篇知识对二语听力理解影响的方式、程度，以及它与其他语言知识和非语言知识的关系，都是需要进一步探讨的话题。

4. 话题知识

话题知识是指人的长时记忆里存储的知识结构，也被称为图式知识或世界知识（Bachman & Palmer，1996），或被称为非语言学知识，和语言学知识相对（Wu，1998）。话题知识在听力理解中起着非常重要的作用（Chiang，1990；Long，1989；Sheils，1988）：它能够帮助释放语言输入所占有的注意资源，因为当话题比较熟悉时，听者消耗的注意力资源较少（Tyler，2001）。"自上而下"的理解模型特别强调话题知识的作用。当听者无法通过语音或词汇来理解时，就会试图通过这些知识来猜测。不过，Macaro、Vanderplank 和 Graham（2005）指出了另一种情况：听者开头激活的图式可能得不到接下来所听信息的支持，因而会导致理解错误。在听者没有准确识别词汇的情况下，还会激活不恰当的图式。如果听者没有及时意识到这些情况，则会造成更多的理解问题。

话题知识究竟怎样与语言知识相互作用？是否在每个层面上（语音、词汇、语法等）都有相互作用？对于不同语言水平的学生，这种作用是否不同，抑或与个人的学习风格有关？有人认为高水平学生更多地依赖图式知识，而初学者会花很多时间从语言输入中找到理解线索（Flowerdew & Miller，2005）；另一些人却认为听力水平较差的人更多地依赖话题知识来弥补语言处理能力的不足（Tsui & Fullilove，1998）（详见本章的研究案例）。话题知识在二语听力理解中的作用机理，需要我们进一步地、更细化地研究。

5.　语速

语速是话语文本特征之一，其他的话语文本特征还有停顿、犹豫、重复等等。我们知道，当语速非常快的时候，理解程度就会下降。语速可分为正常语速和阈限语速。正常语速是指听者容易听懂内容的一种语速，阈限语速是指一旦超过它，听者的理解就快速下降的一种语速（Rubin，1994）。很多研究试图发现不同语速对二语学习者听力理解的影响。从常识和经验来看，似乎语速越快，越不容易理解，然而研究结果却并不一致。

Griffiths（1992）发现，对中低水平学习者来讲，语速超过200词/分钟的材料就很难理解了。他发现这个水平的学习者在语速为127词/分钟时理解得最好。Kelch（1985）研究了中等水平的学习者，发现他们在听语速124词/分钟的材料时理解得明显较好。不过，Blau（1990）却发现语速在145词/分钟到185词/分钟之间的听力材料，对中等水平和高水平学习者来说，都没有显著不同。

研究结果的不一致和很多因素有关。不同研究所选用的研究对象不同，他们的水平不同，水平分类方法不一致，年龄不相同，他们对所听材料的背景知识了解也不一样。什么语速的材料最适合听力学习者理解水平的发展？也就是说，在不同的水平阶段，语速是否应该不同？应该有怎样的不同？这些问题值得我们思考。

第四节 听力理解过程的研究方法

研究二语听力理解过程的目的是要弄明白学习者在处理第二语言时，大脑中究竟发生了什么。然而，大脑中发生的过程并不能被直接观察到，因而人们采用了各种研究方法，从不同角度对涉及听力理解过程的不同方面进行了探究。下面介绍一些常用的研究方法。

1. 常用的研究方法

从研究设计和搜集数据的方法来看，常用的研究方法有实验研究、个案研究、调查研究和内省式研究等。

1）实验研究

实验研究是在应用语言学中特别是二语习得领域广泛使用的一种方法。在实验中，研究者的主要目的是观察某种因果关系是否存在，即因变量的变化是否是源于自变量的变化，而不受其他因素的影响。自变量是在实验中被实验者所操纵的变量，通常会有几个不同的取值。

教学生在听的过程中使用元认知策略是否能提高他们的听力理解能力？不同语速的听力材料是否对听力理解有不同影响？讲座中有无话语线索是否对二语学习者的听力理解有影响？对这些问题的研究都可以用实验的方法。

在上面提到的第一个问题的研究中，学生被随机分到两组中去，一组学生接受了如何在听力理解中使用元认知策略的教学，另一组则没有。在其他影响因素都相同的情况下，如果接受教学的小组在听力测试中的表现显著好于未接受教学的那一组，就能证明策略教学确实带来了变化。在第二个问题的研究中，听力材料的语速可以看成是自变量，可以根据研究的目标取不同的值，例如取三个值代表不同语速；学习者听力理解的表现可看成是因变量。将同等水平的学生随机分成三组，让每组的学生听语速不同但是内容相同的听力材料（以三种不同语速录音），然后用同样的理解题考察他们的理解程度。这样的实验设计可以用来发现听力材料的语速和听力理解之间是否存在因果关系。在第三个问题的研究中，讲座中的话语线索可以看成自变量，有话语线索和无话语线索是自变量的两个取值；学生对讲座的理解是因变量。把有话语线索和没有话语线索的讲座随机分配给相同水平的被试去听，从而可以发现话语线索对听力理解的影响。

不少学者运用实验的方法来研究听力理解的过程。下面是 Field（2005）的一个研究，他以实验方法探究了"自下而上"和"自上而下"的处理方式哪一种占主导地位。

许多人认为，初学者的困难是因为他们过度依赖"自下而上"的处理方式，也就是将过多的注意力放在辨别发音和词汇上，而没有时间或大脑空间去构建意义。Field（2005）质疑这一说法，他认为，有不少证据表明二语学习者实际上也经常使用"自上而下"的处理方式。他提出两个研究问题：(1) 如果"自下而上"和"自上而下"两种处理过程相互冲突的话，哪一种占主导地位？(2) 如果学习者在听的时候突然遇到生词，他们会怎样处理？该研究的被试是47 名中初级水平学习者。

Field（2005）设计的实验有三个，其中实验一是这样设计的：研究者在1000 词水平的词汇中（最常用的词汇等级）选择了一些词汇，这些词对被试来说都不是生词。把这些词每 4 个到 6 个组成一组。有些组里的词都属于相同的语义场，如 wet-cloudy-dry-cold-hot；有些组里只有最后两个词是有关联的，如 big-new-empty-cold-hot。在目标组里，最后一个词被换成不属于该组词语义场的词，如 hot → got。将没有变化的组和目标组混放在一起。

实验要求被试听每一组词，然后写下每组的最后一个词。这个实验的目的是发现"自上而下"处理的影响是否会颠覆听者依据"自下而上"处理而得到的判断。如果听者在听到 got 的时候，依据语义场（前面是 wet-cloudy-dry-cold）把这个词判断成 hot，那么说明听者更多依赖的是"自上而下"，而不是"自下而上"的处理方式来辨别发音和词汇。

实验二的设计是这样的：被试将听到一些句子，例如：

I couldn't listen to the radio because of the boys. (NOISE)

The people at the party were Germans, Italians, Spanish and some friends. (FRENCH)

第一个句子的最后一个词原为 noise，现被替换成 boys。相比之下，noise 比 boys 更容易通过对句子前半部分的理解而预测出来，不过 boys 在语境上也是可以接受的。这两个词都不是生词。第二个句子的设计也是一样的。这次要看被试在多大程度上受到语境干扰而写下与听到的不同的词。

实验三是想探究学习者听的过程中遇到生词时是如何处理的。研究者选了一些低频词，这些词对被试来说是生词，但是在发音上和被试认识的一些高频词差不多，例如 shirk 与 work。句子是以低频词为语境来设计的，如果换作发音相似的高频词，则与语境是相矛盾的。例如：They're lazy in that office; they like to shirk (not WORK). 这个实验的目的是看被试是倾向于把目标词听成一个尽管在语境上不合适，但常见的、语音熟悉的词；还是根据听到的发音来判断，即便是生词也能接受。

实验结果是这样的：在实验一中，没有证据表明听者会根据语境修改自己所听到的词；但是实验二则发现，有些听者使用了"自上而下"的处理方式，推翻了自己亲耳听到的词；实验三发现，听者听到生词后，喜欢把它与一个已经知道的词关联起来，他们很注意生词的起始发音，但是对元音和结束发音显得没有把握，会根据词义搭配去改变对它们的感知。

这个研究说明，中初级水平学习者在听力理解中也使用"自上而下"的处理方法，虽然不一定凭此推翻通过"自下而上"的处理方式得到的信息，但是会用它来进行验证。当生词出现时，听者往往不是想象它的字形再根据上下文去推断词义。相反，他们频繁地用自己已经知道的一个相近的词去匹配。这种匹配的过程可能和语境无关，但可能运用到"自上而下"的处理方式。他们最后确定下来的词与实际听到的有偏差。至于他们能接受多大程度的偏差，要看他们对语音信息可靠性的判断，尽管这些学习者实际上在识别音素方面都有这样那样的困难。因此总地来说，类似母语，在二语听力理解中，也有一种相互合作和相互补偿的机制在起作用（Field，2005）。

2）个案研究

个案研究也是实证研究方法之一，通常是对一定情境下的某一个例子或现象进行细致的观察、描述和分析。在应用语言学中，这种方法往往是针对一个或几个个体进行一段时间的研究，例如，观察儿童语言习得的发展需要采集一段时间中多个时间点的数据来分析。

在对听力理解的研究中，许多纵向研究采用了个案研究的方法。Graham、Santos 和 Vanderplank（2008）对两个中初级水平的二语学习者进行了为期6个月的跟踪研究，两个人接受了同样的考试，成绩一高一低。研究者在两个不同的时间点对他们采集了两次数据，方法是要求他们在完成听力理解任务时进行口头报告，回答关于听力策略使用情况的问题。

这几位研究者采用个案研究的方法是出于以下原因：他们认为，横向研究的方法只能对不同水平学生使用策略的不同之处进行研究，不能对某个具体学习者策略使用的变化和发展提出见解，而纵向研究能够做到这一点。而且，选择不同水平学习者进行个案研究，还可考虑到语言水平的影响。

什么样的研究问题适合采用个案研究？如果我们要回答"二语学习者听力词汇量低于阅读词汇量的现象是怎样形成的？"或"二语学习者的策略能力是如何改变的？"这样的问题，个案研究就是非常合适的方法。和其他研究方法相比，个案研究能够对案例进行详尽的描述和系统的理解，而且研究者对动态的互动历程与所处的环境脉络亦会加以掌握，从而可以获得一个较全面和整体的观点（Gummesson，1991）。个案研究着重于对当时事件的检视，不介入事件的操作，从而可以保持生活事件的整体性与有意义的特征，因此，个案研究十分有助于研究者产生新的领悟（Bryman，1989，转引自郑伯壎、黄敏萍，2008）。

3）调查研究

调查研究是通过对一部分人（样本）的调查来了解一个人群（整体）的特征。态度、看法和具体实践等等都可以通过这种方法来进行研究。它在教育学、心理学、社会学和语言学领域的运用非常广泛。问卷和访谈是调查研究常用的两种数据收集方法。这两种方法可以单独使用，也可以结合在一起运用。下面这些研究问题可以通过调查的方法来解决：二语学习者所感知的听力理解困难是什么？二语学习者在听力理解中使用哪些元认知策略？等等。

Graham（2006a）在595名学习法语的英国学生中作了调查，了解他们感知到的听力理解困难是什么以及成功或失败的原因等等。她的研究问题是：作为听力学习者，他们觉得自己是否成功？他们把自己的成败归于什么原因？听的时候能意识到自己使用了哪些策略？这些研究问题针对的是学习者的自我感知和看法，而且样本数量比较大，适合采用问卷调查的方法。

对听力理解过程的研究，也可以采用问卷来调查。Vandergrift（2007）采用问卷的方法，让学习者在听力练习后把意识到的听力过程回顾出来。他在不同的时间点重复使用了这种方法，以便跟踪过程中的变化。他还采用刺激回忆法，要求听者对问卷回答中的变化进行回顾，以便得到更有启发性的数据。

问卷的设计基本可概括为两种：一是沿用现有的量表，二是自行设计量表，两者各有利弊。现有的量表如果已是在某个领域中被反复引用的，则一般都具有较高的信度和效度，如能沿用，既可以节省时间，也可以使研究更容易被学术界接受。不过，沿用现有的量表也有弊端。别人在设计量表时，是考虑到其研究目的和研究对象的，其设计并不一定适合所有的环境。而且，理论和实践都在不断变化之中，现有量表不一定能反映已有的变化。自行设计量表的好处是，能满足自己研究的需要，还有可能对现有量表进行补充，带来创新。其弊端是，如果问卷质量不高，没有达到足够的信度和效度，就会对整个研究带来不利影响。

上例中，Graham（2006a）在自己曾经使用过的问卷的基础上，又融合了其他人的一些内容，形成自己的新问卷。研究者在正式调查前，对问卷进行了两次小规模试测，并依据被调查者对问卷内容表达是否清楚、措辞是否得当等方面的评价，对问卷作出了修改。

问卷中问题的设计还有许多具体方面应当注意，如开放式和闭合式问题的数量、选项的措辞、避免使用双重意思的问题等等。

访谈分为结构式、半结构式和非结构式访谈。结构式访谈是指严格按照研究者提前设置的问题和次序进行的访谈。而在非结构式访谈中，研究者很少限制受访者，谈话内容可能跟随受访者的回答而展开，不是事先预定的。半结构式访谈介于两者之间，既有话题重点，同时也可跟随受访者的回答进行追问。

这种方法既可以避免结构式访谈缺乏灵活性、难以深入的缺点，也可以避免非结构式访谈的泛泛而谈、没有重点等不足，因而被广泛运用。

在上面的例子中，Graham（2006a）就是将访谈和问卷结合起来进行调查的。在发放并收集了数据之后，为了获得更有深度的信息，Graham（2006a）在被试中选择了 28 人，根据问卷分析的结果，在几个重要问题上对他们进行了访谈。

4）内省式研究

内省式研究方法通过观察和反映人们的思想、感情、动机、推理过程、思维状态等来了解这些过程和状态如何决定人们的行为（Nunan，1986）。语言的理解过程发生在大脑中，不能被直接观察到，因此，内省式研究方法常常被用来探究学习者听力理解过程中所发生的情况。内省式研究方法包括有声思维法（think-aloud）、刺激回忆法（stimulated recall）、日志研究法（diary studies）和回顾法（retrospection）等等。研究者希望籍此让被试说出（或写出）在语言理解过程中感知、判断、推理和决策等思维运作的情形，从而捕捉与研究有关的信息。

有声思维法是让听者在听的间隙把自己的思维过程说出来，研究者在一旁记录或录音。这是研究者们认为最能近距离地探究思维过程的一种方法，因为此时信息仍保存在听者的短时记忆中，尚未消失（Vandergrift，2005）。

Vandergrift（2003）采用了有声思维法来调查不同水平学生的听力策略使用情况。研究对象为 36 名年龄在 12 到 13 岁、以法语为第二语言的加拿大高中生。调查之前，他先对学生进行有声思维法的培训，使用的是数学题目、口头推理任务和法语课文等材料，让学生不但知道如何去做，而且还有足够的机会练习这种方法。正式调查和培训被安排在同一周。在播放听力材料时按照原先设定的间隔停顿，让学生说出他们的思维过程，每个人单独录音，时长约 30—40 分钟。随后，将所有资料转录下来并分析。Vandergrift（2007）认为，有声思维法对了解如何协调运用认知策略和元认知策略来构建意义非常有帮助。

Goh（2000）调查了学习者的听力困难，并从认知角度进行了分析。她结合了日志研究法、访谈和回顾法，对 40 名学英语的中国大学生展开研究。首先，她要求这 40 名学习者每周写日志。作为听力课程的一部分，日志的内容要求记载真实的听力活动，描述学习者如何理解所听内容以及遇到过什么样的困难。然后在 40 名学生中抽取 17 名学生进行小组访谈。访谈采用半结构式，目的是发现学生对英语听力学习了解多少。另外 23 名学生参加了一个回顾性的口头汇报，描述经常遇到的听力困难。访谈和口头汇报内容被录音，再作分析。

回顾式口头汇报的方法也曾被用来研究学习者如何理解二语录像的过程。Gruba（2004）采用了回顾式口头汇报的方法调查了 12 名学习日语的大学生如何利用视觉和听觉信息来看懂录像。

刺激回忆法也是一种内省式研究方法。研究者把被试的行为摄录下来，然后让他们进行评价。这些录像用来帮助刺激他们进行回忆。

2. 数据分析方法

常用的数据分析方法有相关分析、均值比较与检验、回归分析、因子分析、路径分析等。这里以相关分析为例，介绍如何用它来探究听力理解过程中变量的关系。

相关分析的目的是了解人或事物的特征之间的相互关系（Johnson，1992）。下面这些研究问题关注的就是两个特征或变量之间的相互关系：二语学习者的文化背景知识和二语听力理解水平的关系是什么？听者的焦虑程度和听力策略的使用是否有关系？二语学习者的语音短时记忆和词汇习得的关系是什么？等等。

比如，在对儿童的研究中发现，他们重复非词的正确率与他们的词汇习得有紧密的联系。非词是研究者利用语言的基本音素、模仿语言的发音规则制造出来，但是没有意义的假词。在一项长达 4 年的跟踪研究中，人们发现，非词重复测试中的得分和词汇量测试中的得分有显著的相关关系，相关系数为 .52—.56（$p < .001$）（Gathercole & Baddeley，1989；Gathercole, Willis, Emslie & Baddeley，1992）。非词重复是心理学研究者用来测量学习者语音短时记忆的方

法之一。在非词重复实验中得到的成绩可以作为衡量学习者语音短时记忆的指标。词汇习得是语言学习的一个重要方面。这两者之间的相关关系揭示了语音短时记忆在语言学习上的作用。

想了解听力理解过程中的变量之间的关系可以运用相关分析的方法。以Taguchi（2005）的一个研究为例。他在一项研究中试图了解二语学习者的语言水平对他们理解口头话语中的隐含意义有没有影响。Taguchi（2005）提出三个研究问题，其中一个就是：二语学习者的理解准确率和理解速度有没有关系？这一研究采用了一个38题的听力测试来测量学习者理解不同类型会话含意的能力。理解准确率用答对的选择题的分数来衡量。理解速度用正确回答每题所花的时间（秒数）来衡量。结果发现，二语学习者的理解准确率和理解速度之间没有相关关系，相关系数为 $r = -0.14$（$p > .01$）（该研究将显著性水平设定为 .01）。

这个结果与此前的一些研究结论相反。以往在认知心理学领域和二语习得领域，人们普遍认为速度和准确率是此消彼长的关系：理解速度快会增加错误率，而提高准确率则需要花更多的理解时间，这一点在母语领域的研究中也得到证实。然而上述研究却发现，理解速度和准确率之间的负相关关系在某些水平学习者的听力理解中并不显著（Taguchi, 2005）。这一结果引起人们关注。在听力理解中，二语听力学习者处理语言的熟练程度和准确性这两方面的发展并不是并行的。在理解口头语言隐含意义的过程中，准确性和熟练程度可能是两个不同的维度。

相关分析所揭示的变量之间的关系是变动的方向和密切程度，但是不能揭示变量之间的因果关系。研究变量之间的因果关系要靠实验研究来验证。

第五节　研究案例

本节研究案例选自1998年的 *Applied Linguistics*（第19期），是由Tsui和Fullilove（1998）合作撰写的一篇研究论文，题为Bottom-up or Top-down Processing as a Discriminator of L2 Listening Performance。下面简要整理了该研究的思路、设计和结论。

1. 研究背景

该文研究的是听力理解过程。当时，人们已经把两种阅读理解模式，即"自下而上"的处理方式和"自上而下"的处理方式应用到听力研究中，但是并不清楚学习者更依赖哪种模式，研究得出的结论也不一致。例如，在研究了不同听力水平的学习者之后，有些研究者发现低水平听者不能有效使用"自上而下"的处理方式，另一些研究者则认为他们缺乏"自下而上"的处理技巧。该文的两位作者试图弄明白到底哪种处理方式对区分学习者的听力表现起着更为重要的作用。

2. 研究假设

既然是比较两种处理方式，那么就需要确定代表两种处理方式的变量。该文选择的变量是图式类型和问题类型，并以它们的不同种类来代表不同处理方式产生作用的几种情况。具体解释如下：

图式类型用来区分听力材料，分两种类型，即匹配型和不匹配型。匹配型是指开头的语言输入所激活的图式和随后听到的语言输入相一致的材料。反之，如果开头的语言输入激活了一种图式，但是后来听到的语言信息与之不相符，这种材料就称为不匹配型。这时，听者就需要根据语言线索快速准确地重新理解。在用于研究的题目中，有的听力材料具有匹配型图式，有的具有不匹配型图式，数量见表 6.3。

问题类型分为两种，即全局型和细节型，用来区分听力理解测试题的题目。全局型的题目要求听者通过理解整篇材料、进行推理总结后才能回答，而细节型题目则不需要。如果恰好听懂了被问的某个细节，那么即使听者对全文缺乏全面理解，也不影响他在该题上得分。在用于研究的题目中，有的题目是全局型的，有的是细节型的，数量见表 6.3。

听匹配型的材料时，听者基本上可以依赖"自上而下"的处理方法来获得正确答案。听不匹配型的材料时，开头被激活的图式随后被否定，因此听者需要不断处理新进来的信息来检查正在形成的图式，看它是获得证实还是被推翻。如果被推翻，就要修改原先的图式，否则理解就要出错。在听力测试中

（单向、没有互动、不能询问），这是比较有难度的。听者必须依赖"自下而上"的技巧，靠语言知识理解听力材料。

　　研究者的总体假设是，两种处理方式相比，"自下而上"的处理方式更能区分出学习者听力理解的表现。这里，听力理解表现是用听力理解测试的成绩来衡量的。换句话说，谁的"自下而上"的听力技能更好，谁就能在听力理解测试中得到高分。这一假设是否能得到验证呢？作者对多年来的大规模标准化听力考试进行了研究。他们采用平均标准分来考察数据。它表示选择某个选项的所有被试的卷面总分的均值。这样，如果某个选项的平均标准分高，就表示听力成绩好的人选这个选项的较多，反之，如果某个选项的平均标准分低，则表示听力成绩差的人选这个选项的较多。四个分假设如下：

　　假设 1：不匹配型图式的平均标准分将显著高于匹配型图式的平均标准分。（因为听对不匹配型材料的题目需要被试根据语言线索迅速、准确地修改图式，所以听力成绩好的人更容易答对这样的题。）

　　假设 2：全局型题目的平均标准分将显著高于细节型题目的平均标准分。（因为听对全局型题目需要被试迅速准确地处理整篇信息，所以听力成绩好的人更容易答对这样的题。）

　　假设 3：在全局型题目里，不匹配型图式的平均标准分将显著高于匹配型图式的平均标准分。（类似第 1 个假设的解释。）

　　假设 4：在细节型题目中，不匹配型图式的平均标准分不会显著高于匹配型图式的平均标准分。（不同于全局型题目，细节型题目只要求理解某个细节，是否能修改图式并不是特别关键。）

3. 研究对象、资料收集与分析

　　研究对象是香港高中学生。这些学生在中学阶段的第五年年末会参加香港中学会考。该研究的资料来源就是他们的英语会考听力部分的成绩，时间跨度从 1988 年到 1994 年。按照研究假设总共获取 177 道题目，根据问题类型和图式类型分类，数量如表 6.3 所示，每个题目的样本量大约为 2 万人。

表 6.3 题目分布（根据问题类型和图式类型分类）

问题类型	图式类型		总计
	匹配型	不匹配型	
全局型	98	20	118
细节型	49	10	59
总计	147	30	177

4. 数据分析方法

研究采用配对样本 t 检验来比较均值。研究者采用随机抽取的办法来保证配对样本数量的一致。

5. 结果与讨论

配对样本 t 检验的结果是：

(1) 不匹配型图式的平均标准分显著高于匹配型图式的平均标准分。第 1 个假设得到验证。

(2) 全局型题目的平均标准分与细节型题目的平均标准分之间没有显著差异。第 2 个假设没有得到验证。

(3) 在全局型题目里，不匹配型图式的平均标准分显著高于匹配型图式的平均标准分。第 3 个假设得到验证。

(4) 在细节型题目里，不匹配型图式的平均标准分显著高于匹配型图式的平均标准分。第 4 个假设没有得到验证。

针对第二个假设，研究者又分别在匹配型和不匹配型的题目中比较全局型题目和细节型题目，发现前者有显著差异而后者没有。作者的解释为，在匹配型材料中，被试能够使用"自上而下"的处理方式，这样他们能否迅速准确地处理语言输入只能通过对不同类型题目的不同表现来看出。成绩好的学生能掌握全篇，因而答对全局型题目，而听力水平低的同学虽能处理一些语言信息，但是不能很好地理解整篇，因此更可能答对细节型题目而非全局型题目。相比之下，听不匹配型的材料时，图式类型对被试处理语言的过程影响较大，所以题目类型的影响被消去。因为无论题目类型如何，不匹配型图式的平均标准分都显著地高。

该研究结果显示，不管题目类型如何，不匹配型图式的平均标准分都显著高于匹配型图式的平均标准分，说明"自下而上"的处理方式比"自上而下"的处理方式能更好地区分听者在听力测试中的表现。研究还揭示，听力成绩差的人可能更依赖"自上而下"的处理方式来猜测意思，来弥补他们语言处理能力的不足。实际上，他们更需要踏踏实实地打好语言基本功，提高"自下而上"的处理技能。

6. 评价

该研究案例的优点是样本量大，设计巧妙。有关听力理解的处理过程，虽有不少模型，但是并不能被直接观察到，而只能通过听力理解的表现或结果来间接反映，这个表现就是听者在听力测试中的表现，结果就是听者完成听力理解测试题所得的分数。研究者以试题为焦点，用考试成绩来给试题贴标签，从而在试题和答对者的听力能力之间建立起联系。对听力材料图式类型的分类非常重要，因为这假设了两种理解方式，一种是顺利的"自上而下"的处理方式，另一种是后来依赖"自下而上"的处理方式来推翻先前使用"自上而下"的处理方式所产生的图式。尽管研究者在文章结尾承认这样分类未免简单化，但是在对听力理解过程的研究中，这种方法还是相当巧妙和创新的，为后人进行深入的研究开拓了一种思路。

第七章　听力学习者

本章主要内容

- 听力学习者的个体差异
- 有关听力学习者因素的研究热点
- 有关听力学习者因素的研究方法
- 研究案例

第一节　听力学习者的个体差异

　　语言学习者一直是一个重要的研究对象群体。每个学习者来自不同的家庭，有着不同的文化背景和不同的价值观，所具备的学习能力和语言能力也不一样，这就使他们习得第二语言的过程和结果都不尽相同。如果教师不考虑学习者的差别，教学方法一成不变，就等于忽略了人的差异性，不能在真正意义上促进一个人的全面发展。

　　作为教师，我们经常观察到，对于同在一个班级里上课的学生，在某些人身上取得成效的方法，可能对另一些人没有什么效果。有时，我们还会发现，有些人在某些方面的听力困难比其他人表现得更为突出。这些令人困惑的现象促使我们研究学习者，研究他们在提高听力能力的过程中表现出的差别。研究结果除了能使我们在教学上大获裨益，还能促使我们更深刻地了解在个性本质和环境因素的相互作用下，人类语言学习的发展过程到底是怎样的。

　　多年来的研究表明，第二语言学习者是有个体差异的。社会、经济、文化、语言环境、家庭背景、学校资源、教学质量和测试方法等是制约学习者的环境和制度因素，而智力、学能、性别、年龄、学习经历、学习目的、信念、努力程度、管理策略和语言学习策略等则是与学习者自身相关的因素（Wen & Johnson，1997）。这些因素直接或间接地影响着语言学习，包括听力学习。本章重点关注来自学习者自身的众多影响因素。

Dunkel（1991）把影响听力理解的因素分为学习者内部因素和学习者外部因素。其中，学习者内部因素包括语言知识、社会文化知识、策略能力、智力、记忆、性别、动机和背景知识等。

Rubin（1994）将学习者因素列为影响听力理解的五大因素之一。语言水平、记忆力、情感、年龄、性别、母语学习障碍、背景知识、学能、处理技巧、动机、自信程度等都在其列。其中只有一小部分得到研究。

Vandergrift（2007）回顾了近期的一些研究成果，归纳了影响听力理解的学习者认知和社会/心理因素，包括词汇切分技巧、母语听力技巧、语音记忆、词汇知识、元认知知识、语用知识、身势语知识、学习者的信任、归因、焦虑等等。

Liu（2002）将学习者内部因素分为认知因素和情感因素，笔者在她的基础上增加了社会因素。这样，综合上述研究的结果，影响听力理解的学习者内部因素大致可以分为如下三类：

(1) 认知因素：如第二语言知识（语音知识、词汇知识、语法知识、语篇知识等）、话题知识（或背景知识、世界知识）、记忆、注意、策略、母语、年龄、性别等；

(2) 情感因素：态度、动机、焦虑等；

(3) 社会因素：语用知识、身势语知识、社会文化知识等。

学习者在这些方面的差异究竟对听力理解有怎样的影响，笔者将在下面作较为详细的介绍。

第二节　听力学习者因素的研究热点

下面介绍的有关听力学习者因素的研究热点包括：年龄、性别、学习经历、记忆、注意、语言水平、话题知识、策略、焦虑、学习者观念等等。

1. 年龄

学习者的年龄因素对二语听力理解是否有影响？Seright（1985）研究了学

习者年龄和听力能力提高的关系。她调查了 71 名年龄从 17 岁到 41 岁的学习者，将其分成大年龄组（25 岁及以上）和小年龄组（24 岁及以下），结果发现，小年龄组的人比大年龄组的人进步明显要快。不过，这个研究只是考察了水平进步的快慢，并没有考察最终水平。也就是说，我们尚不清楚年龄因素是否会导致听力理解最终水平的差异。研究者认为，导致差异的原因可能和离开学校的时间长短、学习者是否有信心、是否适应正式讲课方式等因素有关。

　　一般来说，一个班级里的学生年龄都非常接近，没有太大差别，因此，另一个与年龄有关的问题更有现实意义，即学习二语的初始年龄。现在，在有条件的地区，不少孩子在幼儿园或小学一年级就开始学外语，另有一些地方按照教育部规定从小学三年级开始开设外语课（参见《教育部关于积极推进小学开设英语课程的指导意见》）。学习二语初始年龄的不同是否会造成学习者日后听力理解水平的差异？研究结论并不一致。Day 和 Shapson（1988）对加拿大小学生的研究表明，较早参加浸入式二语教学的学生比较晚参加者的听力理解成绩好。然而，Griffin（1993）研究了美国小学生学习二语的初始年龄（小学）和他们高中毕业时二语水平的关系，结果却发现，小学里初学二语年龄的早晚对高中结束时学生达到的二语水平几乎没有影响。

　　可见，学习者当前的年龄、学习者学习二语的初始年龄这两个因素对听力理解有怎样的影响，对此目前还没有定论。实际上，在二语学习领域，还有一个有争议的问题，就是成人外语学习者二语初始学习年龄与他们最后究竟能否达到本族语者水平之间的关系。有人认为，无论从什么年龄开始学，最终都能达到本族语者的语言水平；而另一些人认为，大体上讲，这是不可能的。那么，二语学习是否存在一个关键年龄点？是否受到大脑发育成熟与否的影响？这个问题一直是个热点。

　　斯德哥尔摩大学的 Abrahamsson 和 Hyltenstam（2009）对这个问题也很感兴趣。他们做了一个较大样本的调查。从 2002 年到 2004 年间，他们通过在报纸上登广告和张贴校园海报的方法找到了 195 名二语学习者，其中女性 132 名，男性 63 名，这些人自认为自己的二语水平比较高，接近母语使用者。他们学习二语的初始年龄各不相同，跨度非常大，最少的低于一年，即不到一岁时就开始学，最大的是 47 年，即 47 岁后才开始学。经过本族语者的听力评判，在 12 岁之后才开始学习瑞典语的人当中，只有很少的一部分被认可达到了本族语者水平，而 12 岁之前就开始学习瑞典语的人，有很大一部分被认可为本族语者。而这部分被认可的人，后来又经过更为严格的考试。最后，只有很少的几个早年就开始学习瑞典语的人真正展现了本族语者的语言能力和行为。因此，研究者得出结论，成人二语学习者基本上无法达到本族语者水平，包括听力理解水平。不过，就最终水平而言，无论是否达到本族语者水平，早学者（12 岁之前学）和晚学者（12 岁之后学）的语言水平（包括听力理解水平）是否有显著差异，还有待进一步研究。

2. 性别

就整体语言水平来看，性别差异对听力理解有显著影响，女生听力理解水平普遍好于男生（Farhady，1982；Larsen-Freeman & Long，1991；Maccoby & Jacklin，1974；Wen & Johnson，1997）。在听力水平上，Farhady（1982）研究了 800 名在加利福尼亚大学洛杉矶分校学习的外国大学生的英语测试成绩，测试包括语法、阅读、听力理解、完形填空、听写等项目，结果显示，只有听力理解成绩一项显示出了性别差异，女生的听力理解成绩明显好于男生（$t = -2.23$，$p < .05$）。Eisenstein（1982）也发现，在一项区分方言发音的任务当中，女生的表现比男生好。不过，Boyle（1987）对中国的外语学习者（年龄 18—20 岁）曾进行过测试，项目有听词汇、听对话、听段落、听写等。他却发现，男生在词汇测试中的表现显著好于女生，而女生在其他测试中的表现明显好于男生。后来，Feyten（1991）和 Bacon（1992）各自的研究都未发现性别和听力理解水平之间的关系。因此，对性别和听力理解之间的关系，我们不能简单地下断言。Rubin（1994）认为，这一类研究数量不多，研究还不够完整。

3. 学习经历

母语学习经历和二语学习经历对二语听力学习都存在一定的影响。在母语经历方面，Cummins（1978）认为第二语言的发展部分依赖于此前母语的发展水平，在母语和二语的背后存在着一种共同能力，使得学生能把在母语中学到的语言学习技巧转移到二语学习中来。如果之前的学习经验不成功，则有可能影响二语学习。例如，母语语音能力障碍可能带来二语听力能力的问题。Sparks 和 Ganschow（1991）指出，母语学习有困难的学习者可能会在外语学习中出现问题。对母语掌握程度不够的人在学习外语过程中会感到学习能力不足、缺乏动力并产生高度焦虑感，从而导致外语学习上的困难。学习者在母语语音学习方面的欠缺还可能会导致其外语听力理解和口语表达上的困难（Sparks & Ganschow，1991）。不过，这一理论假设还需要用实证研究来加以验证（转引自韩宝成、刘华，2004）。

在二语学习经历方面，Trofimovich 和 Baker（2006）研究了二语学习经历对二语韵律和流利特征的影响。他们将30名亚裔成人学习者（韩国人）按照在美国居住时间的长短（3个月、3年和10年）分成三组，每组到达美国时的平均年龄分别为29岁、24岁和21岁。研究者让三组人听一些英语句子，然后复述。研究者将他们的复述录音让本族语者听后评分，并使用软件对这些句子的韵律和流利特征（例如重音、音调峰值、语速、停顿的频率和时长等）进行分析。结果发现，重音的节率与学习者的二语学习经历有关，其他超音段特征如语速、停顿频率、停顿时长等与他们到达美国开始学习二语的年龄有关，而音调峰值则与学习经历和学习年龄均无关。

虽然这是针对学习者的口语产出进行的研究，但是，学习者对二语韵律和流利特征的听力感知能力可能从一定程度上影响了学习者对二语的复述。因而，我们也可以从这个研究中窥见学习经历对二语听力理解的影响。

4. 记忆

工作记忆的概念来自 Baddeley 和 Hitch（1974）的假设。他们认为，工作记忆与日常生活紧密相关，因为很多日常活动需要对外部信息进行保持、处理和整合，例如阅读、解决数学问题等等。因此，一个很自然的推论就是，如果工作记忆在人类认知中真的扮演这么重要的角色，那么，工作记忆容量或效率就与这些高层次认知活动的表现有关。

实验表明，在数学或阅读方面有障碍的儿童，他们在测试工作记忆的任务中表现也不好。即使是无学习障碍的学生，他们当中记忆力好的人在阅读和词汇知识方面的表现也较好，由此可见，记忆力与阅读和词汇知识呈显著相关。就语音短时记忆来说，不少研究已经发现它能预测二语词汇、语法、口语和听力等方面的学习成绩，这在上一章已经有较为详细的论述。可见，记忆能力是有个体差异的。

Daneman 和 Carpenter（1980）在一项研究中发现，在阅读时，每个人存储和回忆句子最后一个词的能力直接依赖于他们处理句子的效率。效率高的人能够更多地利用有限的工作记忆空间来作存储之用。换句话说，处理效率上的个体差异决定了工作记忆容量的大小。

Jarrold 和 Towse（2006）认为，处理效率和存储空间共同决定了工作记忆能力，也许还有另一个因素，即潜在的执行要求，是它把前面两者结合在一起。不过，这三者之中哪一个是影响工作记忆与高层次认识活动之间相关关系的主要因素，对此目前还没有定论。

语音记忆是指对语音元素和它们的出现顺序进行辨别和记忆的能力（O'Brien *et al.*，2007）。语音记忆被认为是通过干预学习者个人因素而对语言习得起作用的。Baddeley 等人（1998）甚至直接把它称作"语言学习机制"。在二语学习中，相比母语，学习者对二语的语音系统比较不熟悉，对词汇的识别也较难达到自动化的程度，因此，能否保持住对语音及其顺序的记忆以备进一步加工、保持这一记忆的程度如何（也就是语音记忆能力的强弱），会对语言学习的结果产生影响。Gathercole（2001）发现，对短时记忆力比较弱的人来说，生词的语音形式需要多次重复才能记住。也许我们可以推断，在听力理解过程中，语音短时记忆较好的人，能够将记忆痕迹保持较长时间，从而赢得较长的进一步加工处理的时间。如果学习者的语音记忆力较弱，那么无论在学习生词、语法结构还是语言理解上，都将面临较大的困难。因此，关注学生语音记忆能力的训练是提高他们听力理解能力的一个有效途径。

5.　注意

注意分为听觉注意和视觉注意。在视觉上，当大量信息同时出现在不同位置使人来不及——仔细关注的时候，人们通常会选择性地注意某些刺激，对它们侧重处理（Astheimer & Sanders，2009），这就是视觉的选择性注意。而且，个体差异（如动机、经验或个性等）对选择性注意有影响（Ambinder & Simons，2006）。

在言语感知中，听觉上的选择性注意同样有此作用，让听者将注意资源分配到那些高度相关的声音信息上。Astheimer 和 Sanders（2009）发现，在对母语的语言感知中，听者的选择性注意通常出现在特定的时间点。那么，在聆听第二语言的时候，听者的注意是否也有个体差异？在听力课堂上，有的人非常专注，有的人容易走神，这是教师们经常能观察到的现象。常有学生反映听的时候注意力不能集中，这到底是因为能力所限还是出于某种习惯？即使听者都能关注听力材料本身，他们所选择注意的内容是否与学生个人的兴趣、动机、过往经验或个性有关？

对注意的研究还在进一步深入。近期又有研究发现，注意和工作记忆之间存在着较强的相关关系（Awh，Vogel & Oh，2006）。可以肯定的是，注意是影响听力理解的一个重要变量，它可能具有的个体差异也许能帮助解释不同学生的不同听力表现。

6.　语言水平

语言水平是影响听力水平的主要因素。许多学者认为，听力理解的认知过程取决于学习者的语言知识。语言水平虽然可以被看成一个总的因素，事实上却可以分为多个层面，包括语音、词汇、语法、语篇等方面的水平。每个学习者在这些方面的能力并不均衡，学习者的能力彼此之间也有高有低。他们在听力理解中的表现，往往是这些能力综合作用的结果。

学习者语言水平的高低是通过各种测试来衡量的。Rubin（1994）认为，我们目前尚不清楚上述这些因素在不同水平的学习者身上是如何起作用的。这一研究的困难在于缺少标准的测试。

1）语音水平

语音能力包含感知能力与表达能力。在听力学习中，我们首先重视的是语音的感知能力。语音感知能力强的人能准确识别发音、切分语音流以及感知重音、节奏、语调等韵律特征。不同学习者的语音感知能力是不同的，有的学习者能准确地识别发音，而有的学习者在遇到相似发音时常常出错。句子中出现同化、缩略或连读时，会导致单词之间的边界模糊，使学习者难以辨别，这些现象常常难住部分学习者，但是对另一些学习者来说却不是问题。同样，韵律特征影响句子的意思，但是并非所有学习者都能准确地体会。

语音感知水平的差异往往被忽视，而语音感知恰恰是听力理解最关键的环节。一些其他层面的问题，可能就是语音感知错误导致的。例如，听到 I've lived in London for three years，听者理解为 I no longer live there，这可能是因为不理解英语完成时的含义，也可能是没有听出 /v/，因为它在句中通常是弱读的 (Field, 2003)。

差异产生的原因是多方面的。语音感知能力的强弱与学习者母语方言、听力输入量的多少、词汇学习方式等都有关系。拿母语因素来说，话语学习模型 (Speech Learning Model, SLM) (Flege, 1995) 旨在解释学习者在感知二语元音和辅音时所表现出的不同能力。它认为，学习者语音感知能力的不同源于学习者母语和二语的学习经验，以及学习者感知的母语和二语发音的相似程度。话语学习模型的假设是，当母语和二语中相似发音的区别不能被识别的时候，在这两个音之间就形成一种被学习者视为等同的感知联系，因而会阻碍学习者为二语的发音建立新的语音范畴。这样也就导致了所谓发音不准或外国口音 (Mora, 2007)。因此，即使是学习同一门外语，母语不同的学生在语音方面遇到的困难也会不一样。

Flege (2003) 强调感知的作用，认为只有正确地感知才能正确地发音，因此，依照他的理论推导，发音不准的学习者，一定在语音感知上也存在问题。在中国，来自不同方言地区的学习者在外语发音上会有不同的困难；来自相同方言地区的同学在发音上会有类似的困难。那么，他们在感知上是否也有类似的规律可循？教师应该怎样对学生的语音感知困难进行准确的诊断？这些问题都值得我们深入思考。

2）词汇水平

无论在词汇广度还是词汇深度上，学习者之间都存在差别。简单地说，词汇广度是指学习者掌握词汇的数量；词汇深度是指学习者掌握词汇的质量，如搭配、用法等等。学习者的词汇深度和广度究竟有多大区别？笔者在某地5所大学的二年级学生中做过调查，表7.1（引自 Wang, 2010）是学生在词汇深度和词汇广度测试中的成绩统计。我们将标准差最小的院校选出来做频率分析，结果见表7.2。

表7.1 高校英语专业学生词汇深度和词汇广度测试成绩

学校编号	人数	词汇广度				词汇深度			
		最低分	最高分	平均分	标准差	最低分	最高分	平均分	标准差
1	47	37	90	72.45	10.31	39	108	91.26	11.56
2	57	33	76	52.04	9.01	32	101	77.63	11.63
3	41	38	77	57.54	9.92	59	100	81.20	9.80
4	77	34	85	58.87	9.86	56	98	82.21	9.95
5	64	38	72	51.25	7.71	59	101	78.33	7.89
总计	286	33	90	57.68	11.64	32	108	81.82	10.82

表7.2 词汇深度和词汇广度测试成绩分组频率统计

词汇广度成绩区间	人数	词汇深度成绩区间	人数
33—42	7	52—61	2
43—52	32	62—71	9
53—62	20	72—81	33
63—72	5	82—91	18
		92—101	2
总计	64	总计	64

表7.1和表7.2说明，无论是词汇广度还是词汇深度，不同学校间都存在差异，同一个学校不同学生之间也存在不小的差异。

学生阅读量和听力练习量的差异是造成他们词汇量不同的原因之一。学习方法是另一个因素。善于学习的同学勤于积累、乐于使用，而不善于学习的同学常常让扩大词汇量的机会溜走。

同样，语法能力和语篇能力也是因人而异的。综合起来，学生的语言水平是个重要的个人因素，会影响听力理解的表现。

7. 话题知识

学习者对听力材料所涉及话题的知识可能是不同的。这一点是显然的，因为每个人的兴趣、爱好、知识结构等都有差异。话题知识影响听力理解（Chiang & Dunkel，1992；Long，1990）。一般认为，话题知识丰富能帮助理解，因为话题知识能促进"自上而下"的理解过程，弥补学习者可能存在的对词汇、词组或句子层面的理解不足或缺失。

有关话题的知识是多方面的。与社会文化有关的知识能够帮助听者准确理解说话人的意思。很多时候，听者只理解字面意思并不够，还要根据语用知识来推断说话人的真实意图。

Cook 和 Liddicoat（2002）发现，高水平听者和低水平听者在理解言语行为时，处理语境信息和语言学信息的方法不同。低水平听者不得不依赖"自下而上"的方式来处理，他们的理解过程还没有自动到能够让他们既处理上下文又处理语言信息。Garcia（2004）也发现了听者在理解会话含义时的类似结果。

8. 策略

学习者的策略能力是有差异的。研究表明，不同学习者在听力理解时使用的元认知策略和认知策略的种类不同。例如，O'Malley 等人（1989）发现，不同听力水平的人使用的认知策略不同，高水平学习者使用推断、联想等策略，还会不断监控听的过程，而低水平学习者喜欢使用翻译等策略，不知道使用监控策略，不能及时发现自己注意力的转移等等。Vandergrift（2003）也发现听力技能不同的学习者所采用的听力策略是不一样的。他在对学习法语的青少年的一项研究中发现，擅长听力的学生使用的元认知策略数量是不擅长听力的学生的两倍。Goh（2002a）还发现，具有不同听力技能的学生的区别不仅体现在使用策略的数量上，还体现在使用策略的方式上。听力技能较强的学生擅长协调运用元认知策略和认知策略来帮助理解。

不过，也有研究认为，成功的学习者和不成功的学习者使用策略的种类差不多，只不过成功的学习者能够更加有效地组合这些策略（Graham，1997；Vann & Abraham，1990）。他们质疑把学习者简单地分为好和差的做法。而且，究竟是成功的学习者因为使用了不一样的策略而达到了较高的水平，还是因为他们水平高才能够使用某些策略，关于这一点还有争议（Graham & Macaro，2008；Macaro et al.，2007）。

学习者的策略能力跟他们的语言水平、策略知识、学习风格等有关系。学习者在完成某一听力任务时，策略能力的表现跟这一任务的要求也有关系。由于学习者的水平和需求不同，他们所了解的策略知识和已经具备的策略能力也不同，因此，在完成听力任务时所采取的策略也呈现出差异。这一领域还需要更多细致和深入的研究，例如策略使用和能力发展的因果关系等等，以期指导学习者找到适合自己的策略模式。

9. 焦虑

焦虑是人的一种心理状态。它可能来自自我怀疑、沮丧、挫败感、担心失败等。如果这种焦虑跟学习外语有关，那么它可能带来失常的表现、低分、成绩差等问题。严重的话，会对学生的整个学业成绩和事业计划造成影响（Elkhafaifi，2005）。

外语课堂焦虑是指与语言课堂有关并产生于学习过程之中的自我感知、信念、情感和行为的独特的综合体（Horwitz，Horwitz & Cope，1986）。有很多研究关注焦虑和外语学习的关系，但是其结论并不一致。Bailey（1983）发现高焦虑会对外语学习产生负面影响，甚至有毁灭性的影响（Spielmann & Radnofsky，2001）。Gardner 和 MacIntyre（1993）认为如果焦虑持续增加，将会对二语学习产生持续的、潜在的负面影响。然而，Alpert 和 Haber（1960）认为焦虑对学生的表现有好处，能促进学习。至于焦虑和成绩谁是因，谁是果，对此也有争论。有人认为焦虑导致成绩差，而持反对意见的人则认为是成绩差导致了焦虑的情绪（Ganschow et al.，1994）。

教师们也许没有意识到，听力练习也会给学生们带来焦虑（Vogely，1999）。Krashen（转引自 Young，1992）认为，听力理解带来的焦虑在四种技能（听、说、读、写）的学习中最为突出。然而，有关听力理解中焦虑现象和原因等方面的研究很少。现有文献中，研究者们对焦虑与听力理解的关系基本达成一致的见解，那就是焦虑阻碍听力理解（Bacon，1989；Gardner，Lalonde，Moorcroft & Evers，1987；Lund，1991）。

不同学习者在听力课堂上会有不同的焦虑表现。有的人听的时候总是很紧张，没有信心；有的人担心出错，惧怕老师提问，不敢发言，因为害怕答错后尴尬，害怕老师对自己作出负面评价；还有的人可能是因为长久积累的挫败感，自我评价低，遇到薄弱环节难以逾越，总是在老问题上犯错。

不同学生的焦虑程度不一样，他们克服焦虑的方法也不同。有些人会采取躲避行为来表达焦虑，例如逃课、不做作业、上课时眼睛不看老师等方法（Spielmann & Radnofsky，2001）；有些人则能够比较积极地对待。

是什么导致了听力理解中的焦虑？ Saito、Garza 和 Horwitz（1999）认为，不熟悉的图式知识和文化背景知识会导致焦虑；紧张的考试环境、过高的期望值、教师对学生犯错的不合适的处理方式等等也会导致焦虑。

听力的焦虑可能会对整个语言学习产生影响。因此，教师应想办法降低学生的课堂焦虑（Mendelsohn，1995）。了解不同学习者的焦虑状态，提出有针对性的指导方法，对改善他们的心理状态，提高他们的听力理解水平有积极的意义。

10. 学习者观念

学习者的动机、态度、观念等因素影响语言学习（Saito & Samimy，1996 等），也包括听力学习。学习者在听力理解中的行为表现，与他们对听力的看法和观念有关。Vandergrift（2005）研究了听力测试中成绩的好坏与动机的关系。有趣的是，随着动机层次的不同，动机与策略使用的相关系数也不同。动机得分较低，即学习动力不强的人，可能因为缺乏自信或自我成效感，对语言学习的态度也比较消极，因此，他们采用的听力策略也不太有效，例如采用翻译法。Graham（2006b）发现，学习者的观念和归因是影响听力成功与否的重要因素，正确的观念和归因会带来正面的影响。

学习者观念有时也称为元认知知识（Wenden，1999）。Flavell（1979，1987）将元认知知识分为三类，即个人变量、任务变量和策略变量。个人变量指的是学习者所知道的有关人类如何学习，以及人作为个体如何学习的知识；任务变量是指学习者对任务本质的了解，以及对需要用到哪些专门的知识和技能来完成这些任务的了解；策略变量是指学习者对不同策略以及如何恰当使用这些策略的知识的了解（Graham，2006b）。

Paris 和 Winograd（1990）认为观念对学习者行为，尤其是对动机有很强的影响。他们还强调了自我效能的作用，即一个人对自己完成任务能力的信念。Bandura（1995）认为，高度的自我效能感尤其有助于一个人在困难和失败的情况下保持住动机。如果一个人的自我效能感较低，那么他在面对学习困难的时候，会丧失对自己的信心，认为自己没有能力完成学习任务，从而放弃努力。

Paris 和 Winograd（1990）还强调了目的的作用。不同学习者对学习任务的价值判断是不一样的，这取决于他们以什么样的目标作为导向（Ames，1992）。Covington（2000）认为，基本上有两种类型的导向：一种是以学习或掌握为目的的导向，认为学习本身就有其内在的价值。有这样观念的学习者总是尝试发展新的技能来改善自己的表现，他们相信，自身努力和采用有效的策略是获得成功的至关重要的因素。另一种是以表现为目标的导向，这种导向的学习者追求成功是为了获得能力感和自我价值。他们的成功是用比别人强来衡量的，对他们来说，最高的成就是不经努力就能获得成功（Jackson，2003）。表现型目标导向容易导致学习浮在表面，不深入。学习型目标导向的学生表现出更大程度的自我管理能力。而很多善于自我管理的人在语言学习上也更为成功（Graham，1997，转引自 Graham，2006b）。

不同目标导向的人对语言学习的价值判断不一样，这也会反映在听力学习上。有正面自我观念的人似乎能更好地掌握有效的学习策略（Goh，1999）。学习型目标导向的人坚信努力能带来成功，他们会制定听力学习计划，并坚持实施，即使暂时还没有成就感也不会放弃，能积极采用有效的策略，克服困难，保持主动学习。表现型目标导向的人同样渴望成功，但是遇到困难则容易踟蹰不前，对学习也缺乏管理，不能长久地坚持一个目标。

　　笔者曾经在自己所教的班级中做过一个调查。该调查通过一项历时6个月的课外听力自主学习实践，探讨听力自主学习中的行为与自我感知的成效。30名大学生参加了这个调查，他们在调查开始时都制定了自己的学习计划，并承诺用日志记录每次的听力自主学习活动，包括时间、听力练习内容和反思。6个月后，笔者通过分析日志发现：（1）只有三分之二的人坚持到了最后，其余的人在中途选择了放弃；（2）坚持不懈地进行自主学习并朝明确的目标努力的学生通常明显感到进步，他们在解决问题方面也表现得更为积极主动；（3）学习者的毅力、是否努力坚持明确的目标、解决问题的主动性和能力都是影响自主学习成效的关键因素（参看王艳，2007）。

　　总之，不同学习者对听力学习价值的判断是不一样的。有的人是明显的学习型目标导向，有的人是明显的表现型目标导向，更多的人可能是介于两者之间。是否还有其他的目标导向类型还有待于继续研究。不过，可以肯定的是，不同听力学习者有不同的观念。他们对人类学习的本质、对听力任务的本质、对完成听力任务所需的知识和技能以及对如何使用听力学习策略等方面的了解程度是不一样的。非常了解这些知识的人，自然会充满信心地坚持努力，而对此了解甚少、甚至还持有错误观念的人，其听力学习就会受到负面影响。可以说，学习者观念的差别，是导致听力学习成败的不可忽略的因素。怎样改变学习者的观念，使之对听力理解和听力学习产生正面作用？观念和学习者个性，以及以往学习经验有没有关系？有怎样的关系？这些都是值得研究的话题。

第三节　听力学习者因素的研究方法

　　从本质上说，研究听力学习者因素的方法和研究听力理解过程的方法有共同之处，包括调查研究、实验研究和个案研究等等。上一章里笔者已经对这些作了介绍，这里不再赘述。不同的是，研究听力学习者的焦点在于，为了解某个学习者因素对听力理解的影响，通常需要把这个因素作为自变量，观察这个变量的变化是否会带来听力理解能力或表现的变化，或者当自变量取值不同时，是否也会导致听力理解的能力或表现出现差异。由于学习者因素很多，属性有所不同，因此自变量的取值方法也不一样。本小节将先从这个角度介绍不同因素作为自变量的不同取值方法，再介绍常用的数据分析方法。

1. 性别、年龄因素

研究不同性别或不同年龄的学习者在听力学习方面的差异，自然要把性别和年龄作为自变量。而且，自变量的取值也比较简单、直观。性别可分为男生组和女生组，年龄可按照研究目的分为高年龄组、中年龄组、低年龄组，或儿童组和成人组等等。需要注意的是，年龄分组需要有依据，不能随意而为。

例如，前面提到的 Abrahamsson 和 Hyltenstam（2009）的研究，他们在研究的第一阶段，先以 12 岁为划分点，将 195 个被试分成两组；12 岁前开始二语学习的 107 人，12 岁后开始二语学习的 88 人。研究者采用 12 岁作为划分点是因为，在二语习得领域，学者普遍认为有一个关键年龄存在，在此年龄之前开始学习二语，学习者会更迅速和更容易地掌握二语，而这个年龄大约在 12 岁左右（Brown，1994；Larsen-Freeman & Long，1991；Scoval，1998）。在该研究的第二阶段，所有被试按照年龄被更细地划分成 5 组：儿童早期（5 岁以下）、儿童后期（6 到 11 岁）、青春期（12 到 17 岁）、成人早期（18 到 23 岁）和成人后期（24 岁及以上）。这种分组方法是依据语言发展的大致阶段而定的（Abrahamsso & Hyltenstam，2009）。因此，我们要根据研究目的去查阅文献，科学分组，才能得出有说服力的结论。

2. 记忆因素

人的记忆力有所不同。如果要调查学习者的记忆力和听力理解的关系，我们需要将记忆力作为自变量。测量记忆力大小有不同的方法，下面以语音短时记忆为例，介绍几种常用测量方法，它们大多依据 Baddeley 和 Hitch（1974）的工作记忆模型而编制。

（1）非词重复（nonword repetition），又叫非词复述，让受试听一个非词，例如 boodge，然后复述出来。

（2）非词系列识别（serial nonword recognition），或者叫非词系列再认，例如让受试听一组非词，让他记住这些词的前后排序；然后再给出另一组非词，让他判断两组非词的排列顺序是否相同。这里通常会采用是非题或选择题。

（3）非词系列回忆（serial nonword recall），或者叫非词序列回忆，要求受试按照顺序回忆出先前所记忆的非词序列，如听一组非词，再按顺序把他们说出来。

（4）数字广度（digit span），是用来测量记忆广度的常用方法，主要测量受试对数字的注意力和短时记忆能力，看一定时间内能够记忆多少位数字。有时还会测试受试倒背数字的能力（backward digital span）。

（5）词语广度（word span），与数字广度测试类似，不过测试的是对词语的记忆。

通过这些测试，研究者会得到被试的得分，这些得分就是该研究中自变量（语音短时记忆）的不同取值。接下来，研究者就可以根据研究目的，进一步考察自变量和因变量的关系。

例如，Kormos 和 Safar（2008）研究记忆和英语听、说、读、写成绩的关系。他们用非词广度来测量被试的语音短时记忆容量，用反向数字广度来测量被试的工作记忆容量。需要注意的是，每种方法都有其长处和局限性，研究人员还在不断探索更准确的测试记忆的方法。

3. 语言水平因素

有时候，我们想了解学习者某方面的语言水平是否影响其听力理解的表现。这时，这项语言水平就作为自变量，需要取值。词汇水平、语法水平、语音切分能力等等，都是抽象的概念，需要用具体的指标来衡量它们的高低。对有些变量，我们查阅文献，能够找到权威的测试量表，这样就可以方便地测出自变量的值，例如词汇水平，可以参考词汇广度（如 Nation & Beglar，2007）和词汇深度（如 Read，1993）测试表。

而对于有些变量，在文献中难以找到现有的权威的测量方法，这时就需要自行设计。我们在文献中经常看到，许多研究者会根据自己的研究目的，想出颇具创意的方法。de Jong（2005）想知道通过听能否学会语法，具体地说，就是想知道在对学习者不施加明示指导的情况下，学习者能否通过对所听材料的处理，学会其中含有的语法知识，用于理解和输出。de Jong（2005）在实验中需要测量被试的语法能力。他设计了一个语法判断测试。被试被要求听一些句子，当听到有问题（错误）的句子时，按下计算机上的按键。测试中含有要考察的语法要点，例如语法一致性、冠词的位置、形容词的位置、是否漏词等等，当然，一些正确的句子也混在其中，起到干扰作用。最后，正确判断的百分比被视为被试的语法能力。

总之，我们可以根据研究目的自行设计量表，但是要科学，有依据，要注意其信度和效度。尽可能采用公认的、信度和效度较高的测试卷来测评语言水平。如果采用不规范的测试卷来获得成绩并以此为依据进行分组，不但影响所得结果的说服力，也使自己的研究成果难以和其他人的成果相比较（Rubin，1994）。

4. 策略因素

对学习者策略能力的确定，通常是通过自我汇报的方法。有的策略可以经观察发现（例如记笔记），但是大多数策略是观察不到的（例如计划、选择注意）。自我汇报的常用方法有以下五种：(1) 回顾式访谈法；(2) 刺激回忆访谈法；(3) 问卷法；(4) 日记和日志法；(5) 有声思维法（Chamot，2005）。

在回顾式访谈中，听者被促使去回忆刚刚完成的任务并描述他们是怎样完成的。在刺激回忆访谈法中，研究者通常会把任务拍摄下来，访谈的时候按照需要停顿录像，让被试描述他们在任务中的某一时刻是怎么想的。问卷调查很常用，让学习者根据自己在听力理解中的习惯行为回答问卷。例如，Vogely（1995）调查了学习者在听力理解中感知到的策略和听力能力的关系，她使用了问卷 Metacognitive Awareness Strategy Questionnaire（Carrell，1989），得到不同学习者对策略使用的回答。有一些问卷已经被广泛使用，例如语言学习策略问卷（Strategy Inventory for Language Learning, SILL）（Oxford，1990）和听力元认知意识问卷（Metacognitive Awareness Listening Questionnaire，MALQ）（Vandergrift et al., 2006）。日记和日志也可用来反映学习者策略的使用，还能帮助发展学生在学习过程中和策略上的元认知意识（Rubin，2003）。有声思维法是让学习者把自己在听力理解过程中的思维过程用语言表述出来并对此进行录音，然后再由研究者对其进行分析。它的优点是能反映在线理解时的情况，典型的例子有 O'Malley, Chamot & Kupper（1989）和 Vandergrift（1997）研究。上述这些方法虽然不可避免地有其局限性，但是都不失为目前研究学习者策略的适用方法（Chamot，2005）。

值得注意的是，通过访谈、有声思维、日记和日志等研究方法得到的数据一般是质化的数据。我们既可以对它们进行直接的归类、描述，还可根据它们对学习者进行分类，观察不同类型学习者在其他变量上有什么不同。通过问卷法得到的数据既可以是质化的，也可以是量化的。无论是何种数据，研究者必须弄清楚数据类型，才能进一步分析。

5. 社会—心理因素

不同学习者带到听力理解中来的心理因素是不一样的。像动机、焦虑、学习者风格、学习者观念、自我效能等等，它们对听力学习有不容忽视的影响。如果把它们作为自变量，该怎样取值？

年龄、性别等变量比较直观，容易取值，相比之下，社会—心理因素中的一些变量则比较复杂，它们实质上都是一些构念。构念是研究者构造出来的、抽象的、不可直接观察的、与理论和模型相联系的，并且应该是清晰而明确的概念（罗胜强、姜嬿，2008）。构念的大小需要依靠相关指标来测量。一方面，这需要研究者充分研读参考文献，找到现有的测试量表，例如测量学习者焦虑的量表有语言学习焦虑量表（Foreign Language Classroom Anxiety Scale, FLCAS）（Horwitz et al.，1986），测量学习者风格的量表有学习风格量表（Learning Style Inventory）（Kolb，1984）等等。

另一方面，研究者也可以依据相关的理论与模型，自行设计问题、问卷或测试题。例如，Graham（2006b）研究学习者信念对语言学习的影响。这是一个针对学习者个人因素的研究。她认为不同学习者的自我效能感是不同的，她的研究问题包括：自我效能感低的学习者有什么特征？他们和自我效能感高的学习者有什么区别？自我效能感是一个构念，怎样根据它的不同来分组？Graham（2006b）根据相关理论设计了问卷调查，让被试（1）为自己在二语学习中的表现打分；（2）为自己在学习中的表现好坏给出理由；（3）预测自己考试将得到的分数，等等。根据被试的问卷调查结果，研究者在其中找出自我效能感明显高的和明显低的人，并以此为标准将被试分成两组。

6. 常用的数据分析方法

根据不同的研究目的，我们可以对数据进行不同的分析，上一章提到的相关分析、均值比较与检验、回归分析等都可以运用在对学习者因素的研究中。这里重点介绍均值比较与检验。

前面已经提到，研究学习者因素的焦点在于考察某个学习者因素的变化是否会带来听力理解能力或表现的变化。我们发现，当自变量取不同水平值的时候，听力理解的能力或表现也不同，那么，我们能得出什么样的结论呢？举例来说，研究不同性别学习者的语音感知能力有什么不同时，我们将学习者分成男生组和女生组，再采用试题测量他们的语音感知水平。这时，我们得到两组均值：男生组的语音感知水平和女生组的语音感知水平。比较这两组均值，通常会发现均值之间存在差异（例如81分和79分），即一组的均值大于另一组的均值。那么，我们是否可以说，男生和女生的语音感知水平存在差异呢？

根据统计学原理，产生差异的原因可能有两个。一是两个均值之间确实有显著差异，它们是来自不同的总体；二是两个均值之间没有显著性差异，它们来自同一个总体，均值的差异是由抽样误差造成的。如果是第一个原因，我们就可以下结论说，性别对语音感知水平有影响，某一种性别的语音感知水平更高；如果是第二个原因，我们就可以下结论说，性别因素对语音感知水平没有影响。那么，怎样才能知道是哪一个原因呢？这时研究者需要做差异的显著性检验。数据形式不同，差异的显著性检验方式也不同。定距数据根据涉及样本组数的多少可采用 t 检验和方差分析；定类或定序数据采用卡方检验（马广惠，2003）。

例如，Taguchi（2001）研究了在进行听力测试时，听者大脑中的策略使用过程。54 名被试参加了英语听力测试，在 30 分钟内听了 60 段短对话，并在测试结束之后立刻做了一份听力策略问卷，这个问卷包括李克特量表和开放式问题，主要看学习者如何采取策略，做到补偿理解不足和降低考试焦虑感等。在该研究中，听力水平是用听力测试得分来衡量的。得分是定距数据，以平均数区分，分为高水平组和低水平组。被试的策略运用情况通过听力策略问卷得到，数据是定序的，但是通过将同类别变量加总所选项的分值（完全同意为 5 分，完全不同意为 1 分）可转换成定距数据（Taguchi，2001：15）。研究者对两组问卷调查结果进行了比较，采用了独立样本 t 检验。结果发现，在四个策略（修补策略、情感策略、"自上而下"策略和"自下而上"策略）中，只有在"自上而下"策略这一项中，高水平组和低水平组之间有显著性差异（$t = 2.53$，$p < .01$）。

在对学习者因素的研究中还可以对数据进行相关分析（请参看第四节的研究案例）。采用什么样的分析方法，实际上是和研究方法紧密相关的，因为研究方法决定了自变量、因变量的设定、操作定义、取值、数据类型等等。

第四节　研究案例

本节讨论的研究案例题为 Listening Comprehension and Anxiety in the Arabic Language Classroom，作者为 Hussein Elkhafaifi，刊登于 2005 年（总第 89 期）的 The Modern Language Journal。这是一篇有关听力焦虑感和外语学习焦虑感对听力理解和外语成绩影响的实证研究。

1. 研究背景

对英语为母语的二语学习者来说，第二语言可以分为两类：一类是还没有普遍教授的语言，例如阿拉伯语、汉语、日语、韩语；另一类是法语、西班牙语等已经普遍教授的语言。前者对母语为英语的学习者来说，学习焦虑感较高，因为它们的书写系统、语音系统，还有文化语境等对学习者来说更为陌生。母语为英语的学习者学习阿拉伯语、汉语等需要大约 1320 个小时的专门教学时间，而学习法语、西班牙语等只需要大约 480 个小时（Hadley，2001）。不少学习阿拉伯语的人学了一两年就中途放弃了（Ryding，1991），这和焦虑感有一定的关系。

有关二语学习焦虑感对二语学习的影响，虽然已有不少研究，但是结果仍有不一致之处。有人认为焦虑感对学习不利（例如 Bailey，1983；Spielmann & Radnofsky，2001），有人认为它对学生的表现有促进作用（例如 Alpert & Haber，1960）。还有研究认为，焦虑感与情境有关，即与不同的学习活动有关，很多学者因此探讨了口语焦虑感（例如 Daly，1991）、写作焦虑感（例如 Cheng，2002）和阅读焦虑感（例如 Saito，Garza & Horwitz，1999）与二语学习焦虑感的关系。但是，有关听力焦虑感以及它和二语学习焦虑感关系的研究很少。而且，有些研究发现，阅读、写作焦虑感与二语学习焦虑感虽然相互关联，但是实际上是彼此独立的概念。听力焦虑感是否也是如此，目前还没有这方面的实证研究。

2. 研究目的

该研究的目的是探究听力焦虑感和二语学习焦虑感是否有关联、如何关联以及这两种焦虑感如何影响学生的成绩和在阿拉伯语听力理解中的表现。研究的主要目标是考察二语学习焦虑感和听力焦虑感是不是彼此独立的现象；另一个目标就是看两者是否有关联，以及考察两者对学习者因素（如性别、年级、阿拉伯语课程水平）和课程类型（选修、必修和主修）是否有不同的影响。

3. 研究问题

(1) 听力焦虑感是否是一个在一般意义上区别于外语学习焦虑的现象？

(2) 外语学习焦虑水平和听力焦虑水平是否与成绩和学习经历有关？

(3) 外语学习焦虑和听力焦虑在性别、课程水平和课程类型等层面上是否不同？

4．研究对象

　　233 名来自 6 所美国大学的学习阿拉伯语的学生参加了研究。他们当中有研究生也有本科生，其中，修一年级阿拉伯语的学生有 131 人，占 56%；修二年级阿拉伯语的学生有 71 人，占 31%；修三年级阿拉伯语的学生有 31 人，占 13%。其中，女生 126 名，占 54%；男生 107 名，占 46%。这些学生中，来自本科三年级的最多，占 29%；其次是本科二年级和四年级，分别占 22% 和 21%；研究生占 15%。48% 的学生是选修这门课，52% 的人是必修或主修阿拉伯语。本科学生来自自然科学、社会科学和人文科学等不同专业，研究生则包括攻读中东研究、宗教、历史、人类学和农学等学位的学生。

5．研究工具

　　研究工具包括问卷和测试卷两类，具体如下：

　　人员基本信息问卷，包括性别、年级、学习阿拉伯语的时间、课程类型（选修、必修或主修）、其他外国语言学习情况、接触阿拉伯语的情况等等。

　　阿拉伯语听力焦虑感问卷：研究中使用的外语听力焦虑量表（Foreign Language Listening Anxiety Scale, FLLAS），由研究者从 Saito *et al.*（1999）的外语阅读焦虑量表（Foreign Language Reading Anxiety Scale, FLRAS）改编而来（将问卷内容中的"阅读"改为"听力"，将其他语种名称改为"阿拉伯语"），这也是该量表第一次用于听力和学阿拉伯语的学生。表内采用 5 级的李克特量表，分数越低表示焦虑越低，分数越高表示焦虑越高。被试对 20 条表述作出判断，并从 1（非常不同意）到 5（非常同意）的五个选项中作出选择。Saito *et al.*（1999）汇报的这个量表的内部有效性是 .86，而当前研究中这个问卷的内部有效性达到 .96。

　　阿拉伯语语言学习焦虑感问卷：这个问卷采用的是 Horwitz *et al.*（1986）开发的语言学习焦虑量表（Foreign Language Classroom Anxiety Scale, FLCAS），曾用于学习西班牙语的学生。研究者同样进行了改编（将问卷内容中的"外语"改为"阿拉伯语"）。其他情况同上。该量表的内部有效性达到 .94。在 Horwitz *et al.*（1986）的研究中，该量表的内部有效性达到 .93。

期末课程考试卷：通过该试卷获得期末课程考试分数，代表研究对象的阿拉伯语总体水平。

期末听力考试卷：通过该试卷获得期末听力考试分数，代表研究对象的阿拉伯语听力水平。

6. 研究步骤

学期开始，所有研究对象填写了 1 个人员基本信息问卷和 2 个焦虑感评估问卷，交给任课老师邮寄给研究者。一学年结束时，教师将期末课程成绩和听力成绩交给研究者。

7. 结果与讨论

1）研究问题一：听力焦虑感是否是一个在一般意义上区别于外语学习焦虑的现象？

两个量表（FLLAS 和 FLCAS）的分值呈现有显著意义的正相关（$r = .66$，$p < .01$），说明学习阿拉伯语焦虑程度高的人，听阿拉伯语的焦虑程度也较高。从数据结果上看，听力焦虑感和外语学习焦虑感是两个不同的构念，而且外语学习焦虑感高的人，听力焦虑感也较高。两者的相关系数是 .66，两者解释的共同差异大约是 44%（$r^2 = .4356$），而大约 56% 的差异对它们来说不是共同的。这一点说明，这两个构念是不同的。因此，至少可以初步证明，听力焦虑感是有别于外语学习焦虑感的一种现象。这对以前的研究结论是一个重要的补充，说明两种焦虑感不但对整个课程总分有影响，也对听力理解的表现有影响。

2）研究问题二：外语学习焦虑水平和听力焦虑水平是否与成绩和学习经历有关？

研究者将外语学习焦虑水平和听力焦虑水平与成绩和学习经历进行了相关分析，结果发现，外语学习焦虑感和听力焦虑感与成绩和学习经历均呈显著负相关。具体地说，听力焦虑感与成绩和学习经历的关系是：

（1）听力焦虑感和听力成绩呈显著负相关（$r = -.70$，$p < .01$），说明听力焦虑感越高的学生，其听力理解成绩越低。

（2）听力焦虑感和总成绩表现呈显著负相关（$r = -.65$，$p < .01$），说明听力焦虑感越高的学生，其期末总分越低。

（3）听力焦虑感和年级呈显著负相关，但是相关关系较弱（$r = -.13$，$p < .05$），说明年级越高的学生，汇报的听力焦虑感越低。

（4）听力焦虑感和阿拉伯语课程水平呈显著负相关，相关关系也比较弱（$r = -.19$，$p < .01$），即语言程度较高的阿拉伯语学生比刚刚开始学习的学生听力焦虑感要低。

外语学习焦虑感与成绩和学习经历的关系是：

（1）外语学习焦虑感和听力成绩呈显著负相关（$r = -.53$，$p < .01$），说明外语学习焦虑感越高的学生，其听力理解成绩越低。

（2）外语学习焦虑感和总成绩表现呈显著负相关（$r = -.54$，$p < .01$），说明外语学习焦虑感越高的人，其期末总分越低。

（3）外语学习焦虑感和年级呈显著负相关，但是相关关系较弱（$r = -.15$，$p < .05$），说明年级越高的学生，汇报的外语学习焦虑感越低。

（4）外语学习焦虑感和阿拉伯语课程水平呈显著负相关，相关关系也比较弱（$r = -.22$，$p < .01$），即程度较高的阿拉伯语学生比刚刚开始学习的学生外语学习焦虑感要低。

3）研究问题三：外语学习焦虑和听力焦虑在性别、课程水平和课程类型等层面上是否不同？

研究者就研究对象在外语学习焦虑感和听力焦虑感上的组间差异进行了方差分析，以性别、课程水平和课程类型作为自变量，结果发现：

（1）听力焦虑感在不同的课程水平上有显著差异（$F (2.215) = 5.04$，$p < .01$）；外语学习焦虑感在不同的课程水平上也有显著差异（$F (2.215) = 5.11$，$p < .01$）；三年级学生汇报的焦虑感显著低于一、二年级学生汇报的焦虑感，而一、二年级学生汇报的焦虑感之间并没有发现显著的不同。

(2) 方差分析还发现，外语学习焦虑感在不同性别的学习者之间有显著差异（$F(1, 215) = 4.34$，$p < .01$），女性学习者的焦虑感更高。但是，没有发现听力焦虑感在不同性别的学习者之间有显著差异。

(3) 方差分析的结果显示，外语学习焦虑感和听力焦虑感在课程的不同类型上均没有发现显著性差异（$F(2, 215) = 1.15$，$p > .05$；$F = .66$，$p > .05$）。也就是说，没有发现因课程类型不同而产生显著的外语学习焦虑感和听力焦虑感的不同。

(4) 数据结果还发现，三年级的选修课学生所反映的听力焦虑感最低（M = 37.25），二年级选修课学生汇报的听力焦虑感最高（M = 64.52），紧随其后的是一年级必修阿拉伯语课的同学（M = 59.52）。

8. 评价

该研究是第一个探究外语学习焦虑感、听力焦虑感和学生课堂表现的实证研究，虽然它只是针对外语是阿拉伯语的学生，但是其结论和研究方法对其他二语的学习和研究都有借鉴意义。

首先，该研究验证了听力焦虑感是一个独立的构念，尽管它与外语学习焦虑感存在一定的关联。这个结论补充了过往的研究，有助于引起大家对听力焦虑感的重视。该研究的另一个意义在于，它纳入了学习者因素，使我们对不同性别、不同年级和不同课程类型的学生在外语学习焦虑感和听力焦虑感上的不同有了清晰的认识。

该研究也有一定的局限性。作者自己提到，首先学生来自不同学校，其教师不同，教学方法、教学经验以及教材都不同，研究结论是否能推广到其他班级里去，还存在不确定性。其次，如果采用不同的标准给该研究的学生进行二语水平测试和听力水平测试，结果可能会不同，所以，应谨慎看待结论。再则，该研究只在学期初进行了焦虑感的问卷调查，也许在期末再一次调查，结果就会有变化，这一点也许应该予以考虑。最后，该研究的听力焦虑感问卷改编自阅读焦虑感问卷，因此，问卷也有进一步改进的余地。

第八章 听力教学

本章主要内容

- 听力教学法回顾
- 行动研究的概念
- 行动研究的步骤
- 行动研究实例
- 听力教学的基本原则

本章首先回顾听力教学法，使读者对听力教学法的形成和发展有一个较为清晰的了解。接下来，本章重点介绍行动研究的概念和步骤。然后，通过一个行动研究实例，详细探讨行动研究的实施过程。最后，总结听力教学的基本原则。这些原则是迄今为止被普遍认可的教学理念，能有效地促进听力教学和第二语言听力能力的发展。

第一节 听力教学法的历史回顾

Flowerdew 和 Miller（2005）回顾了语言教学法的历史，特别是听力教学在不同历史时期的不同教学法中的地位。本小节笔者结合中国外语教学的发展，选择有代表性的几个时期，对此期间的听力教学法做一个简要的回顾。

1. 没有听力教学法的年代

在外语教学的初期，听力教学法还没有出现。当时在西方，外语课上主要教的是拉丁语和希腊语，学生大多为僧侣或学者，他们学习这些外语的目的是为了研读以这些语言写作的书籍文献。那时，课堂教学的主要内容是语法和生词。人们认为有了这两方面的知识，就能研读拉丁语或希腊语文本。课堂教学主要集中于阅读和写作，词汇是通过翻译来教会的，教学的重点是将外语句子翻译成母语。这种教学法被称为语法—翻译法。语法—翻译法将语言看成是对一整套有限语法的描述。当时的人们认为，只要学会这些法则，就能学会语言（Flowerdew & Miller，2005）。在这种教学法的影响下，人们认为听力技能没有训练的必要，因此没有专门的听力课。学生们听到老师读外语或者说外语，只是在讲解句子结构或做句子翻译的时候。大多数情况下，教师是使用母语而非外语在讲解。在课堂上，学生的听力技能也没有机会得到提高。在中国，从1862 年清政府设立京师同文馆到 1949 年中华人民共和国成立之前，我国的外语教学法基本上是语法—翻译教学法（常俊跃，2006）。

"文化大革命"期间（1966—1976），外语教学停滞不前，甚至倒退。到了 20 世纪 70 年代末 80 年代初，正值改革开放初期，在我国的中学、大学里，语法—翻译法还有不小的影响。在课堂上，教师教学以讲解课文中的语法为主，兼顾词汇。外语考试中没有听力测试，而是有大量的语法选择题和翻译题。课堂亦无多媒体设备辅助教学。

2. 听说法

听说法出现在第二次世界大战期间，当时迫切需要能熟练掌握他国语言的人。美国军方在语言学家的帮助下，在短时间内培养出能使用外语交流的人。这种方法被称之为听说法。其他一些原因，例如国际语言的出现、人口流动性增加，以及教育项目的普及等等（Flowerdew & Miller，2005；Stern，1983），也促进了这一教学法的发展。到了 20 世纪 60、70 年代，听说法已经在国外盛行。

听说法注重让学习者聆听发音和语法结构，然后通过练习来模仿这些语音形式和语法形式。这种外语教学法将一切都与训练口头表达的流畅度挂钩，无论是听力理解、语音、语法，还是词汇教学，都是如此（Flowerdew & Miller，2005；Richards & Rogers，2001：58）。

在我国的外语教育中，听说法在改革开放初期开始出现，当时颇有影响力的一个教材就是《英语 900 句》。学生在课堂上往往由教师带领朗读对话、练习句型。句型中的某个结构通常有很多替代部分，每使用一个替代部分就能生成一个句子，句型就被练习一遍。当时盒式录音机已经出现在课堂上，也有原声磁带，学生能听到中国人或外国人朗读课文的录音。课堂上的任务主要是听、说、模仿，通过重复正确的句子，加深对结构的记忆。教师会提示某一个替代部分，让学生说出整句。有时还会组织学生之间两两对话，通过不断替换来练习某个句型。在课堂上，一般是教师携带录音机来上课。在有条件的大城市和学校里，开始兴建语言实验室（或称语音室）。20 世纪 80 年代中期，听说法在国内开始盛行，但是并没有完全替代语法—翻译法，两种教学法处于一种共存的状态。

Flowerdew 和 Miller（2005）认为，这种教学法是基于美国行为主义心理学派的"刺激—反应"理论。学习者重复的正确句子越多，记忆正确句子的能力就越强。从听力技能的提高来讲，这种教学法对学习者是很有好处的。首先，学习者接触到了语音形式，从语言理解的本质上来看，这是前进了一步。第二，听说法有助于初学者记忆正确的语法形式。当然，缺点也是存在的。使用听说法教学，虽然学习者接触到了语音形式，但是却只是注重句型记忆和口语流利度，并不注重语篇，更没有拓展语境中的交流。在这个阶段，听力理解尚未被放在重要的位置上。

3. 交际法

交际法的核心意义在于将现实生活中有交际价值的内容搬进课堂。教师和学生在课堂上模拟生活中的场景，例如在街头问路、在诊所就医、在海关通关等等。这种教学法的宗旨是为学生将来的交际提供实际的帮助。语言按照其在生活中的功能被分类、排列在课本中依次学习，例如询问、建议、道歉、表达情绪等等。教师在课堂上通常组织学生对话，先两两或小组练习，然后让学生表演，对学生的表达错误，只要不影响理解，教师通常有一定的容忍度，会在对话结束后指出。教师虽然还是主导课堂，但是很少干涉学生的对话练习，这在一定程度上给予学生模拟真实场景下自由练习的空间。

交际法的出现给听力教学带来了变化，因为人们看到听力是有效交流的必备能力，听不懂对方语言的人是根本无法展开有效交流的。交际法的优点是，为了达到交流的目的，学生会利用一切所学，这样，听说技能在交流中会得到锻炼；缺点是，在练习中学生听到的语言输入大多是同伴的语言，可能有错误，输出的语言错误亦可能无人纠正。而且，技能欠缺的人可能保持沉默，很少参与，还可能为了达成交流而不得不夹杂母语。

20 世纪 80 年代末和 90 年代初，在我国流行的《美国功能口语》和《情景英语会话》等都是交际法的典型教材。虽然它们主要用于口语课，但是学生的听力也同时得到了练习。这个时期专门的听力训练开始受到重视，大学里外语专业都开设专门的听力课，公共外语课基本也都开设听说课。《听力入门》、《英语初级听力》等都是这一时期有代表性的听力专门教材。

交际法注重核心技能的训练，这些核心技能包括听细节、听大意、预测、推断等等。不过，当时听力课上的交际法时常体现不足。听力课的教学步骤基本就是让学生先听一遍或几遍听力材料，再做练习，然后教师核对答案。练习的类型有填空、选择、判断对错等，如果有生词，听之前教师会先讲解生词。也就是说，交际法时期的听力课程重在听的结果，因而每项听力活动似乎都成了对学生听力水平的测试（Goh，2008）。

这个时期，听力课基本都在语音室上，教师在主控台后控制着教学的所有步骤，听什么、听多少遍、在哪里停顿，都由教师决定。受制于设备，听力课上学生的交流反而没有在口语课上多。当时，个人的听音设备刚刚出现，尚未普及，学生的课外练习资料也相当有限。全国统一的外语考试中，例如英语专业四级、大学英语四级考试等，已有专门的听力测试。

4. 基于任务的教学法

基于任务的教学法要求学生在真实场景下完成某项任务。学习者要听懂一些原汁原味的语料，然后完成任务。这种任务是一种有目的的交际活动，可能是完成一幅图，也可能是填写一张表格。运用这种教学法，学生与任务、任务情景之间的互动是不可预见的，学习结果在此过程中产生（Kumaravadivelu，1991）。学生要运用外语和母语的知识以及整体推断的策略，因此顺利完成任务的过程可能比结果来得更为重要（Flowerdew & Miller，2005）。学生在完成任务的过程中可能遇到多重困难，例如没有足够的信息、和同伴间意见不统一等等，但学生必须设法用语言去解决问题、达成目标。这种教学法的好处是让学生深刻体会到语言不只是书本上看到的或录音里听到的，更是来源于生活中的，是真实有用的。

任务教学法在我国外语课堂上从 20 世纪 90 年代末期到现在始终十分活跃。听力课堂上的活动有所变化，从以前的单向听力转变为双向交流，从单纯聆听转变为听说一体，从面对课堂环境到面对生活中的真实环境，所完成的任务更加贴近生活，具有实用性。但是，任务的设计一直是这一教学法的难点，它对教师要求较高，配套教材也比较少。近年来，对任务教学法的质疑不断出现。Sheen（1994，2004）、Swan（2005）以及 Seedhouse（1999，2005）等人认为，所谓任务并不是一个有效的构念，不能围绕它来搭建教学任务，人们对任务定义的标准也过于宽松（Widdowson，2003）。

5. 基于策略的教学法

这种教学法的核心概念是学习者自主学习。一个自主学习者能够计划并实施学习活动，能够自己决定完成某项学习任务需要使用什么样的策略，而不是依赖老师为他们作出决策。因此，基于策略的教学法强调让学习者自己找出哪些听力策略对他们有效，以及在哪些情境下有效（Flowerdew & Miller，2005）。

Mendelsohn（1995）提出基于策略的听力教学法，强调这种方法是教会学习者如何去听，而不只是给学习者提供大量听力材料，在后面附设很多像测试一般的练习题。他认为教师是策略的教授者，除了帮助二语学习者把母语中的策略转移并运用到二语中来，还能够教授学生许多新的策略。基于策略的听力教学法，先让学生了解语言是如何被理解的，然后使学生意识到自己使用的策略是什么，接下来教授学生其他的策略来帮助他们完成听力任务，最终使学习者成为自主学习者。表 8.1 是 Mendelsohn（1995）建议的策略教学法中的一些单元。

表 8.1 策略教学法的单元

单元	内容
1. 增强策略意识	教师和学生都应该充分意识到策略的巨大作用。教师应和学生充分讨论，讲解策略是如何帮助听力理解的。
2. 听前活动	可采用多种形式，重要的是激活学生有关话题的知识，以便他们把这些知识和所理解的内容关联起来，并以此作为形成假设、预测和推断的基础。
3. 聚焦听力	听前，学生必须决定他们将要听什么，是细节、是中心思想还是某一处事实。学生需要清楚他们听的目标。
4. 指导活动	单元中的练习是专门设计用来让学生练习各类策略的，是策略教学法的精髓，和那些"放任自流"的教学法形成对比。

（待续）

（续表）

单元	内容
5. 真实练习	在真实的听力活动中，运用各种策略。
6. 听后练习	根据所理解的内容，完成写或说等其他任务。

（选自 Mendelsohn，1995：139-140）

Goh（2008）在 Wenden（1991）、Flavell（1979）、Mendelsohn（1995）和 Vandergrift（2004）等人研究的基础上，提出了元认知教学法（Metacognitive Instruction）。它实际上是策略教学法的延伸，是基于策略教学法而设计的、多种多样的元认知活动，旨在提升学习者对听力和学习过程的意识，发展他们使用合适策略的能力。她提出，元认知教学框架由元认知知识和元认知策略两部分组成。元认知知识有三个维度，即个人知识、任务知识和策略知识（Flavell，1979），是二语学习者应该具备的。而计划、监控和评价等元认知策略已经被成功地运用在二语学习领域，它们对听力过程中的自我管理以及总体的听力发展都有好处。表 8.2 是 Goh（2008）基于 Vandergrift（2003，2004）所总结的元认知听力活动。

表 8.2　元认知听力活动

元认知教学任务类型	学习活动	描述
1. 综合体验型听力任务	元认知听力顺序	这是指上课的顺序，即指导学生在某一阶段协调运用听力策略来促进成功理解并参与口头交流，随后对学习进行个人评价。
	自我导向听力	这是指导学习者做听前准备，评估他们的表现和计划未来听力任务的一系列提示。
	听力伙伴	学生定期以二人或小组形式一起学习，选择资源并确定泛听的策略。
	同伴之间相互设计听力项目	学生以小组形式合作，为全班其他学生设计听力任务，在此过程中共同构建有关听力的元认知知识。
	听后感知活动	这是安排在听力活动之后的、以语言为焦点的活动，用来提升学生对文本的语音特征的感知。

（待续）

（续表）

元认知教学任务类型	学习活动	描述
2. 听力反思指导	撰写听力日记	通过一些问题来引导学生反思某次听力经历，学生记录下对与元认知知识有关的问题的回答。
	绘制焦虑和动机表	针对课内外不同听力任务，学生画下图表来表示他们的焦虑和动机水平的变化。
	基于过程的讨论	小组或全班围绕听力学习主题和相关内容进行讨论，例如口头交际中的社会策略、使用网络资源的方法和听力中的语言问题等等。
	自我汇报清单	学生通过参照听力元认知知识列表，来评估自己的知识和表现。

（选自 Goh，2008：201）

6. 小结

几十年来，听力教学法从无到有，从跟随读写教学法到逐渐发展并形成了自己的方法、体系。影响教学法发展的重要概念有以下几个：(1) 口笔语之间的区别；(2) 听力材料的真实性；(3) 教学任务和语言的语境化（Brown，1987）。近二十年，教学法还受到语言学和认知心理学新发展的影响（Goh，2008）。

我们可以从几个方面观察出这种变化的轨迹。首先是输入的语言。在语法—翻译法盛行的年代，学生得到的语言输入来自教师对书面文本的朗读或翻译。到了交际法时代，才开始强调输入应使用口头语言和真实语料。其次是教学目标。交际法和任务教学法以完成交际任务或其他任务为目标，而策略法则以教会学生听力策略、把他们培养成自主学习者为目标。第三，随着教学法的改变，课堂上的听力活动也在发生变化。在注重微技能的交际法的影响下，教师利用大量练习来了解学生是否能听辨相似的音素、听懂细节、听懂大意、推断某个生词的含义、区别事实与观点等等，听写、填空、判断、选择题都是常见的练习。而在有关策略法的课堂上，教师教学的重点是教会学生将策略运用于听力理解，包括元认知策略、认知策略和社会—情感策略等等，从而发展学生的自主学习能力。

语言研究领域目前还存在许多未知。虽然经过多年的研究产生了不少理论，基于这些理论也产生了各种教学法，但是不少理论和教学法还需要在实践中反复检验。因此，每一种教学法都有其产生的历史背景，都有其利弊。选择合适的教学法并不是要赶时髦，以为越新越好，也不能认为只有某一种教学法是对的，其他都是错的。更不能简单地把一种教学法看成秘方，指望用了就灵。事实上，教学环境和教学过程都是非常复杂的，需要教师根据具体情况作出合适的决策。我们发现，很多有经验的听力教师并不拘泥于使用某种教学法，而是根据学生的情况，综合运用多种方法来达到教学目标。他们善于在听力教学中结合说、读、写等其他技能，善于兼顾不同的信息加工方式来设计练习，善于根据学生的水平和特点来灵活教学。因此，几十年前盛行的方法和近几年来的新方法同时出现在课堂上并不鲜见。我们应该看到，虽然每种方法背后都有不同的理论假设支撑，但是，它们彼此之间并不全然对立。重要的是，教师需要了解每种方法背后的理念、目标和局限性，这样才能根据实际情况真正地用好它，做到用其所长、融会贯通。要做到这一切，离不开对课堂和学生的仔细观察和思考，离不开对理论和方法的仔细研读，离不开以解决实际问题为导向的实践活动。这就是听力教学中的行动研究。

第二节　行动研究

1. 什么是行动研究?

作为教师，我们常常在教学中或者从学习者身上发现一些现象或遇到一些问题，有些现象或问题会引起我们的兴趣。为了解释这些现象，发现其背后的原因，我们会动脑筋想办法。除了借助自己的知识和经验来解决问题，我们还可能向他人寻求解答，或者通过查询资料来寻找答案。经过缜密的思考，一个方案就形成了。接下来是在教学中实施。我们按计划推进自己的方案，同时收集数据并加以分析。结果可能是大获成功，问题顺利被解决了，也可能喜忧参半，新问题又出现了。一个新的循环又将开始。

这实际上就是行动研究的过程。行动研究的概念，最早是在 20 世纪 40 年代由社会心理学之父 Kurt Lewin 提出的。根据 Carr 和 Kemmis（1986）的定义，行动研究是一种自我反思式的探究。行动研究的目的是参与者为提高他们实践活动的合理性和正当性，加深他们对这些实践的理解，以及更清楚地了解在哪些场合下这些实践可以进行。

Kemmis 和 McTaggart（1982：5）认为，行动研究就是在实践中对一些想法进行尝试，作为一种改进，也作为增加有关课程、教育和学习知识的一种方式。行动研究的结果带来了课堂和学校的改进，带来了对教育基本原理的更好的阐释。行动研究提供了一种将理论和实践联系在一起的方法，即观点的实践。教育行动研究是由教师实施的，其本质是互助的，其目标是带来变化。

人们普遍认为，和教师所做的其他研究相比，行动研究来源于教师自己所关心的和所遇到的问题，因此，行动研究是教师所做的、有关他自己教学和有关他自己学生学习的研究（Crookes, 1993）。近年来，行动研究越来越被重视。Nunan（2006）甚至认为，行动研究能够赋予教师掌握自己职业生涯发展的力量。

2. 什么可以用来做行动研究？

在教学中，什么内容可以用来做行动研究？ Wallace（1998：19）认为，在下列这些领域内都可以进行行动研究：

（1）课堂管理；

（2）什么样的教材是合适的教材；

（3）某个具体的教学领域，例如阅读、口语技能等等；

（4）学生的行为、成绩或动机等等；

（5）教师的个人管理，如时间管理、和同事以及管理层如何相处等等。

针对听力教学而言，行动研究可以从以下方面开展，例如：如何协调好讲课时间和学生听力练习的时间？学生回答问题后，如何给予学生反馈？什么样的教材适合自己班级的学生？在播放外语影片时如何合理利用字幕的功能？如何提高学生的语音切分能力？如何提高学生的听力词汇量？对初学者，什么样的课外听力学习方式比较合适？如何激发学生听力学习的动机？如何让学生坚持记日志？如何合理安排自己的教学和科研时间？等等。

3. 怎样做行动研究？它的流程是什么？

文秋芳和韩少杰（2011）就行动研究总结出了一个清晰的模型（见图8.1），并对其环节和流程进行了详细的描述。

> 行动研究大致可以分为四个环节：（1）聚焦问题；（2）提出（解决问题）方案；（3）实施方案；（4）评价成效。这四个环节形成一个内圈的循环链，每一次行动研究的结束将激发新的行动研究。如此循环往复，教学在研究中得以发展，研究在教学中得以深入。外圈包括三种活动：（1）向书学习，即阅读文献；（2）向人请教，即向周围人学习；（3）研究者自我反思。外圈的三种活动渗透于行动研究的全过程。为了使内圈的活动更科学、更有成效，研究者要不断地阅读文献，不断地向有经验的人求教，不断地根据新获得的外部资源与实际操作情况进行反思，并及时对行动研究的四个环节作出恰当的调整。（文秋芳、韩少杰，2011）

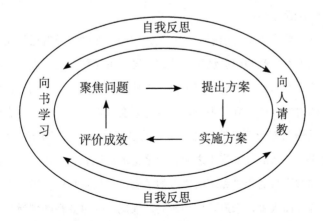

图8.1 行动研究示意图（文秋芳、韩少杰，2011）

4. 在听力教学中如何实施行动研究?

在听力教学中如何实施行动研究呢? 下面笔者将围绕上述四个环节,结合具体的案例,详细加以介绍。

1)怎样聚焦问题?

所谓的聚焦问题,实质上就是通过调查、分析和思考,确定实施行动研究的一个切入点。激发我们进行行动研究的最初问题可能来自我们在课堂上的留心观察,也可能来自我们与学生的交流。比如,学生反映,边听边记笔记非常困难,笔记记得不全,听的内容又错过了不少;而不记笔记的时候能专注去听,但是又容易忘记听到的内容,这个矛盾到底该怎样解决? 这一困惑促使我们去思考如何教学生掌握好记笔记的技巧。

导致学生记笔记出现问题的原因有很多,例如:(1)观念不对,以为应该记下所有的内容,一句都不能错过;(2)方法不对,花很多时间记下文中的原句,不会使用关键词来记,不会使用缩写或符号;(3)理解错误导致记错信息;(4)记下许多细节,却没能获知全貌;(5)不会利用语篇线索帮助记笔记,只是被动地听一句记一句,等等。

到底哪一个是导致你的学生记笔记出现问题的主要原因呢? 我们应当把注意力聚焦在哪一个原因上面呢? 笔者认为,确定焦点应当从重要性、普遍性、可行性三个方面去考虑。

重要的问题应当首先引起注意,优先解决。教师凭借自己的业务知识和经验,加上查阅文献和向有经验者请教,同时考虑到自己班级学生的具体情况,往往不难判断哪些问题比较重要,哪些问题不太重要。比如,教师认为学生在听的时候,关注到了细节,却没有领会主旨,这一点充分表现在学生笔记上,是语篇能力不足造成的。重要的是要提高学生对语篇结构的把握。当学生对语篇结构的理解进步之后,记笔记的情况就会改善。如果教师根据他的经验和对所教的年级和班级学生的了解,作出这样的判断,那么他就会从语篇结构方面入手,来进行行动研究。因此,对重要性的判断是要考虑情境的。

其次是普遍性。教师通过对学生进行全面调查,充分收集数据,就能够发现哪些问题只发生在少数人身上，只是个例，没有代表性，哪些问题发生在多数人身上，更具有普遍性。上例中，教师可以在学生中进行调查，看看哪一方面的原因比较普遍，这样就可以从普遍的原因入手了。

还有就是判断哪些问题具有可行性。有些问题如果要实施行动研究，可能涉及教材的改变、课时的变动、对平行班的影响等等，可行性较弱。而另一些问题，教师在力所能及的范围内可以控制，也具备所需资源，可行性就比较强。

2）怎样设计方案？

在确定了行动研究的切入点之后，需要制定详细周密的计划。在这一过程中，查阅文献、向同行请教、缜密思考等等都必不可少，这是因为，解决实际问题往往更加不容易，要考虑很多因素。除了要符合语言学习的规律、兼顾教学实践上的可行性，还要考虑学生的实际情况。一般来说，设计方案要有明确的目标，可列成容易实施的计划，并体现出循序渐进的特点。设计方案要达到的目的，就是让教师和学生都清楚地知道要做什么和怎么做。

例如，要从语篇结构入手，改善学生记笔记的情况，可以设计这样四个阶段：第一阶段，向学生介绍语篇知识，目的是希望学生通过这些知识，知道怎样发现主题、层次要点和细节，以及内容上的逻辑关系。第二阶段，通过大量的听力活动，使学生熟悉并运用这些语篇知识，找到主题、层次要点和细节。第三阶段，讲解记笔记技巧，目的是使刚刚掌握的语篇知识在技术上有付诸实践的可能性。第四阶段是笔记练习，是真正把语篇知识运用于记笔记的实践活动。各个阶段的具体内容举例如下：

阶段一：语篇知识讲座，让学生了解什么是语篇的结构、常见听力材料的语篇特点是什么、语篇怎样衔接、语篇线索有哪些等等。

阶段二：听出语篇结构，给学生提供大量不同体裁的听力材料进行练习，要求他们分别达到不同的目标：（1）听出主题；（2）听出主题和主要层次要点；（3）听出主题、主要层次要点和层次中的某些细节；（4）听出语篇线索，等等。

阶段三：记笔记技巧讲座，教会学生怎样排列信息以便表现层次关系、怎样在纸上留好空间以便补充细节、怎样使用缩略形式或符号来表示语篇里的逻辑关系等等。向学生介绍常用的、方便速记的缩略形式或符号，用来表示语篇线索，教会学生怎样形成自己的笔记符号系统，等等。

阶段四：笔记练习，先将在第二阶段中听过的材料让学生再听一遍或多遍并做笔记。分别对应不同的听力目标，给出笔记的要求，例如：记下主题内容；记下主题内容和主要层次要点；记下主题内容、主要层次要点和每个层次中的一个细节。之后布置新的材料让学生练习。

在设计方案时，应注意安排一个时间进度表，并让学生明确在此方案中他们应完成的任务和达到的目标。

3）怎样实施方案？

实施方案可分为动员期、试行期、正式实行期和评估期（参看文秋芳、韩少杰，2011）。要顺利实施行动研究方案，教师在每个阶段都要注意不同的方面。在动员期，最首要的目标是要让学生明确行动的意义和做法。教师若能从学生的切身体会出发，站在学生的角度分析他们遇到的问题，理解他们的困难，就能让学生有更强的认同感，从而以更大的热情投入行动。方法的解释务必清晰、易懂。

在试行期，教师要让学生逐步熟悉新的方法。对学生来说，这是一个过渡阶段，原有的学习习惯可能还会存在，需要教师多次提醒或检查。对那些对具体要求不够明白的学生，教师也可利用这个阶段再帮助他们了解清楚。

在正式实行期，教师的主要工作是跟踪、监督、检查、纠偏。正式实行期的时间一般比较长。为确保在这个过程中行动研究能沿着正确的轨道顺利进行下去，教师要采取办法跟踪观察学生的行为，同时监督他们按照计划，达到方案设计的要求。检查是必要的手段，一方面，它能对学生起到督促作用，另一方面，能让教师了解方案的实施效果，发现其中存在的问题。纠偏，就是指在实施过程中，出现未曾预料的问题，与预先设定的目标形成偏差时，教师要及时采取措施，调整方案，重新让行动指向正确的方向。

在评估期，教师对行动研究的效果进行评估，再根据评估结果进行总结，一方面看是否达到效果，另一方面看有没有新的问题。

4）怎样全面评估方案？

在行动研究的方案实施过后，要对其成效进行评估。这是教师对行动研究的一次全面回顾和评价。评估应基于行动中采集的数据，对照预定的目标客观地作出总结。还是以上面的例子来说，语篇能力的提高究竟有没有使听力过程中的笔记记录情况有所改善，要看学生的评价以及他们的笔记记得怎样。教师可以通过问卷或访谈来调查学生的感知，问他们有没有觉得记笔记变得比较容易或笔记记得更准确、对听力更有帮助。还可以布置一篇听力材料，让他们写出概要或大纲。如果在行动研究之前，教师就让学生做过类似的练习并保存了笔记，那么现在把行动研究前后的两份笔记拿出来作个比较，就很容易发现两者是否有不同了。

评估的另一个作用是发现新的问题。例如，评估中发现，学生的拼写存在的问题不小，有不少人记在笔记中的词拼写错误。还有，有些学生听到句子之后，犹犹豫豫不知怎么下笔，浪费了宝贵时间。这反映了学生对词汇的音、形和意义之间的关联还不熟练，可以以此作为下一个行动研究的主题。

第三节　行动研究实例

在本小节，笔者将根据前面论述的行动研究的方法，详细介绍一个行动研究实例。

1. 聚焦问题

笔者在教学中观察到这样的现象：一些生词在某一次听力材料中出现过，教师讲解过，但是，过了大约几周时间，当这些（个）词汇碰巧在别的听力材料中再次出现时，很多学生还是听不懂，就像完全没有见过一样。笔者认为，这个问题应当引起重视。虽然说在学习词汇的过程中，遗忘是个正常的现象，但是，学生在一个月左右的时间内就忘记了上课讲解过的词汇，这也许说明教学过程或学习过程中出现了问题。如果学得多却忘得快，那么学习效率可能在不知不觉中已经大打折扣了。

然而，自己的观察可能存在偏差。或许学生只是偶尔没有记住这几个词，或许这种现象只是发生在笔者注意到的那少部分人身上，或许学生在听的时候根本没有注意到某个词。凭借自己的经验，笔者认为问题可能出在学生对听力训练中出现的生词不够重视上。也就是说，那些课上讲过的生词，他们并没有去记。学生虽然比较重视听力课，但是只是认为听力课就是练习听、做习题，对所听材料中的语言点并不是很在意。为了确认自己观察到的问题是否确实存在，笔者在课堂上做了一个调查。具体内容和步骤请见表 8.3。

表 8.3 课堂调查

（1）调查对象

　　参加听力课的全体学生，人数 32 人，其中男生 10 人，女生 22 人，平均年龄 20 岁。

（2）调查设计

　　先让学生完成一个听力理解任务，然后，教师通过不同时间段的三次测试，跟踪观察目标词汇的习得情况。

　　听力理解任务为听新闻，写概要。听力理解材料为一篇正常语速的英语新闻，时间长度约为 4 分钟，全文长 555 字，语速约 140 词 / 分钟，内容属于政治经济类，是学生常见的类型。教师在材料中选定 10 个目标词汇，均为生词。另选 10 个学生较为熟悉的词，掺杂其中，共 20 个词。词性有名词、动词、形容词、副词。生词在文中出现频率均为 1 次。实验全过程中，受试学生均没有看过新闻文本。

(3) 调查步骤

　　首先，布置听力任务，让学生听三遍新闻，听完后写一篇概要。听之前，教师用英文将所有生词的意思解释一遍，其中包括 10 个目标词汇。

　　一周后进行第一次测试，先听一遍新闻，然后教师依次说出 20 个词，每词两遍，请学生将这些词的意思用中文写出来，同时判断这个词在不在刚才听到的新闻中。

　　第二周上课时，做第二次测试。教师再次依次说出这 20 个词，每词两遍，请学生将每个词的意思写下来。

　　第四周，做第三次测试，仍旧让学生依次听这 20 个词，然后写出每个词的意思。

(4) 数据收集与分析

　　有 2 人先后因故缺席某次测试，最后有效实验人数为 30 人。

　　每次测试的评分标准一致，意思答对者得 1 分，答错者得零分。

（待续）

(续表)

(5) 调查结果

首先，从分别统计的三次测试中目标单词的答对人数来看，一周后第一次测试时，有部分人答对生词的意思，说明经过上课讲解，在完成写概要任务的过程中，有习得发生，但是答对人数所占比例非常少：10 个生词中有 3 个词只有 10% 的人答对；有 5 个词有 20% 左右的人答对；只有一个词有一半人答对，是最好的情况。第二次测试情况没有太大改变，其中有一个词的情况大为改善，但是，上次答对情况最好的词出现了很大滑坡。第三次测试情况稍好一点，在没有大幅下滑的情况下，一些词的答对情况稍有上升。不过，总体来看还是让人忧心，因为人均答对目标词的个数只有 3 个。而且，在分析数据的时候，笔者注意到，有两三个人答对词汇的情况远远好于其他人，这意味着其他人连 3 个词的均值都达不到。

总体来看，生词的习得虽略有增加，但是，相比全体受试人数，习得目标词的人数只占相当小的比例。三次测试中，10 个目标词汇的习得人数均未超过半数，多个词甚至低于三分之一。在成绩最好的第三次测试中，习得人数平均值也未超过 30%。

值得关注的是，第一次测试时，大多数人确认自己在听力材料中听到了目标词，人数约占总人数的四分之三，这说明大部分人注意到了这些生词的语音形式。而且，第一、二次测试本身提供了 4 次目标词输入的机会。然而，生词的习得并没有在大多数人身上发生。

(6) 结论

目前这种教学方法下，听力材料中生词的习得效率低，大部分生词没有通过听而被习得。

课堂调查的结果肯定了笔者自己通过观察产生的担忧，下一步则是找到原因。造成这种问题的原因是多方面的，可能是教师讲解的时候给予的强调不够，可能是学生后来没有及时复习，还可能是学生没有记住生词的发音，再次听到的时候反应不过来等等。到底还有哪些原因，笔者无法确定，打算在学生中了解一下。为此，笔者提前预备了以下几个问题：(1) 你在听力练习中经常遇到生词吗？(2) 如果遇到生词，你是怎么解决的？(3) 教师在听之前讲解生词对你的学习有没有帮助？(4) 你会在课后复习听力材料中的生词吗？(5) 你认为应当怎样对待听力材料中的生词？利用几堂课的课间时间，笔者找了好几组同学在一起聊了聊，很快就有了答案。

在这些问题的引导下，学生谈了他们对听力中词汇学习的很多看法和做法。总结起来，学生的典型回答大致是这样的：

- 经常在听的时候遇到生词。

- 如果是课堂上的听力材料，老师会提前解释生词，一般是用英文解释，有时会补充中文。中文的似乎好记一些。但是总地来说，时间比较仓促，还没怎么熟悉起来，就开始听了。如果这个词是比较关键的词，又出现在练习中了，记忆就比较深刻。其他的词，慢慢就淡忘了。

- 对听过的材料，一般很少复习，喜欢再去找新的材料练习听。平时在网上找一些，在四级考试前，还会听一些往届的试题。

- 听这些材料时也经常遇到生词，如果能听懂大意，能做对选择题，一般也不去管它。实在听不懂的时候，查看文本，会发现生词并查出意思来，这样能记住一部分，即使下次在别的地方看到，也会觉得面熟。最怕的是，有些材料听不懂，却又找不到文本，这时就没办法了。

- 在听力练习中遇到生词是难免的，听力学习就是要多听，听多了就自然熟练了，没必要专门去背。

从对学生访谈的结果中，笔者基本上找到了问题的根源。看来，学生们并不太重视听力理解过程中遇到的生词。很多人将听力视为某种技能训练，觉得只要多听、多做选择理解题、对对答案就够了，而且认为如果答对了就等于听懂了（这个原因是笔者一开始就预料到的）。他们学习词汇的方法也有问题。对于自己在听的过程中遇到的生词，基本是靠上下文理解来猜测意思。至于究竟猜得对不对，并不深究，只是在万不得已的情况下才去查原文。如果没有文本，就更无办法。在记忆方面，缺乏积极主动性。因为缺少复习、缺少使用，很多曾经学过的词汇渐渐被遗忘了。对词汇语音形式的记忆则更加忽视，因此听力词汇量增加的速度很慢。

调查和访谈的结果显示，学生对听力学习的观念、听力理解中生词的学习方法等都存在问题。针对以上几点原因，笔者认为更新学生对听力学习的观念固然重要，但是教会学生通过听力练习习得生词的方法对他们更加有实用性。他们在观念上的误区可以在指导他们掌握方法的过程中加以纠正。因此，笔者决定把听力理解中的词汇习得作为焦点来进行行动研究。

2. 方案设计

笔者的行动研究目标就是教会学生在听力练习中学习词汇。针对学生遇到的具体情况，笔者从易到难设立了三个阶段目标：

阶段一：学会在已知词形、词义的情况下，辨别、理解、记忆生词。

阶段二：学会在已知词形而词义未知的情况下，推测词义，辨别、理解、记忆生词。

阶段三：学会在词形、词义均未知的情况下，推测词义、词形，辨别、理解、记忆生词。

三个阶段分别对应的学习场景是：

阶段一：课堂上，教师在听之前讲解生词的音、形和义，学生需要迅速牢记，并能在接下来的听力任务中辨别出生词，顺利达成理解。

阶段二：课外自主学习时遇到生词，因有文本配合，学生利用词形查阅字典，获知多个词义，再根据听到的上下文推测适用的词义，并记忆单词发音。

阶段三：课外自主学习时遇到生词，但是没有文本配合，学生必须利用拼音规则，查阅字典，获知词形、词义，再根据听到的上下文进行确认，推测适用的词义，记忆单词发音。

随后，笔者按照动员期、试行期、正式实行期和评估期，制定了行动方案时间表，初步估计这一行动计划前后需要 3 个月左右。

表 8.4 行动方案时间表

阶段	时间	任务	目标
动员期	第 1 周	向学生说明为什么从听力练习中学习生词很重要；向学生说明学习方法、他们该怎样做、教师会如何检查。	让学生明白听力词汇习得的重要性，让学生学会记忆词汇的音、形、义的方法。
试行期	第 2—3 周	开始试行行动研究方案。	让学生逐步熟悉具体方法。
正式实行期	第 4—10 周	正式实行行动研究方案。	让学生练习增加听力词汇量的方法。
评估期	第 11—12 周	对行动研究的效果进行评估。	总结效果、发现新问题。

3. 方案实施

方案的实施基本遵循了上一小节提到的做法，下面分别详细介绍。

1）动员期

笔者先做了一个小的听力词汇量测试，让大家了解自己阅读词汇量和听力词汇量的区别。然后，把之前听力词汇习得调查（参见表8.3）的结果向大家公布。这两个实实在在的调查，让大家吃惊不小。学生开始意识到，自己听力词汇量少可能就是造成听力困难的重要原因。笔者接着解释了听力词汇量少的原因主要在于词汇学习的方式不当。传统的语言学习方式以阅读为重，词汇积累也来自阅读，换句话说，词汇的学习来自视觉输入，词汇的拼写和词义之间的联系建立了，但是词汇的发音和词义之间、发音和拼写之间的联系并没有完全建立。要想扩大听力词汇量，一定要建立词汇的发音和词义之间的联系。因此，在听力练习中学习生词，其实是扩大听力词汇量的好办法。听力词汇量提高了，反过来会促进听力理解水平的提高。

看到大家普遍认可笔者的说法，笔者紧接着问大家，为什么大部分人在听力词汇习得调查的三次测试中都没能多记忆一些词汇？学生们你一言，我一语，立刻给出了许多理由。对这些理由，笔者没有表明态度，相反，笔者请一个在上次调查中习得生词较好的同学发言，问他是采用什么方法记忆的。他回答说，有几个词他原本就觉得有点耳熟，但是对意思不太明白。在第一次听之后，他凭借对发音的模糊记忆去查了字典。另有个别词，是他后来碰巧在其他场合学习到的，因此在第二次或第三次测试中才答对了。我肯定了他的两个方法，并介绍了其他方法，例如查询文本、向他人咨询等等。考虑到是在做行动研究前的动员，笔者并没有继续详细介绍方法，而是抛出几个问题，激起他们的兴趣，例如：凭借发音如何在字典上查出词汇？怎样建立词汇发音和词形之间的联系？等等。然后开始正式介绍行动研究方案的详细内容。考虑到学生接受新的学习方法有个过程，笔者选择了在动员的时候，重点让学生明白行动的目的和具体要求他们做什么（详见表8.5），而把学习方法和相关知识留了一些到下一周的试行期讲解。除了表8.5中的任务以外，教师还要求学生将课外练习用日志记录下来，包括时间、具体内容和反思。

表 8.5 任务及检查

	时间跨度	任务	检查
阶段一	2 周	复习课堂学习中的听力材料，记忆生词发音、在文中的意思和拼写。	每周全班检查，做填空、判断题、造句练习。
阶段二	2 周	学习教师布置的课后听力材料（含文本），要求在每篇材料中选择 5—10 个生词来记忆。记忆生词发音、在文中的意思和拼写。	每周抽查，请学生说出自己新学的词汇并解释词义或造句。
阶段三	3 周	学习教师布置的课后听力材料（无文本），要求在每篇材料中选择 5—10 个生词来记忆。记忆生词发音、在文中的意思、拼写。	每周抽查，请学生说出和写出自己新学的词汇并解释词义或造句。

2）试行期

笔者在课堂上专门花时间讲解了方法，并给了学生大量实践的机会。例如，在讲解如何达成阶段一的目标时，结合教材实例，教会学生如何辨别、理解和记忆。在讲解如何达成阶段三的目标时，利用实例作了示范，和学生一起根据发音查阅了字典。笔者还讲明了在下一节课如何检查他们学习效果的方法，比如：教师说出词汇，学生用英文解释该词在文中的含义；学生用该词口头造句、拼写出该词并介绍它的其他含义；等等。确实有个别学生因为种种原因不能跟上全班的节奏，因此，试行期对他们来说非常有用。

3）正式实行期

笔者通过两个基本方法跟踪进程，一个是每周的小测试，一个是学生课后撰写的日志。每周测试的词汇来自课堂上所听的材料，而日志检查的是学生在自主听力练习中听到生词后是否进行了主动学习。笔者就这样监督大家，坚持了几周之后，发现无论在课堂小测试还是在课后日志中，学生的表现都有了明显的变化。

每次测试的情况，尤其是普遍出错的词，笔者都会记录下来，这有助于笔者反思教学过程中是否有问题。对日志中学生反思的内容，笔者也作了详细记录，这有助于笔者从学习者角度更具体地了解学习过程。看到他们写下"感觉有进步"、"我觉得自己掌握了记忆的方法"等字句，笔者立即批注上鼓励的话；看到他们写下"觉得枯燥极了"、"还要不要继续听呢"等字句，笔者会及时找到他们，问清他们遇到了哪些问题，并提供自己的建议。在这样的检查监督下，行动进行得很顺利。

当然，过程中也出现过小偏差。例如，有个同学有点心急，为了取得更快的进步，她几乎每次课外听力练习时都采用听写的方式，把全篇写下来。每天都要记忆很多生词。几周下来，她疲惫不堪，觉得耗费了很多时间，虽然当时记下了不少词，但是由于来不及复习、使用，又开始遗忘。笔者看日志时就发现了她的情况，并及时纠正了她的做法。

4）评估期

行动研究接近尾声的时候，笔者特地在课上让学生听了一个材料，但是没有做任何词汇讲解，只是提了几个问题看看他们有没有理解。笔者是想了解他们有没有养成通过听来学习生词的习惯。第二次上课检查的时候，笔者发现大部分人能注意到生词并主动查字典，记住了词义和发音。听力材料中有几个笔者原以为对他们来说肯定是生词的词汇，然而令笔者惊奇的是，好些人说他们已经听到过，不陌生了。不管他们是什么时候从什么地方学到这些词的，笔者感觉他们的听力词汇学习方法和词汇量都有了进步。但是，这仅仅是笔者的感觉。为了更加确切地了解，笔者用问卷的形式对学生进行了调查，了解他们的评价。问卷的具体内容如下：

1. 你的听力词汇量是否有进步？

　　　0　　1　　2　　3　　4　　5　　6　　7　　8　　9

没有进步　　　　　　　　　　　　　　　　　进步很大

2. 从听力练习中学习生词的方法是否有效？

　　　0　　1　　2　　3　　4　　5　　6　　7　　8　　9

没有效果　　　　　　　　　　　　　　　　效果很大

请简要回答以下几个问题：

（1）用这种学习方法学习生词，你遇到的最大困难是什么？

（2）你觉得在实现三个阶段目标的过程中，哪个阶段的难点最多？

（3）你感觉到的最大收获是什么？

（4）你觉得这个方法最需要改进的地方是什么？

4. 方案评价

行动研究结束后，笔者按照下面几个问题评价了总体效果：

（1）学生是否养成了从听力练习中学习生词的习惯？

（2）学生是否学会了从听力练习中学习生词的方法？

（3）学生是否感觉到听力词汇量有进步？

（4）学生的听力词汇量是否真的有进步？

通过统计历次小测试的分数，查看学生日志的记录和问卷调查的结果，笔者觉得这次行动研究总体上是很有效的。笔者总结了四点：

（1）从以前很少关注听力材料中的生词，到现在主动学习生词，学生的学习习惯发生了很大改变。学生对听力学习的看法也潜移默化地发生了转变：原来他们只是将听力视为测试，现在还把听力看作学习的过程。

（2）大部分学生掌握了学习方法，有些人甚至还发明了适合自己的独特方法。

（3）大部分学生明显感到听力词汇量有了增加。新增的听力词汇量中除了生词，还有的是半生的词，即从前只记住了词形、词义，而没有记住准确发音的词汇。

（4）从课堂上看，学生在听力理解中的表现明显变好了，这应当与他们在听力词汇量上的进步有关。

这次行动研究也暴露出一些问题，它们主要集中在两方面：一是学生在语音切分上的能力不足，导致单词识别出现问题。同化、连读等现象不但使学生误以为听到生词，而且错误的语音记忆给学生在辨认上带来困难，不好查字典。二是选择哪些词汇来记忆实际上是需要技巧的。学生的时间有限，如果花较多的时间记忆不常用的词，成效感就会比较低，因为这些词比较生僻，出现频率低，学生不经常使用，就容易忘记。通过反思，笔者想，如果下次再进行这样的行动教学，就会提前先把语音切分方面的知识讲一讲，用语音练习让学生先练一练。而且，笔者会提前教会学生如何选择记忆生词，告诉他们哪些类型的词是常用词，要优先学习。

第四节　听力教学的原则

多年来，有关听力教学的研究一直在不断发展，同时吸收并融合了来自教育学、心理学、语言学、社会学等研究领域的成果。下面是人们从理论和实践中总结出的一些普遍认识，作为听力教学的原则，运用在教学中，能有效地促进听力学习。

1. 考虑到学习者差异

世界是多样化的，学习者的听力能力发展也是如此。教师应充分考虑到学习者在学能、兴趣、能力、学习风格等方面的不同，在教学方法中体现出灵活的、因人而异的特点。

2. 遵循听力理解的认知过程

听力理解既包括"自下而上"的过程，也包括"自上而下"的过程，而且两种过程之间还存在交互作用。遵循这一过程，教学中应兼顾两者，不能忽视任何一方。近年来，较多的注意力转向强调"自上而下"的处理过程，因而 Field（2003）和 Wilson（2003）立即呼吁，不能低估"自下而上"的处理过程。他们认为，许多错误理解来自对语音和单词的错误识别，这些仅靠背景知识和策略是不容易弥补的。

3. 重视听力理解的质与量

人们都知道"提高听力水平要多听多练"的道理，但是常常只重视了"量"，而忽视了"质"。对听力材料浅尝辄止，表面上理解了，却似懂非懂，也不去深究，这样的听力训练并不能有效地提高基本能力。相反，我们应该针对一些理解中出现的问题进行深入的反思并配合专门的训练。这就是对"质"的重视。此外，重视"质"还意味着要重视听力理解的准确性。

4. 注重语言点的学习

听力学习过程是语言学习过程的一部分，所以对听力材料中语言点的学习，是不容忽视的。语言点一般包括值得重点关注的常用词和常见句式的意义、用法以及关键词或生词，或者是容易听错的地方。语言点的学习能帮助学习者注意词汇的发音、含义、用法以及句子的结构和含义等等。在听力任务结束后，配合语言点的讲解，有益于语言知识的扩展和听力技能的提高。如果只把听力练习当做听力测试，那就只会在乎结果，只会在乎测试题的对与错，这样的练习往往使听者的水平难有本质上的改变。

5. 听说读写相结合

听力教学中的活动设计应尽可能和读、说、写相结合。语言的这些技能在本质上不是相互割裂的，实际上，这些技能都是语言能力在某个情境下、某个具体的语言使用中的表现（Bachman & Palmer，1996：75-76）。将这些技能相互结合起来运用在听力活动中，有利于学习者语言能力的全面发展。

6. 教会学生自主学习的方法

课堂教学是教师引导的，其时间是有限的，而学生的语言学习在长时间里是自我主导的，所以，教会学生自主学习的方法非常有意义。这实际上是教给学生一套管理好听力学习过程的方法，内容包括如何设定目标、如何制定计划、如何利用资源、如何评价结果等等。学生要学会自己选择材料、自己安排时间、自己选择听力训练方式、自己发现问题、分析问题并解决问题。教会学生自主学习的方法，能够促使他们为自己的学习负起责任，学会如何决策，并且在学习过程中不断反思、调整，努力实现自己的目标，直至养成终生学习的能力。

参考文献

Abrahamsson, N. & Hyltenstam, K. (2009). Age of onset and nativelikeness in a second language: Listener perception vs. linguistic scrutiny. *Language Learning*, 59 (2): 249-306.

Alexander, L. G. (1988). *Longman English Grammar*. London: Longman.

Alpert, R. & Haber, R. N. (1960). Anxiety in academic achievement situations. *Journal of Abnormal and Social Psychology*, 61: 207-215.

Ambinder, M. S. & Simons, D. J. (2006). Individual differences in attention capture. Paper presented at the Annual Meeting of the Vision Sciences Society, Sarasota, Florida, USA, May 2006.

Ames, C. (1992). Classrooms: Goals, structures, and student motivation. *Journal of Educational Psychology*, 84 (3): 261-271.

Anderson, J. R. (1983). *The Architecture of Cognition*. Cambridge, MA: Harvard University Press.

Anderson, J. R. (1995). *Cognitive Psychology and Its Implications* (4th ed.). New York: Freeman.

Anderson, J. R. (2000). *Cognitive Psychology and Its Implications* (5th ed.). New York: Worth Publishing.

Arnold, J. (2000). Seeing through listening comprehension exam anxiety. *TESOL Quarterly*, 34 (4): 777-786.

Astheimer, L. & Sanders, L. D. (2009). Listeners modulate temporally selective attention during natural speech processing. *Biological Psychology*, 80 (1): 23-34.

Atkinson, R. C. & Shiffrin, R. M. (1968). Human memory: A proposed system and its control processes. In K. W. Spence & J. T. Spence (Eds.). *The Psychology of Learning and Motivation: Advances in Research and Theory (Vol. 2)*. London: Academic Press.

Awh, E., Vogel, E. & Oh, S.-H. (2006). Interactions between attention and working memory. *Neuroscience*, 139 (1): 201-208.

Bachman, L. F. (1990). *Fundamental Considerations in Language Testing.* Oxford: Oxford University Press.

Bachman, L. F. & Palmer, A. S. (1996). *Language Testing in Practice.* Oxford: Oxford University Press.

Bacon, S. M. (1989). Listening for real in the second language classroom. *Foreign Language Annals*, 22 (6): 543-551.

Bacon, S. M. (1992). The relationship between gender, comprehension, processing strategies, and cognitive and affective response in foreign language listening. *Modern Language Journal*, 76: 160-178.

Baddeley, A. D. & Hitch, G. (1974). Working memory. In G. A. Bower (Ed.). *The Psychology of Learning and Motivation (Vol. 8)*. New York: Academic Press.

Baddeley, A. D., Gathercole, S. E. & Papagno, C. (1998). The phonological loop as a language learning device. *Psychological Review*, 105 (1): 158-173.

Bailey, K. M. (1983). Competitiveness and anxiety in adult second language learning: Looking at and through the diary studies. In H. W. Seliger & M. H. Long (Eds.). *Classroom Oriented Research* (pp. 67-103). Rowley, MA: Newbury House.

Bandura, A. (1995). Exercise of personal and collective efficacy in changing societies. In A. Bandura (Ed.). *Self-efficacy in Changing Societies* (pp. 1-45). Cambridge: Cambridge University Press.

Berne, J. E. (1998). Examining the relationship between L2 listening research, pedagogical theory, and practice. *Foreign Language Annuals*, 31 (2): 169-190.

Blau, E. K. (1990). The effect of syntax, speed, and pauses on listening comprehension. *TESOL Quarterly*, 24 (4): 746-753.

Blau, E. K. (1991). More on comprehensible input: The effect of pauses and hesitation markers on listening comprehension (No. ED340 234). *ERIC*.

Boyle, J. (1984). Factors affecting listening comprehension. *ELT Journal*, 38 (1): 34-38.

Boyle, J. (1987). Sex differences in listening vocabulary. *Language Learning*, 37 (2): 273-84.

Brown, G. (1987). Twenty-five years of teaching listening comprehension. *English Teaching Forum*, 25 (4): 11-15.

Brown, G. (1995). Dimensions of difficulty in listening comprehension. In D. J. Mendelsohn & J. Rubin (Eds.). *A Guide for the Teaching of Second Language Listening* (pp. 59-73). San Diego, CA: Dominie Press.

Brown, G. (2008). Selective attention. *System*, 36 (1): 10-21.

Brown, H. D. (1994). *Principles of Language Learning and Teaching* (3rd ed.). Englewood Cliffs, NJ: Prentice Hall Regents.

Bryman, A. (1989). *Research Methods and Organizational Studies*. Loughborough: Routledge.

Buck, G. (1995). How to become a good listening teacher. In D. Mendelsohn & J. Rubin (Eds.). *A Guide for the Teaching of Second Language Listening*. San Diego: Dominie Press.

Buck, G. (2001). *Assessing Listening*. New York: Cambridge University Press.

Burns, A. (1999). *Collaborative Action Research for English Language Teachers*. Cambridge: Cambridge University Press.

Burns, A. (2010). *Doing Action Research in English Language Teaching: A Guide for Practitioners*. New York: Routledge.

Canale, M. (1983). From communicative competence to communicative language pedagogy. In J. C. Richards & R. W. Schmidt (Eds.). *Language and Communication*. New York: Longman.

Canale, M. & Swain, M. (1980). Theoretical bases of communicative approaches to second language teaching and testing. *Applied Linguistics*, 1 (1): 1-47.

Carr, W. & Kemmis, S. (1986). *Becoming Critical: Education, Knowledge and Action Research*. London: The Falmer Press.

Carrell, P. L. (1989). Metacognitive awareness and second language reading. *The Modern Language Journal*, 73 (2): 121-134.

Chafe, W. (1985). Linguistic differences produced by differences between speaking and writing. In D. Olson, N. Torrance & A. Hildyard (Eds.). *Literacy, Language, and Learning: The Nature and Consequences of Reading and Writing* (pp. 105-122). Cambridge: Cambridge University Press.

Chamot, A. U. (2005). The cognitive academic language learning approach (CALLA): An update. In P. A. Richard-Amato & M. A. Snow (Eds.). *Academic Success for English Language Learners: Strategies for K-12 Mainstream Teachers* (pp. 87-101). White Plains, NY: Longman.

Chaudron, C. (1985). Intake: On models and methods for discovering learners' processing of input. *Studies in Second language Acquisition*, 7 (1): 1-14.

Chaudron, C. & Richards, J. C. (1986). The effect of discourse markers on the comprehension of lectures. *Applied Linguistics*, 7 (2): 113-127.

Cheng, Y. (2002). Factors associated with foreign language writing anxiety. *Foreign Language Annals*, 35 (6): 647-656.

Chiang, C. S. (1990). Effects of speech modification, prior knowledge and listening proficiency in the lecture listening comprehension of Chinese EFL (English as a Foreign Language) students. Dissertation. Pennsylvania State University, University Park.

Chiang, J. & Dunkel, P. (1992). The effect of speech modification, prior knowledge and listening proficiency on EFL lecture learning. *TESOL Quarterly*, 26 (2): 345-374.

Cohen, A. D. (2000). Exploring strategies in test-taking: Fine-tuning verbal reports from respondents. In G. Ekbatani & H. Pierson (Eds.). *Learner-directed Assessment in ESL* (pp. 127-150). Mahwah, NJ: Lawrence Erlbaum Associates, Inc.

Cook, M. & Liddicoat, A. J. (2002). The development of comprehension in interlanguage pragmatics: The case of request strategies in English. *Australian Review of Applied Linguistics*, 25 (1): 19-40.

Covington, M. (2000). Goal theory, motivation, and school achievement: An integrative review. *Annual Review of Psychology*, 51: 171-200.

Coxhead, A. (2000). A new academic word list. *TESOL Quarterly*, 34 (2): 213-238.

Crookes, G. (1993). Action research for second language teachers: Going beyond teacher research. *Applied Linguistics*, 14 (2): 130-144.

Cummins, J. (1978). Educational implications of mother tongue maintenance in minority-language groups. *The Canadian Modern Language Review*, 34: 395-416.

Daly, J. (1991). Understanding communication apprehension: An introduction for language educators. In E. Horwitz & D. J. Young (Eds.). *Language Anxiety: From Theory and Research to Classroom Implications* (pp. 141-150). Englewood Cliffs, NJ: Prentice Hall.

Daneman, M. & Carpenter, P. A. (1980). Individual differences in working memory and reading. *Journal of Verbal Learning and Verbal Behavior*, 19 (4): 450-466.

Day, E. M. & Shapson, S. M. (1988). Provincial assessment of early and late French immersion programs in British Columbia, Canada. Paper presented at the April meetings of the American Educational Research Associates, New Orleans.

de Jong, N. (2005). Can second-language grammar be learned through listening? An experimental study. *Studies in Second Language Acquisition*, 27 (2): 205-234.

Delattre, P. (1966). A comparison of syllable length conditioning among languages. *IRAL*, 4 (3): 183-198.

Derry, S. J. & Murphy, D. A. (1986). Designing systems that train learning ability: From theory to practice. *Review of Educational Research*, 56 (1): 1-39.

Dufva, M. & Voeten, M. (1999). Native language literacy and phonological memory as prerequisites for learning English as a foreign language. *Applied Psycholinguistics*, 20 (3): 329-348.

Dunkel, P. A. (1991). Listening in the native and second/foreign language: Toward an integration of research and practice. *TESOL Quarterly*, 25 (3): 431-457.

Dunkel, P. A. & Davis, J. M. (1994). The effects of rhetorical signaling cues on the recall of English lecture information by ESL and ENL listeners. In J. Flowerdew (Ed.). *Academic Listening: Research Perspectives* (pp. 55-74). Cambridge: Cambridge University Press.

Eisenstein, M. (1982). A study of social variation in adult language acquisition. *Language Learning*, 32: 367-392.

Elisha-Primo, I., Sandler, S., Goldfrad, K., Ferenz, O. & Perpignan, H. (2010). Listening to students' voices: A curriculum renewal project for an EFL graduate academic program. *System*, 38: 457-466.

Elkhafaifi, H. (2005). Listening comprehension and anxiety in the Arabic language classroom. *The Modern Language Journal*, 89 (2): 206-220.

Farhady, H. (1982). Measures of language proficiency from the learner's perspective. *TESOL Quarterly*, 16 (1): 43-59.

Feyten, C. M. (1991). The power of listening ability: An overlooked dimension in language acquisition. *The Modern Language Journal*, 75: 173-180.

Field, J. (1998). Skills and strategies: Towards a new methodology for listening. *ELT Journal*, 52 (2): 110-118.

Field, J. (2003). Promoting perception: Lexical segmentation in listening. *ELT Journal*, 57 (4): 325-334.

Field, J. (2005). Intelligibility and the listener: The role of lexical stress. *TESOL Quarterly*, 39 (3): 399-423.

Field, J. (2008). *Listening in the Language Classroom*. Cambridge: Cambirdge University Press.

Flaherty, S. E. (1979). Rate-controlled speech in foreign language education. *Foreign language Annuals*, 12: 275-280.

Flavell, J. (1979). Metacognition and cognitive monitoring: A new area of cognitive-developmental inquiry. *American Psychologist*, 34 (10): 906-911.

Flavell, J. (1987). Speculations about the nature and development of metacognition. In F. E. Weinert & R. H. Kluwe (Eds.). *Metacognition, Motivation and Understanding* (pp. 21-29). Hillsdale, NJ: Lawrence Erlbaum.

Flege, J. (1995). Second language speech learning: Theory, findings, and problems. In W. Strange (Ed.). *Speech Perception and Linguistic Experience: Issues in Cross-language Research* (pp. 233-277). Timonium, MD: York Press.

Flege, J. (2003). Assessing constraints on second-language segmental production and perception. In A. Meyer & N. Schiller (Eds.). *Phonetics and Phonology in Language Comprehension and Production, Differences and Similarities* (pp. 319-355). Berlin: Mouton de Gruyter.

Flowerdew, J. (Ed.). (1994). *Academic Listening: Research Perspectives.* Cambridge: Cambridge University Press.

Flowerdew, J. & Miller, L. (2005). *Second Language Listening: Theory and Practice.* New York: Cambridge University Press.

Flowerdew, J. & Tauroza, S. (1995). The effect of discourse markers on second language lecture comprehension. *Studies in Second Language Acquisition.* 17 (4): 435-458.

Forster, K. (1976). Accessing the mental lexicon. In F. Walse & E. Walker (Eds.). *New Approaches to Language Mechanism* (pp. 257-287). Amsterdam: North-Holland Publishing.

Foulke, E. (1968). Listening comprehension as a function of word rate. *Journal of Communication*, 18 (3): 198-206.

Ganschow, L., Sparks, R. L., Anderson, R., Javorsky, J., Skinner, S. & Patton, J. (1994). Differences in language performance among high-, average-, and low-anxious college foreign language learners. *The Modern Language Journal*, 78: 41-55.

Garcia, P. (2004). Pragmatic comprehension of high and low level language learners. *TESL-EJ*, 8. Retrieved Sep. 10, 2009, from http://www-writing.berkeley.edu:16080 /TESl-EJ /ej30/a1.html.

Gardner, R. C. & MacIntyre, P. D. (1993). On the measurement of affective variables in second language learning. *Language Learning*, 43 (2): 157-194.

Gardner, R. C., Lalonde, R. N., Moorcroft, R. & Evers, F. T. (1987). Second language attrition: The role of motivation and use. *Journal of Language and Social Psychology*, 6 (1): 29-47.

Gathercole, S. E. (Ed.). (2001). *Short-term and Working Memory*. Hove: Psychology Press.

Gathercole, S. E. & Baddeley, A. D. (1989). Evaluation of the role of phonological STM in the development of vocabulary in children: A longitudinal study. *Journal of Memory and Language*, 28: 200-213.

Gathercole, S. E., Willis, C., Emslie, H. & Baddeley, A. (1992). Phonological memory and vocabulary development during the early school years: A longitudinal study. *Developmental Psychology*, 28 (5): 887-898.

Gilbert, J. (1995). Pronunciation practices as an aid to listening comprehension. In D. J. Mendelsohn & J. Rubin (Eds.). *A Guide for the Teaching of Second Language Learning* (pp. 97-111). San Diego: Dominie Press.

Goh, C. C. M. (1999). What learners know about the factors that influence their listening comprehension. *Hong Kong Journal of Applied Linguistics*, 4 (1): 17-42.

Goh, C. C. M. (2000). A cognitive perspective on language learners' listening comprehension. *System*, 28 (6): 55-75.

Goh, C. C. M. (2002a). Exploring listening comprehension tactics and their interaction patterns. *System*, 30 (2): 185-206.

Goh, C. C. M. (2002b). Learners' self-reports on comprehension and learning strategies for listening. *Asian Journal of English Language Teaching*, 12: 46-68.

Goh, C. C. M. (2008). Metacognitive instruction for second language listening development: Theory, practice and research implications. *RELC Journal*, 39 (2): 188-213.

Graham, S. (1997). *Effective Language Learning: Positive Strategies for Advanced Level Language Learning*. Clevedon, England: Multilingual Matters.

Graham, S. (2002). Experiences of learning French: A snapshot at Years 11, 12 and 13. *Language Learning Journal*, 25: 15-20.

Graham, S. (2006a). Listening comprehension: The learners' perspective. *System*, 34 (2): 165-182.

Graham, S. (2006b). A study of students' metacognitive beliefs about foreign language learning and their impact on learning. *Foreign Language Annals*, 39 (2): 296-309.

Graham, S. & Macaro, E. (2008) Strategy instruction in listening for lower-intermediate learners of French. *Language Learning*, 58 (4): 747-783.

Graham, S., Santos, D. & Vanderplank, R. (2008). Listening comprehension and strategy use: A longitudinal exploration. *System*, 36 (1): 52-68.

Griffin, G. G. (1993). The relationship between starting age and second language learning. Unpublished M.A. thesis. San Rafael, CA: Faculty of the Dominican College.

Griffiths, R. (1992). Speech rate and listening comprehension: Further evidence of the relationship. *TESOL Quarterly*, 26 (2): 385-91.

Gruba, P. (2004). Understanding digitized second language videotext. *Computer Assisted Language Learning*, 17 (1): 51-82.

Gummesson, E. (1991). *Qualitative Methods in Management Research*. London: Sage Publications.

Gupta, P. (2003). Examining the relationship between word learning, nonword repetition, and immediate serial recall in adults. *Quarterly Journal of Experimental Psychology*, 56A: 1213-1236.

Hadley, A. O. (2001). *Teaching Language in Context* (3rd ed.). Boston, MA: Heinle & Heinle Publishers.

Halliday, M. A. K. & Hasan, R. (1976). *Cohesion in English*. London: Longman UK Group Limited.

Hatch, E. (1983). Simplified input and second language acquisition. In R. Andersen (Ed.). *Pidginization and Creolization as Language Acquisition* (pp. 64-86). Rowley, MA: Newbury House.

Hildyard, A. & Olson, D. R. (1982) On the comprehension and memory of oral vs. written discourse. In D. Tannen (Ed.). *Spoken and Written Language: Exploring Orality and Literacy* (pp. 19-24). Norwood, NJ: Ablex.

Horwitz, E. K., Horwitz, M. & Cope, J. (1986). Foreign language classroom anxiety. *Modern Language Journal*, 70 (2): 125-132.

Hron, A., Kurbjuhn, I., Mandl, H. & Schnotz, W. (1985). Structural inferences in reading and listening. In G. Rickheit & H. Strohner (Eds.). *Inferences in Text Processing* (pp. 221-245). Amsterdam: Elsevier Science Publishers.

Iverson, P. & Kuhl, P. K. (1994). Tests of the perceptual magnet effect for American English /r/ and /l/. *Journal of the Acoustical Society of America*, 95 (5): 2976 .

Jackson, C. (2003). Motives for "laddishness" at school: Fear of failure and fear of the feminine. *British Educational Research Journal*, 29 (4): 583-598.

Jarrold, C. & Touse, J. N. (2006). Individual difference in working memory. *Neuroscience*, 139: 39-50.

Ji, Lingzhu, (2003), Training the university English learners to predict in listening class (No. ED482 582). *ERIC.*

Johnson, D. M. (1992). *Approaches to Research in Second Language Learning.* New York: Longman.

Jung, E. H. (2003). The role of discourse signaling cues in second language listening comprehension. *The Modern Language Journal*, 87 (4): 562-577.

Kelch, K. (1985). Modified input as an aid to comprehension. *Studies in Second Language Acquisition*, 7 (1): 81-90.

Kemmis, S. & McTaggart, R. (Eds.). (1982). *The Action Research Reader.* Deakin: Deakin University Press.

Kemmis, S. & McTaggart, R. (Eds.). (1988). *The Action Research Planner* (3rd ed.). Geelong: Deakin University Press.

Kolb, D. (1984). *Experiential Learning: Experience as the Source of Learning and Development.* Englewood Cliffs, New Jersey: Prentice Hall.

Kormos, J. & Anna, S. (2008). Phonetical short-term memory, working memory and foreign language performance in intensive language learning. *Bilingualism: Language and Cognition*, 11 (2): 261-271.

Krashen, S. (1982). *Principles and Practice in Second Language Acquisition.* New York: Pergamon Press.

Kumaravadivelu, B. (1991). Language-learning tasks: Teacher intention and learner interpretation. *English Language Teaching Journal*, 45 (2): 98-107.

Larsen-Freeman, D. & Long, M. H. (1991). *An Introduction to Second Language Acquisition Research.* London: Longman.

Laviosa, F. (1991). A preliminary investigation of the listening problem-solution process and the strategies of five advanced learners of Italian as a second language. Unpublished Thesis. Buffalo: State University of New York at Buffalo.

Lebauer, R. S. (2000). *Learn to Listen, Listen to Learn 2: Academic Listening and Note-Taking* (3rd ed.). Boston, MA: Thomson Heinle.

Leech, G. (2000). Grammars of spoken English: New outcomes of corpus-oriented research. *Language Learning,* 50 (4): 675-724.

Lewin, K. (1946). Action research and minority problems. *Journal of Social Issues,* 2: 34- 46.

Liu, N. F. (2002). Processing problems in L2 listening comprehension of university students in Hong Kong. Ph.D. dissertation. Hong Kong: Hong Kong Polytechnic University.

Long, D. R. (1989). Second language listening comprehension: A schema-theoretic perspective. *Modern Language Journal,* 73: 32-40.

Long, D. R. (1990). What you don't know can't help you: An exploratory study of background knowledge and second language listening comprehension. *Studies in Second Language Acquisition,* 12: 65-80.

Long, M. H. (1985). Input and second language acquisition theory. In S. Gass and C. Madden (Eds.). *Input and Second Language Acquisition* (pp. 377-393). Rowley, Mass.: Newbury House.

Lund, R, J. (1991). A comparison of second language listening and reading comprehension. *The Modern Language Journal,* 75 (2): 196-204.

Macaro, E., Graham, S. & Vanderplank, R. (2007). Listening strategies. In A. D. Cohen & E. Macaro (Eds.). *Language Learner Strategies: 30 Years of Research and Practice* (pp. 165-185). Oxford: Oxford University Press.

Macaro, E., Vanderplank, R. & Graham, S. (2005). A systematic review of the role of prior knowledge in unidirectional listening comprehension. In *Research*

Evidence in Education Library. London: EPPI-Centre, Social Science Research Unit, Institute of Education, University of London.

Maccoby, E. E. & Jacklin, C. N. (1974). *The Psychology of Sex Differences*. Stanford, California: Stanford Univeristy Press.

Marslen-Wilson, W. & Welsh, A. (1978). Processing interactions and lexical access during word recognition in continuous speech. *Cognitive Psychology*, 10: 29-63.

Martin, T. (1982). *Introspection and the Listening Process*. Unpublished M.A. thesis. Los Angeles: University of California.

Masoura, E. V. & Gathercole, S. E. (2005). Contrasting contributions of phonological short-term memory and long-term knowledge to vocabulary learning in a foreign language. *Memory*, 13 (3-4): 422-429.

Massaro, D. W. (1994). Psychological aspects of speech perception: Implications for research and theory. In M. Gernsbacher (Ed.). *Handbook of Psycholinguistics* (pp. 219-263). New York: Academic Press.

McClelland, J. L. & Ellman, J. (1986). The TRACE model of speech perception. *Cognitive Psychology*, 18: 1-86.

McClelland, J. L. & Rumelhart, D. E. (1981). An interactive activation model of context effects in letter perception: Part 1. An account of basic findings. *Psychological Review*, 88: 375-407.

McClelland, J. L. & Rumelhart, D. E. (1986). *Parallel Distributed Processing: Explorations in the Microstructure of Cognition (Vol. 2)*. Cambridge, MA: MIT Press.

McLaughlin, B., Rossman, T. & McLeod, B. (1983). Second language learning: An information processing perspective. *Language Learning*, 33 (2): 135-158.

McNamara, T. F. (1996). *Measuring Second Language Performance*. London and New York: Longman.

Meara, P. & Jones, G. (1990). *Eurocentres Vocabulary Size Test, Version E1.1/K10*. Zurich: Eurocentres Learning Service.

Mecartty, F. (2000). Lexical and grammatical knowledge in reading and listening comprehension by foreign language learners of Spanish. *Applied Language Learning*, 11 (2): 323-348.

Mendelsohn, D. J. (1994). *Learning to Listen: A Strategy-based Approach for the Second-language Listener.* San Diego: Dominie Press.

Mendelsohn, D. J. (1995). Applying learning strategies in the second/foreign language listening comprehension lesson. In D. J. Mendelsohn & J. Rubin (Eds.). *A Guide for the Teaching of Second Language Listening* (pp. 132-150). San Diego, CA: Dominie Press.

Milton, J. & Hopkins, N. (2006). Comparing phonological and orthographic vocabulary size: Do vocabulary tests underestimate the knowledge of some learners? *The Canadian Modern Language Review*, 63 (1): 127-147

Mora, J. C. (2007). Learning context effects on the acquisition of a second language phonology. In C. Pérez-Vidal, M. Juan-Garau & A. Bel (Eds.). *A Portrait of the Young in the New Multilingual Spain* (pp. 241-263). Clevedon, UK: Multilingual Matters.

Morton, J. (1969). Interaction of information in word recognition. *Psychological Review*, 76 (2): 165-178.

Nagle, S. J. & Sanders, S. L. (1986). Comprehension theory and second language pedagogy. *TESOL Quarterly*, 20 (1): 9-26.

Nation, I. S. P. (1983). Testing and teaching vocabulary. *Guidelines*, 5 (1): 12-25.

Nation, I. S. P. (2001). *Learning Vocabulary in Another Language.* Cambridge: Cambridge University Press.

Nation, I. S. P. (2002). *Managing Vocabualry Learning.* Singapore: SEAMEO Regional Language Centre.

Nation, I. S. P. (2006). Second language vocabulary. In K. Brown (Ed.). *Encyclopaedia of Language and Linguistics* (2nd ed.) (pp. 448-454). Oxford: Elsevier.

Nation, I. S. P. & Beglar, D. (2007). A vocabulary size test. *The Language Teacher*, 31 (7): 9-13.

Neisser, U. (1967). *Cognitive Psychology.* New York: Appleton-Century-Crofts.

Norris, D. (1994). Shortlist: A connectionist model of continuous speech recognition. *Cognition*, 52 (3): 189-234.

Norris, D., McQueen, J. M. & Cutler, A. (2000). Merging information in speech recognition: Feedback is never necessary. *Behavioral and Brain Sciences*, 23 (3): 299-370.

Nunan, D. (1986). *Research Methods in Language Learning.* Cambridge: Cambridge University Press.

Nunan, D. (1991). *Language Teaching Methodology.* New York: Prentice Hall.

Nunan, D. (1996). Towards autonomous learning: Some theoretical, empirical and practical issues. In R. Pemberton, S. L. Edward, W. W. F. Or & H. D. Pierson (Eds.). *Taking Control: Autonomy in Language Learning* (pp.13-26). Hong Kong: Hong Kong University Press.

Nunan, D. (2006). Action research and professional growth. Paper presented at The 1st JALT Joint Tokyo Conference: Action Research – Influencing, Tokyo, Japan, October 2006.

O'Brien, I., Segalowitz, N., Freed, B. & Collentine, J. (2007). Phonological memory predicts second language oral fluency gains in adults. *Studies in Second Language Acquisition*, 29 (4): 557-581.

O'Malley, J. M. & Chamot, A. U. (1990). *Learning Strategies in Second Language Acquisition.* Cambridge: Cambridge University Press.

O'Malley, J. M., Chamot, A. U. & Kupper, L. (1989). Listening competence strategies in second language acquisition. *Applied Linguistics*, 10 (4): 418-437.

Olsen, L. A. & Huckin, T. N. (1990). Point-driven understanding in engineering lecture comprehension. The American University (USA). *English for Specific Purposes*, 9 (2): 33-47.

Oxford, R. L. (1990). *Language Learning Strategies: What Every Teacher Should Know.* Englewood Cliffs, NJ: Newbury House.

Paris, S. & Winograd, P. (1990). How metacognition can promote academic learning and instruction. In B. F. Jones & L. Idol (Eds.). *Dimensions of Thinking and Cognitive Instruction* (pp. 15-51). Hillsdale, NJ: Erlbaum.

Phakiti, A. (2008). Construct validation of Bachman and Palmer's (1996) strategic competence model over time in EFL reading tests. *Language Testing*, 25 (2): 237-272.

Poelmans, P. (2003). Developing second-language listening comprehension: Effects of training lower-order skills versus higher-order strategy. Unpublished Ph.D. dissertation. Amsterdam: University of Amsterdam.

Postovsky, V. (1981). The priority of aural comprehension in the language acquisition process. In H. Winitz (Ed.). *The Comprehension Approach to Foreign Language Instruction* (pp. 170-186). New York: Newbury House.

Powers, D. (1985). *A Survey of Academic Demands Related to Listening Skills.* Princeton, NJ: Educational Testing Service.

Read, J. (1993). The development of a new measure of L2 vocabulary knowledge. *Language Testing*, 10 (3): 355-371.

Read, J. (2000). *Assessing Vocabulary.* Cambridge: Cambridge University Press.

Richards, J. C. (1983). Listening comprehension: Approach, design, procedure. *TESOL Quarterly*, 17 (2): 219-239.

Richards, J. C. & Rodgers, T. (2001). *Approaches and Methods in Language Teaching.* Cambridge: Cambridge University Press.

Rivers, W. M. (1981). *Teaching Foreign Language Skills* (2nd ed.). Chicago: University of Chicago Press.

Rost, M. (1999). Developing listening tasks for language learning. *Odense Working Papers in Linguistics.* Odense: University of Odense, Denmark.

Rost, M. (2002). *Teaching and Researching Listening.* London: Longman.

Rubin, J. (1987). Learner strategies: Theoretical assumptions, research history, and typology. In A. Wenden & J. Rubin (Eds.). *Learner Strategies in Language Learning* (pp. 71-83). Englewood Cliffs, NJ: Prentice Hall International.

Rubin, J. (1994). A review of second language listening comprehension research. *The Modern Language Journal*, 78 (2): 99-221.

Rubin, J. (2003). Diary writing as a process: Simple, useful, powerful. *Guidelines*, 25 (2): 10-14.

Rumelhart, D. E. (1975). Notes on a schema for stories. In D. G. Bobrow & A. Collins (Eds.). *Representation and Understanding: Studies in Cognitive Science* (pp. 211-236). New York: Academic Press.

Ryding, K. (1991). Proficiency despite diglossia: A new approach for Arabic. *The Modern Language Journal*, 75 (2): 212-218.

Saito, Y. & Samimy, K. (1996). Foreign language anxiety and language performance: A study of learner anxiety in beginning, intermediate, and advanced level college students of Japanese. *Foreign Language Annuals*, 29: 239-251.

Saito, Y., Garza, T. & Horwitz, E. (1999). Foreign language reading anxiety. *The Modern Language Journal*, 83 (2): 202-218.

Samuels, S. J. (1984). Factors influencing listening: Inside and outside the head. *Theory into Practice*, 23 (3): 183-189.

Schmitt, N., Schmitt, D. & Clapham, C. (2001). Developing and exploring the behaviour of two new versions of the Vocabulary Levels Test. *Language Testing*, 18 (1): 55-88.

Schmidt, R. (Ed.). (1995). *Attention and Awareness in Foreign Language Learning.* Honolulu: Univeristy of Hawaii Press.

Scovel, T. (1998). *Psycholinguistics.* Oxford: Oxford University Press.

Seedhouse, P. (1999). Task-based Interaction. *ELT Journal*, 53 (3): 149-156.

Seedhouse, P. (2005). Task as research construct. *Language Learning*, 55 (3): 533-570.

Seright, L. (1985). Age and aural comprehension achievement in Francophone adults learning English. *TESOL Quarterly*, 19 (3): 455-473.

Service, E. (1992). Phonology, working memory, and foreign-language learning. *Quarterly Journal of Experimental Psychology*, 45A: 21-50.

Shannon, C. E. & Weaver, W. (1949): *A Mathematical Model of Communication.* Urbana, IL: University of Illinois Press

Sheen, R. (1994). A critical analysis of the advocacy of the task-based syllabus. *TESOL Quarterly*, 28(1): 127-151.

Sheen, Y. (2004). Corrective feedback and learner uptake in communicative classrooms across instructional settings. *Language Teaching Research*, 8 (3): 263-300.

Sheils, J. (1988). *Communication in the Modern Language Classroom.* Strasbourg: Council of Europe.

Sparks, R. & Ganschow, L. (1991). Foreign language learning differences: Affective or native language aptitude differences. *The Modern Language Journal*, 75 (1): 3-16.

Speciale, G., Ellis, N. C. & Bywater, T. (2004). Phonological sequence learning and short-term store capacity determine second language vocabulary acquisition. *Applied Psycholinguistics*, 25: 293-321.

Spielmann, G. & Radnofsky, M. L. (2001). Learning language under tension: New directions from a qualitative study. *The Modern Language Journal*, 85 (2): 259-278.

Spraat, M. (1999). How good are we at knowing what learners like? *System*, 27 (2): 141-155.

Stern, H. H. (1983). *Fundamental Concepts of Language Teaching.* Oxford: Oxford University Press.

Stitch, T. (1971). Learning by listening in relation to aptitude, reading, and rate-controlled speech: Additional studies. Human Resources Research Organisation. Technical Report. No. 71-75.

Swan, M. (2005). Legislation by hypothesis: The case of task-based instruction. *Applied Linguistics*, 26 (3): 376-401.

Taguchi, N. (2001). L2 learners' strategic mental processes during a listening test. *JALT Journal*, 23 (2): 176-201.

Taguchi, N. (2005). Comprehending implied meaning in English as a foreign language. *The Modern Language Journal*, 89 (4): 543-562.

Tauroza, S. & Allison, D. (1990). Speech rates in British English. *Applied Linguistics*, 11 (1): 90-105.

Tauroza, S. & Allison, D. (1994). Expectation-driven understanding in information systems lecture comprehension. In J. Flowerdew (Ed.). *Academic Listening: Research Perspectives*. Cambridge: Cambridge University Press.

Trofimovich, P. & Baker, W. (2006). Learning second language suprasegmentals: Effect of L2 experience on prosody and fluency characteristics of L2 speech. *Studies in Second Language Acquisition*, 28 (1): 1-30.

Tsui, A. & Fullilove, J. (1998). Bottom-up or top-down processing as a discriminator of L2 listening performance. *Applied Linguistics*, 19 (4): 432-451.

Tyler, M. D. (2001). Resource consumption as a function of topic knowledge in nonnative and native comprehension. *Language Learning*, 51 (2): 257-280.

Vandergrift, L. (1996). The listening comprehension strategies of core French high school students. *Canadian Modern Language Review*, 52 (2): 200-223.

Vandergrift, L. (1997). The comprehension strategies of second language (French) listeners: A descriptive study. *Foreign Language Annals*, 30 (3): 387-409.

Vandergrift, L. (1998). Successful and less successful listeners in French: What are the strategy differences? *French Review*, 71 (3): 370-395.

Vandergrift, L. (1999). Facilitating second language listening comprehension: Acquiring successful strategies. *ELT Journal*, 53 (3): 168-176.

Vandergrift, L. (2003). Orchestrating strategy use: Towards a model of the skilled L2 listener. *Language Learning*, 53 (3): 461-494.

Vandergrift, L. (2004). Learning to listen or listening to learn? *Annual Review of Applied Linguistics*, 24 (1): 3-25.

Vandergrift, L. (2005). Relationships among motivation orientations, metacognitive awareness and proficiency in L2 listening. *Applied Linguistics*, 26 (1): 70-89.

Vandergrift, L. (2007). Recent developments in second and foreign language listening comprehension research. *Language Teaching*, 40 (3): 191-210.

Vandergrift, L. (2010). Researching listening in applied linguistics. In B. Paltridge & A. Phakiti (Eds.). *Companion to Research Methods in Applied Linguistics* (pp. 160-173). London: Continuum.

Vandergrift, L. & Tafaghodtari, M. H. (2010). Teaching students how to listen does make a difference: An empirical study. *Language Learning*, 60 (2): 470-497.

Vandergrift, L., Goh, C., Mareschal, C. & Tafaghodatari, M. H. (2006). The Metacognitive Awareness Listening Questionnaire (MALQ): Development and validation. *Language Learning*, 56 (3): 431-462.

Vann, R. J. & Abraham, R. (1990). Strategies of unsuccessful language learners. *TESOL Quarterly*, 24: 177-199.

Vogely, A. (1995). Perceived strategy use during performance on three authentic listening comprehension tasks. *The Modern Language Journal*, 79 (1): 41-56.

Vogely, A. (1999). Addressing listening comprehension anxiety. In D. J. Young (Ed.). *Affect in Foreign Language and Second Language Learning: A Practical Guide to Creating a Low-anxiety Atmosphere* (pp. 106-123). Boston: McGraw-Hill.

Wallace, M. (1998). *Action Research for Language Teachers*. Cambridge: Cambridge University Press.

Wang, Y. (2010). *The Effects of Listener-internal Variables on L2 Listening Comprehension*. Unpublished Ph.D. dissertation. Nanjing: Nanjing University.

Warren, R. M. & Warren, R. P. (1970). Auditory illusions and confusions. *Scientific American*, 223 (10): 30-36.

Wen, Q. F. & Johnson, R. K. (1997). L2 learner variables and English achievement: A study of tertiary-level English majors in China. *Applied Linguistics*, 18 (1): 27-48.

Wenden, A. (1991). *Learner Strategies for Learner Autonomy*. Hertfordshire: Prentice Hall.

Wenden, A. (1999). An introduction to *Metacognitive Knowledge and Beliefs in Language Learning*: Beyond the basics. *System*, 27 (4): 435-441.

Widdowson, H. (2003). *Defining Issues in English Language Teaching*. Oxford: Oxford University Press.

Williams, J. N. & Lovatt, P. (2003). Phonological memory and rule learning. *Language Learning*, 55 (s1): 177-233.

Wilson, M. (2003). Discovering listening—Improving perceptual processing. *ELT Journal*, 57 (4): 335-343.

Wu, Y. A. (1998). What do tests of listening comprehension test? —A retrospection study of EFL test-takers performing a multiple-choice task. *Language Testing*, 15 (1): 21-44.

Young, D. J. (1992). Language anxiety from the foreign language specialist's perspective: Interviews with Krashen, Omaggio Hadley, Terrell, and Rardin. *Foreign Language Annals*, 25: 157-172.

Young, M. Y. C. (1997). A serial ordering of listening comprehension strategies used by advanced ESL learners in Hong Kong. *Asian Journal of English Language Teaching*, 7: 35-53.

蔡薇、吴一安，(2007)，第二语言听力理解中的词义推断研究，《外语与外语教学》，(7)：1-5。

常俊跃，(2006)，外语教学法的发展及其对我们从事外语教学的启示，《国外外语教学》，(4)：1-5。

韩宝成、刘华，(2004)，听力测试研究综述，《中国英语教育》，(4)。

何其莘、王敏、金利民、俞涓，(1992)，《英语初级听力——Listen To This：1》(教师用书)。北京：外语教学与研究出版社。

刘长军，(2007)，新闻英语中语音停顿还原性的声学研究，《现代外语》，(3)：292-300。

刘思，(1995)，英语听力词汇量与阅读词汇量——词汇研究调查报告，《外语教学与研究》，(1)：61-65。

楼荷英，(2004)，听力策略教学与正常课堂教学的整合研究，《外语研究》，(6)：43-49。

陆国君、吴兴东，（2007），语篇结构图式与语调范式对英语听力理解的影响，《外语教学与研究》，（2）：117-122。

罗胜强、姜嬿，（2008），单维构念与多维构念的测量，载陈晓萍等（编），《组织与管理研究的实证方法》（255-289 页）。北京：北京大学出版社。

马广惠，（2003），《外国语言学及应用语言学统计方法》。杨凌：西北农林科技大学出版社。

苏远连，（2003），论听力学习策略的可教性———一项基于中国外语初学者的实验研究，《现代外语》，（1）：48-58。

王桂珍，（1996），《英语语音语调教程》。北京：高等教育出版社。

王桂珍，（2005），《英语语音教程》。北京：高等教育出版社。

王艳，（2002），输入方式与听力词汇习得，《国外外语教学》，（2）：38-42。

王艳，（2004），对学生和教师关于课堂教学活动看法的调查和分析，《国外外语教学》，（3）：37-43。

王艳，（2007），自主学习中的行为和成效研究，《外语与外语教学》，（11）：34-37。

文秋芳、韩少杰，（2011），《英语教学研究方法与案例分析》。上海：上海外语教育出版社。

徐文玲，（2005），俄语听力的语言制约因素，《解放军外国语学院学报》，（5）：49-53。

杨坚定，（2003），听力理解策略训练与教师的作用，《外语研究》，（3）：66-71。

张民伦、邓昱平、徐卫列，（2001），《英语听力入门 2000》（教师用书）。上海：华东师范大学出版社。

张民伦、邓昱平、徐卫列、张锷，（2008a），《英语听力入门 3000》（教师用书）。上海：华东师范大学出版社。

张民伦、邓昱平、徐卫列、张锷，（2008b），《英语听力入门 3000》（学生用书）。上海：华东师范大学出版社。

郑伯埙、黄敏萍，（2008），实地研究中的案例研究，载陈晓萍、徐淑英、樊景立（编著），《组织与管理研究的实证方法》（199-226 页）。北京：北京大学出版社。

附　录

附录一：

Spotlight on Currencies at G20 Finance Leaders Summit[1]

The Group of 20 nations have a consensus on which way they need to go in terms of currencies. That is the word from Canada's Finance Minister, Jim Flaherty. He spoke Friday just before the G20 finance ministers and central bank governors began their meeting.

"Where we're trying to get to is an action plan that will avoid the temptation by some countries to protect their currencies in different ways," Flaherty said.

None of the G20 members, he explained, wants to be confrontational or leave here without an agreement.

Officials from host South Korea predict some progress will be made on resolving the currency issue.

There are growing concerns that many nations may competitively depreciate their currencies to protect exports.

Many economists, however, caution not to expect any sort of grand bargain similar to the 1985 Plaza Accord, which addressed the value of the US dollar.

Ahead of the G20 session, ministers of the G7 economies huddled. Canada's Flaherty, who chaired those talks, said there was a "frank exchange of views" at the informal meeting

China, as the number two economy, faces pressure to stop controlling its currency, which the United States, European Union and Japan say is undervalued.

The weakened US dollar has prompted more money to pour into Asian currencies where there is a better return on investment. But there are concerns that this flow of money could destabilize economies.

But research fellow Jeong Young-Sik at the Samsung Economic Research Institute in Seoul does not envision a unified Asian stance at this G20 meeting.

Jeong expects that Japan, as a highly developed country, will take a stance closer

---

1 www.voanews.cn/voast/12561.htm

to that of the United States. South Korea and China, he explains, will be more sensitive to the appreciation of their own currencies.

Japan's Finance Minister, Yoshihiko Noda, earlier this month said South Korea's role as summit chair would be called into question if it repeatedly intervened to weaken its currency, the won.

But Noda, on Friday, also rebuffed a US proposal that all G20 nations agree on a target for current account balances to ease currency tensions. He called numerical targets "unrealistic".

US Treasury Secretary Timothy Geithner in a letter to G20 members urges countries running big trade surpluses—notably China—to change policies to boost domestic sources of growth and support global demand. At the same time, he says countries that have trade and budget deficits, such as the US, should focus on sustainable policies to cut both.

The meeting here, which ends Saturday, is to set the agenda for next month's G20 leaders' summit in Seoul.

附录二：

Tomorrow's Innovations[2]

For the fifth year, IBM has looked at the horizons of research, picked five technologies and announced them as tomorrow's innovations.

"Individual technologies take different times to matriculate, but the thing that's common about them is that we think in 2015, all these predictions will actually be something that you take for granted."

John Cohn, IBM's Chief Scientist, says 3-D technology is at the top of the company's "Five in Five" list. While movies and televisions are already moving to the 3-D interfaces, he says this technology will enable us to interact with photos, browse the web and chat with friends in entirely new ways.

"Smart phones, for example, will be able to do 3-Ds and you won't require glasses. Imagine, you know, your friend calling from another city and having him or her pop up almost like Princess Leia in Star Wars. It's really the science of optics where beaming into individual eyes, the light gives the perception of 3-D, and tells the brain that you're seeing a 3-D image, and we believe that it will make communication much more personal."

And when we interact with friends in 3-D on our cell phones, Cohn says, there will be no worries about our need to recharge the phone battery. Future batteries will last much longer than they do today.

"We have scientists who are looking at new battery chemistries, looking at lithium air batteries. So imagine a battery that actually recharges by breathing air like you and I do. So when it's sitting on the bed table at night while you're sleeping, it's recharging, or if you put that in a contact to see in an electric car, we get 10 times the energy density. That means you could go 10 times longer without recharging. And that's really good, so not only that it is more convenient, but it also means fewer of these batteries will end up in the waste stream."

The third innovation on IBM's list is also about power—technology to capture heat from our computers and re-use it.

"As you use computers, as you're surfing the web, especially in large data

---

2 www.voanews.cn/voast/12807.htm

centers, it generates a lot of heat. Right now, that heat is wasted. It actually just gets pulled away and it goes out through the chimneys. Well, our scientists are putting small channels actually into the chips that do the computing, taking that weakening heat back out and using heat pump technology to then heat a building or even cool a building. So the energy will be reclaimed. So computing will become a lot more energy-efficient."

Our commutes will also become more efficient, thanks to developments in transportation.

"Right now your GPS (Global Positioning System) might be able to tell you there is congestion up ahead. Our scientists are now using traffic prediction technology, not just detection, but prediction, so that by knowing everyone's driving patterns, knowing about that sort of arrival times of trains, planes, etc., we'll be able to give everyone personalized commuting instructions. So rather than waiting for congestion to happen, then moving people around it, we'll be able to anticipate and prevent that congestion on the same roadways and everyone will move more smoothly."

And as data technologies develop, Cohn says, each of us will be able to contribute to saving the planet.

"As people are moving into their lives, like commuting, all of these devices—their laptops, their cell phones, their cars even—are connected in sort of an internet of things. All of that will be gathering data and so people will be helping gathering info about traffic flow, about air flow, even seismic activities. Your cell phone will be able to tell scientists about earthquakes and tsunamis that have happened, so everyone will be participating in this web of citizen scientists. So those are the five."

附录三:

Extracurricular Activities[3]

It is my pleasure today to tell you a little bit about extracurricular activities at the secondary school level in British Columbia.

I have been teaching in the town of Cotney, a small town of about 10,000 people, 130 miles north of Victoria on Vancouver Island. I've been teaching at the junior secondary level, Grades 7, 8 and 9 and as well (as) the senior secondary level, Grades 10, 11 and 12.

My involvement in extracurricular activities has been quite broad, primarily in the sports field, but also in supporting many of the other areas in the school. But let me get into specifics about what kinds of things are offered in our schools here.

We have two different kinds of sporting activities. One of them is what we call an inter-school activity where one school competes against another. And that level of sport is reserved just for the elite athletes of the school, the very good athletes. We also have an intramural program, which means within the walls of the school so that every student in the school is invited to participate. It is, it's focused largely on participation and many of our students do participate. We have over 60 percent of our student body involved in our intramural program.

But let me not focus just on sports. There is another very large area of extracurricular activity in the music program. The music program is broken into two main parts. One is band and one is chorus. Chorus is also known as choir. But most often we refer to it as chorus. We encourage many students to be involved in music, but it is a choice for them, it isn't compulsory. But we feel that being involved in music is very good for the personal development of our students, so we encourage it very much. There are some specialty groups as well. There is a jazz band. There are jazz singers.

There are a host of other extracurricular activities. And I'll just run through a list ... We have a math club in our school, we have a science club, we have an annual club, we have a newspaper club, we have an outdoors club, we have a chess club, and we have a cooking club.

---

3 选自《英语听力入门2000》(张民伦等, 2001: 102-104)。

That sums up the list of activities. But I should tell you why we offer these extracurricular activities. Many of our students come to school on buses. Seventy percent of our students travel by bus. Only 30 percent can walk to school that are close enough to walk. They really look for activities to fill their time in a positive way before their bus comes each evening. And sometimes they get to school an hour before classes begin in the morning, so they need to fill their time positively without just hanging around. And these extracurricular activities help fill that time in a very positive way. As well as filling time, they are actually building skills, the skills which can sometimes be used for their vocation later on. And last but not least is the sheer fun and enjoyment. The teachers have fun sponsoring the activities and the students have fun participating. Extracurricular activities are a very important and enjoyable part of all of our school day.

附录四:

US Unemployment Drops to 8.9 Percent[4]

In the Midwestern state of Wisconsin, another sign of the improving economy. The Oshkosh Corporation is hiring 750 workers to service its military contracts. For the 2,500 applicants competing for those jobs, it's a welcome glimmer of hope.

One man in Wisconsin said, "Fourteen years in the paper industry and a little bit in between there, and now I've hopefully got a new start."

And the latest job numbers support his optimism. Private employers added 222,000 jobs last month, bringing the nation's unemployment rate to its lowest level since April 2009.

Wells Fargo chief economist John Silva said it shows that companies are more confident about a sustained US recovery. "It was nice to see the unemployment rate down a little bit. It was good to see that most of the job growth was in fact in the private sector. I think those are all good signs telling us that we have sustained economic growth and a better labor market."

The fastest growth has been in the manufacturing and service sectors, which have benefited from higher consumer spending and an increase in US exports abroad. Still, the total number of unemployed remains high at 13.7 million, nearly double what it was before the recession. Factoring in those wishing to work more hours and those who have given up looking for work, the so-called underemployment rate is 15.9 percent.

Labor Secretary Hilda Solis said, "We need to be reminded that we've added jobs. One and a half million private sector jobs, and that, I think, it's right where we need to be, but we need to continue to not lose sight of where we need to go to increase opportunities for people to get employed in new jobs."

A larger threat to sustained job growth, though, is the rising price of oil—now above $100 a barrel. White House spokesman Jay Carney said, "The president is extremely aware of the impact that a spike in oil prices can have on gasoline prices and therefore on the wallets and pocketbooks of average Americans."

Unemployment has dropped nearly one percent since November. Average paychecks have remained flat, however, which means higher gas prices could put a serious dent in consumer spending.

---

4 www.voanews.cn/voast/13117.htm